AF565883

Tanja Matthöfer

Lady Nada / Maria Magdalena

Perle des Herzens – Dein göttlicher Kern

Smaragd Verlag

Nachdruck, 2024
Erschienen im Smaragd Verlag, Alle, JU/ CH,
eine Marke der Sentovision GmbH/ S.A.R.L.
smaragd-verlag.de

Umschlaggestaltung: Vanessa Cabrera-Fröhlich
Herstellung: FontFront.com, Roßdorf
Printed in EU

Vertrieb durch Synergia Auslieferung
www.synergia-auslieferung.de

ISBN 978-3-95531-159-9

Bibliografische Information der Deutschen Bibliothek
Die Deutsche Bibliothek verzeichnet diese Publikation in der deutschen Nationalbibliografie; detaillierte bibliografische Daten sind im Internet unter http://dnb.ddb.de abrufbar.

Widmung

Für alle mutigen Seelen, die den Weg ihres Erwachens beschreiten und die Welten in ein neues Licht tauchen.

Inhalt

Vorwort

Es war ein schöner, sonniger Morgen auf Madeira. Ich öffnete die noch zugezogenen Vorhänge unseres Zimmers und blickte auf den grün bewachsenen Hügel und das sanft rauschende Meer vor unserem Hotel. Die Sonne tauchte die ganze Landschaft in ein warmes, einladendes Licht.

Während ich hinaussah, erfüllte plötzlich eine große, umfassende Liebe den Raum, und Lady Nada offenbarte sich mir. Sie berührte mein Herz und lud mich ein, ihr Wissen und ihre Geschichten zu empfangen und aufzuschreiben.

Das sollte der Beginn einer erfüllenden Reise sein, die mir tiefste Einblicke in mein Sein und in sehr hohe Sphären der Geistigen Welt ermöglichen sollte.

An diesem Tag beschlossen mein Partner und ich, eine Wanderung in den Bergen Madeiras entlang der Wasserkanäle, der Levadas, zu unternehmen.

Der Wald war von der Sonne angenehm erwärmt, und seine würzigen, honigsüßen Düfte entfalteten sich besonders intensiv. Wir sahen wunderschöne blühende Pflanzen und eine atemberaubende Landschaft, die, teilweise in leichten Nebel getaucht, wie der Regenwald einer Hochebene aussah.

Auf dem Weg durch diese faszinierende Natur begann sich plötzlich meine Wahrnehmung weit zu öffnen. Ich sah innerlich wie auch äußerlich, dass ich über den Wanderweg in einen hellen, wunderschönen Lichttempel hineinlief und konnte gleichzeitig die Landschaft Madeiras sowie die golden-weiße Ausstrahlung der hohen Lichtebene in den feinstofflichen Sphären sehen und wahrnehmen.

Lady Nada begrüßte mich erneut und ebenso die weise Präsenz eines weiteren Aufgestiegenen Meisters, El Morya, und sie übermittelten mir erste Sätze des Buches. Sanfte Lichtströme mit jeder Menge Informationen flossen zu mir, die ich nach unserer

Rückkehr von der Wanderung aufzuschreiben begann.

Ab diesem Zeitpunkt war der Fluss des Textes geöffnet, und ich setzte mich jeden Tag an einen lauschigen Platz, um das Wissen und die Geschichten von Lady Nada aufzuschreiben.

Sie nahm mich mit auf eine einzigartige Reise in ihre tiefe, liebevolle Weisheit als Aufgestiegene Meisterin und in ihr Leben als Maria Magdalena an der Seite von Jeshua.

Bei der Übermittlung ihrer Lebensgeschichten durfte ich die Ereignisse durch ihre Augen ansehen, so intensiv wurde unsere Verbindung. In den Momenten, in denen ich ihre Worte empfing, konnte ich die Landschaften und Menschen vor mir sehen, ihre Stimmen hören, die Wärme spüren und die Düfte der Landschaften riechen, als wäre ich selbst dort anwesend. Ich durfte in die unbeschreiblich schönen, inneren Ebenen der Quelle blicken und den liebevollen und glückseligen Zustand wahrnehmen, in dem die Quelle den Seelen das Leben schenkt und damit Schöpfung hervorbringt.

Auf diese Weise erhielt ich Einblicke in diese hohen und einzigartigen Ebenen, wie ich sie mir nicht hätte träumen lassen. Mir wurden unvergessliche Momente geschenkt, für die ich zutiefst dankbar bin.

Viele Wochen bestand diese besonders intensive Verbundenheit, die mein Seelenwissen und mein Herz sehr tief öffnete und mein Bewusstsein weit ausdehnte.

Dieses Erlebnis hat meinen eigenen Entwicklungs- und Aufstiegsprozess sehr vorangebracht, und ich freue mich von Herzen, das Wissen und die Energien durch dieses Buch mit dir teilen zu dürfen.

Wenn du möchtest, kannst du erlauben, dass sie auch dein Herz berühren und dein Bewusstsein weiten.

Lady Nada vermittelt hier viel Wissen über den Weg unserer Seelen durch die Schöpfungswelten, von ihrem Hervorgehen aus der göttlichen Quelle, bis hin zu ihrer Ankunft auf der Erde.

Die einzelnen Kapitel und die jeweils anschließende Übung kannst du als eine tiefgreifende Anleitung nutzen, die dein Herz und dein Bewusstsein stark erweitern und dich auf deinem persönlichen Aufstiegsweg fördern kann.

Beim Lesen kannst du die hohen Bewusstseinsräume und die Energien, die durch die Worte eröffnet werden, für dich wirken lassen, so, wie es sich für dich richtig anfühlt.

Ich wünsche dir von Herzen eine spannende, spirituelle Entdeckungsreise und gesegnete Einblicke in deine wahre, göttliche Essenz.

Tanja Matthöfer

Kapitel I

Erwachen deiner Göttlichkeit

Tief in deinem Herzen ruht dein wahrer göttlicher Kern.

In ihn eingebettet sind die Erinnerung und der Zugang zum Innersten der göttlichen Lichtreiche, von denen du ursprünglich stammst.

Diesen Ursprung kann dir niemals jemand nehmen, denn er ist fest eingespeichert in der Tiefe deines Seins, unumkehrbar und unerschütterlich ruht er in dir und wartet auf den Tag, an dem er wiedererwachen und durch dein Sein leuchten darf.

Das Erwachen der göttlichen Essenz im Herzen

Wir sind Lady Nada, auch bekannt aus unserem Leben als Maria Magdalena. Diese Zeilen fließen aus unserem aufgestiegenen Bewusstsein und Herzen zu dir.

Wir möchten die Geschichten unseres Herzens mit dir teilen und dich auf eine Reise des Erwachens deiner Göttlichkeit mitnehmen.

Mögen unsere Geschichten auch dein Herz berühren und dir Einblick in eine vergangene und doch so aktuelle Zeit gewähren.

Mittels der hier geschriebenen Worte stellen wir Bewusstseinsräume und Öffnungen bereit. Unser Bewusstsein öffnet sich ganz weit und lädt dich ein, auf einem sicheren Pfad Einblicke in den Weg der Seele und die innersten göttlichen Lichtreiche zu erhalten.

Wenn du es erlaubst, können sich dein Herz und dein Bewusstsein während des Lesens weiter öffnen, und du erhältst Einsichten in die Tiefe deiner Seele und deines Herzens. Vertraue dir. Vertraue deiner Intuition und deinem Herzen.

Vertraue allen Assoziationen, Ideen und Bildern, die beim Lesen entstehen. Lass sie fließen, denn sie gewähren dir Einblick in die ewigen Reiche des Lichts und deinen innersten göttlichen Kern.

Und so berühren wir dein Herz.

Dein Herz ist dein kostbarstes Zentrum, ein Juwel in deinem gesamten Sein. Seine Öffnung ist unerlässlich für jeglichen Aufstieg und die weitere Erleuchtung deines Seins. In ihm sind unendlich sanfte Strömungen göttlicher Liebe enthalten, verfeinert durch die menschlichen, galaktischen und kosmischen Erfahrungen deiner Seelenreise.

Tief im Inneren deines Herzens befindet sich deine göttliche Schatzkammer. In ihr ruht deine tiefste Verbindung zur göttlichen Quelle und gleichzeitig auch zu dir selbst. Tief in deinem Herzen ruht dein wahrer göttlicher Kern. In ihn eingebettet sind die Erinnerung und der Zugang zum Inneren der göttlichen Lichtreiche, von denen du ursprünglich stammst.

Diesen Ursprung kann dir niemals jemand nehmen, denn er ist fest eingespeichert in der Tiefe deines Herzens. Unumkehrbar und unerschütterlich ruht er in dir und wartet auf den Tag, an dem er wiedererwachen und durch dein Sein leuchten darf.

Damit das geschehen kann, braucht es tiefe Innenwendung und das Erkennen, dass du dein Sein durch und durch liebst, so inniglich, wie Gott und Göttin sich lieben. Es ist die tiefste bisher erfahrbare Strömung der Liebe, und es braucht dein volles Vertrauen, damit sie in deiner menschlichen Verkörperung auf Erden erwachen kann.

Deine Seele erreicht irgendwann einen Punkt von Reife, an dem der Wunsch, dich mit deinem göttlichen Ursprung vollkommen zu verbinden und dabei zu erleuchten, seinen Höhepunkt erreicht hat. Alles in dir ist dann bereit und reif für diese Wiedervereinigung. Zu diesem Zeitpunkt durchströmen dich immer stärkere Wogen von Mitgefühl und dem Erkennen, dass in jeder Zelle deines Seins eine tiefe Liebe zu dir selbst und eine innigliche Begeisterung für deinen Ausdruck existiert.

Es gibt in der Tiefe deines Seins einen leuchtenden Punkt wie ein helles Feuer in dir. Das ist dein göttlicher Kern, der Begeisterung und Leidenschaft für das Sein in sich trägt. Es ist die tiefe Begeisterung, dein wunderbares Sein in mannigfachen Ausdrucksformen zu erfahren, sodass es sich in der gesamten Schöpfung spiegeln und erkennen kann.

In jeder Facette, die dich in der feststofflichen sowie in der geistig feinstofflichen Welt umgibt, wird dein Sein reflektiert. Bist du erwacht, werden deine tiefe Begeisterung und Freude am Sein auf solche Weise reflektiert, dass du es in deiner Umgebung erkennst.

Alles steht dir dann offen. Es ist, als hätten sich Kanäle in der Realität geöffnet und du könntest durch jegliches Objekt deiner

Realität schauen und fühlen, um direkt die tiefe Freude und Liebe deines eigenen Seins wahrzunehmen. Alles um dich herum bestätigt dann diese Begeisterung in dir. Alles, womit du dich verbindest und wo du hineinfühlst, fühlt sich ebenso lebendig und freudig an wie du selbst. Aus allem, was dich umgibt, leuchten dir dein göttliches Selbst und die inneren Qualitäten der göttlichen Quelle entgegen.

Kannst du das Feuer der Begeisterung spüren, das darin existiert? Es leuchtet in der tiefsten Kammer deines Herzens und wartet auf deine Bereitschaft, entzündet zu werden. Spüre tief hinein.

Du kannst die bewusste Wahl treffen, deinen göttlichen Kern als deine wahre Wesensessenz zu erfahren. Es benötigt dein Einverständnis und deine Einladung. Ist deine Seele bereit, braucht es auch das Einverständnis des Menschen in dir, denn jeder Teil in dir braucht Achtsamkeit und Anerkennung. Kein Teil soll dabei übergangen werden, denn es braucht die Bereitschaft deines gesamten Seins.

Gib dein inneres „Ja“, um den Kontakt zu deinem innersten Kern wiederherzustellen, und fühle die Resonanz dieser Entscheidung tief in dir.

Dein wahres göttliches Wesen ist schöpferisch, und durch eine bewusste Entscheidung, die du in der Tiefe deines Seins fühlen kannst, setzt du einen Prozess der Wandlung in Gang. Dabei ist es wichtig, die Entscheidung nicht nur im Kopf, auf der reinen Verstandesebene, zu treffen, sondern sie wahrhaftig zu fühlen.

Durch eine bewusste Entscheidung aktivierst du deine Schöpferkraft, die ebenfalls eine Grundqualität von dir darstellt. Du stammst aus der schöpferischen, göttlichen Quelle und bist in deinem Kern selbst ein Schöpfer.

Fühle deine Entscheidung, Zugang zu deinem göttlichen Kern zu erhalten. Alles beginnt dann, dieser Öffnung und Rückverbindung zu dienen. Spüre die Freude deines wahren Wesenskerns über deine Bereitschaft, dir bewusst zu werden, dass du in Wahrheit ein göttlich-vollkommenes Wesen voller Liebe und geboren aus der Einheit bist.

Spüre deiner inneren Wahl nach. Gibt es irgendwo noch einen Teil in dir, der sich sträubt oder einen Zweifel anstimmt? Nimm ihn wahr und an. Jeder Zweifel hat seinen Grund und darf befriedet werden.

Sprich ihm innerlich gut zu, nimm ihn sanft in deine Arme und lass ihn dein Vertrauen spüren. Kein Teil von dir wird je vergessen oder vergehen. Jeder Teil deiner Persönlichkeit und Seele darf an der Reise deiner tiefen Wiedervereinigung mit dir selbst teilnehmen.

Dein Erwachen und dein Aufstieg sind ein Zusammenfinden aller Anteile deines Seins in einen gemeinsamen liebevollen, göttlichen Fluss und Willen. Jeglicher Teil wird seine vollkommene Freiheit in dir behalten, und doch werden alle in derselben göttlichen Harmonie schwingen und miteinander sein, auf eine natürliche und freie Weise. Schau immer wieder auf deine inneren Anteile und zweifelnden Stimmen, bis sie alle beruhigt sind und mit dir gehen.

Dann ist es an der Zeit.

In einem tiefen Impuls von Zufriedenheit und Glückseligkeit werden sie bei deinem Aufstieg alle in dir zusammenströmen. Die Zeit bis zu diesem Punkt ist eine Reise deiner Entwicklung und des Erkennens deines wahren Seins.

Du bist schon sehr weit gereift, und deine Seele möchte dich in dein gänzliches Erwachen auf der Erde hineinführen, wenn du dich für diese Zeilen interessierst. Das gänzliche Erwachen ist der Aufstieg auf eine höhere Ebene des Bewusstseins. Du wirst dir deiner selbst bewusst und erfährst dich als Meister deines Lebens. Fühle in die Energie und das Bewusstsein dieser Zeilen.

Während der letzten Schritte deines Wegs zum Aufstieg erfährst du eine immer weitere Ausdehnung deines Bewusstseins und gleitest in ein tiefes Vertrauen zu dir selbst. Alle inneren

Kämpfe und Anstrengungen enden hier, dein ganz Sein geht in einen Zustand von anmutigem Annehmen und Loslassen über.

Es ist ein herausfordernder Teil der Reise, denn hier öffnest du dich für immer tiefere Gefühle. Hier können große innere Wunden liegen, denn die wahren glückseligen Gefühle waren oft für lange Zeit gut verschlossen und unter den Wunden verborgen.

Zu groß war die Angst, die ursprüngliche Trennung vom Göttlichen vielleicht noch einmal erfahren zu müssen. Die Vorhänge des Vergessens sind gut zugezogen.

Damit die Gefühle und Qualitäten deines wahren Wesenskerns überhaupt an die Oberfläche kommen können, braucht es innere Sicherheit, Vertrauen und Erfahrung, die du in deinen Inkarnationen erst entwickeln musstest.

Alle Gefühle deines wahren göttlichen Wesens sind positiv und erfüllend. Es sind Gefühle wie Glückseligkeit, Freude, Liebe, Freiheit, Erfüllung, Begeisterung, Ekstase, Frieden, Harmonie, Sinn für die Schönheit des Seins und vieles mehr. Sie liegen verborgen unter alten Verletzungen. Groß ist die Angst, wieder verletzt und enttäuscht zu werden, wenn du dein Herz für die höchsten Gefühlsebenen der Glückseligkeit und Liebe öffnest und sie auf der Erde als Mensch lebst.

Alle negativen Gefühle hast du in deinen inkarnierten Ausdrucksformen innerhalb der verschiedenen Welten der Schöpfung erfahren. Diese beruhen auf der Erfahrung von Trennung, Verletzung, Trauma und Mangel. Sie gehören nicht zu deinem wahren, ewigen und unverletzbaren göttlichen Sein. Gehst du den Weg der Wiedervereinigung mit deinem wahren Selbst, werden sie alle erlöst und als eine vorübergehende Erscheinung innerhalb der Erfahrung der Ausdrucksformen erkannt.

Dein menschliches Bewusstsein hat sich während deiner Erdenleben vollkommen mit der irdischen Realität identifiziert, und auf dieser Ebene glaubst du fest an alle mit ihr verbundenen Ereignisse. Das ist die von dir erlebte irdische Realität, und du kannst sie als äußerst freudvoll, aber auch als zutiefst schmerzvoll erfahren. Beide Pole der Erfahrung lassen dich reifen und erkennen, was du wirklich leben möchtest und wer du jenseits allen Leids wirklich bist.

Die irdischen Erfahrungen können Schmerz, Leid und Krankheit erzeugen, weil du diese Ebene bislang für deine einzige Existenzebene gehalten hast. Du bist als Mensch auf der Erde aufgewachsen und kennst aus diesem Bewusstsein heraus bisher nur diese eine Realität. Deine wahre göttliche Existenz hast du vor langer Zeit vergessen.

Doch bist du so viel mehr als dein menschliches Sein. Du bist in Wahrheit ein freies, göttliches und bewusstes Wesen, das alle nur erdenklichen Formen und Verkörperungen innerhalb der Schöpfung annehmen kann.

Solange der Fokus deines Bewusstseins ausschließlich auf die Existenzebene deines menschlichen Seins gerichtet bleibt und sich dadurch in bestimmten Grenzen bewegt, kannst du negative Erfahrungen erleben, die deinen Körper und deine Gefühle verletzen können.

Was sind nun Begrenzungen innerhalb der irdischen Realität? Du teilst oft negative Glaubenssätze mit dem Massenbewusstsein aller Menschen. Dort ist eine tiefe Angst vor dem Tod verankert, Angst vor Krankheit und Leiden.

Durch die bisherige Erfahrung des Leidens auf der Erde und der Endlichkeit des Lebens wird der falschen Wahrheit Glauben geschenkt, das gesamte Sein sei begrenzt, vergänglich und voller Leid. Auf der menschlichen Ebene wird dieses als eine Realität erlebt und scheint unabänderlich. Dieser Glauben beeinflusst so viele Handlungen und Ausrichtungen auf der Erde.

Doch das ist nicht die Wahrheit. Würdest du deinen Fokus vom menschlichen Sein lösen und gleichzeitig auf dein göttliches Sein richten, würdest du erfahren, dass du in der Lage bist, deine auf der Erde erlebte Realität zu verändern. Du bist ein göttliches

Wesen, das ewig existieren wird. In deinem göttlichen Kern kennst du kein Vergehen und keine Begrenzung dieser Art.

So schmerzhaft die erfahrenen Verletzungen auch sein können, so vermögen sie nie deinen wahren göttlichen Kern zu verletzen, denn dieser ist davon unberührbar und gehört zur göttlichen Seinsebene.

Aus diesem Grund nennt man die Erfahrungen der irdischen Realität und aller weiteren Ausdrucksformen der Seele im Körper eine Illusion, denn sie sind alle nicht dein wahres Gewand. Sie sind vorübergehende Erfahrungen in einer Welt, für die du dich entschieden hast. Dein göttliches Sein kann zwischen den Verkörperungen wechseln und sich für die verschiedenen Ausdrucksformen entscheiden. Und irgendwann ist der Zeitpunkt erreicht, aus der Identifikation mit der jeweiligen Welt zu erwachen, so auch aus deinem menschlichen Sein auf der Erde. Es ist an der Zeit, dir deiner Göttlichkeit – zusätzlich zum menschlichen Sein – wieder gewahr zu werden. Du bist beides – ein göttliches Wesen in einer menschlichen Verkörperung. Beides bist du.

Dadurch, dass die Menschen die Verbindung zu ihrem göttlichen Wesenskern verloren haben, war es möglich, dass sich der Fokus ihres Bewusstseins fast vollständig mit Leid identifizierte. Das führte dazu, dass sich die Menschen das Erleben von fortdauerndem Leid in einem sehr langen Kreislauf von vielen Jahrtausenden immer wieder selbst neu erschufen.

Oft tauchen die Seelen auf der Erde erst sehr tief in das Leid ein, bevor sie fähig werden, etwas zu verändern und ihr wahres Wesen, das im Inneren verborgen liegt, wiederzufinden. Richtest du den Fokus deines Bewusstseins auf Leid und Schmerz und akzeptierst deine inneren Verletzungen als letztendliche Wahrheit, wirst du immer wieder dazu neigen, schmerzhafte Erfahrungen in dein Leben zu ziehen.

Je mehr jedoch dein göttlicher Kern an die Oberfläche deines Bewusstseins steigst, desto mehr löst du dich aus der strengen

Identifikation mit der irdischen Ebene und dem dort möglichen Leid. Der Fokus deines Bewusstseins richtet sich dann auf dein wahres göttliches Wesen mit all seinen glückseligen und erfüllenden Gefühlen.

Kannst du erkennen, dass du deine Realität durch die Verlagerung deines Bewusstseinsfokus verändern kannst?

Du kannst dich mit deinem Fokus im Leid verankern oder dich entscheiden, deine verletzten Anteile liebevoll anzunehmen und die Verbindung zu deinem wahren göttlichen Wesen wieder zu erfahren. Du kannst deinen Fokus auf deinen wahren göttlichen Kern richten, seine glückseligen Gefühle erfahren und dabei als Mensch erfüllt auf der Erde weiterleben. Die Verbindung von Mensch und Göttlichkeit wirst du als die höchstmögliche Glückseligkeit auf der Erde erleben können. Erst durch diese Vereinigung kann der vollkommen erfüllte Genuss deines Lebens auf der Erde wahrhaftig beginnen.

Tief in deinem Inneren bereitet sich dein göttlicher Kern vor, wieder aufzusteigen und dich aus den Illusionen der Vergänglichkeit, des Leidens und des Schmerzes zu befreien. Bereit, dich wieder in das Ausleben der Erfüllung, der Freiheit und Liebe auf Erden zu führen, die du wahrhaftig bist. Vergeben wird all der Schmerz der vergangenen Leben, erfüllend die Präsenz deines wahren göttlichen Wesens.

All die Erfahrungen deiner Wege auf der Erde waren wichtig. Waren sie schmerzhaft oder erhebend, sie alle ergeben eine wunderschöne, goldene Weisheit, die auf ewig dein Sein bereichert. Diese goldenen Tropfen sind eine Essenz der Erfahrungen aus all deinen Lebenswegen. Sie sind das, was ewig bei dir bleibt. In ihnen existiert kein Schmerz oder Leid, denn sie sind reine, lebendige Weisheit. Sie vervollständigen dein Sein und erlauben dir, aus deiner Weisheit heraus deine wahre Göttlichkeit nun auch auf Erden leben zu können.

Aus deinen Erfahrungen haben viele Seelen auf der geistigen Seite mitgelernt. Es stehen derzeit viele Seelen für eine Inkarnation bereit, die noch nie zuvor ein Leben auf der Erde erfahren haben. Sie möchten in einer Zeit zur Erde kommen, in der sich genügend Potenzial entwickelt hat, den Bewusstseinssprung der Menschen – aus Schmerz und Leid heraus – zurück in die wahrhaftige, göttliche Erfüllung zu vollziehen. Diese Zeit hat bereits begonnen, es ist der Aufstieg, und er ereignet sich als ein Prozess, den die Seelen auf der Erde früher oder später durchlaufen werden.

Die neu hereinkommenden Seelen können in der heutigen Zeit mehr von ihrem Licht und ihren göttlichen Zugängen mit auf die Erde bringen als in all den Jahrtausenden zuvor. Sie profitieren von der bereits erfolgten Bewusstseinsöffnung, an der die Lichtarbeiter in der Vergangenheit so lange gewirkt haben.

Diese noch nie zuvor auf der Erde inkarnierten Seelen haben dir zugesehen, deine Gefühle und Erfahrungen beobachtet und auf diese Weise ein Gefühl für die notwendige Balance auf der Erde entwickeln können. So ist es leichter als in den Inkarnationen selbst, doch es ist keine Garantie, dass sie in ihrem menschlichen Leben gut zurechtkommen werden, wenn sie selbst inkarnieren. Das irdische Leben mit all seiner Dynamik ist immer noch sehr herausfordernd, doch der Weg ist geebneter als noch viele Jahre zuvor.

Die Seelen, die jetzt neu inkarnieren, können oft in einem weiter geöffneten Bewusstseinszustand und mit mehr Leichtigkeit in das Erdenfeld eintauchen und brauchen nicht durch dieselbe Schwere und Tiefe der Erfahrungen zu gehen wie die Seelen, die schon sehr lange auf dem Planeten verweilen.

Viele der neu ankommenden Seelen können mehr Bewusstheit, Fähigkeiten und einen natürlichen Zugang zur Geistigen Welt mit auf die Erde bringen und ihn erhalten. Auch du hast durch deine Entwicklung geholfen, ihren Weg auf die Erde zu ebnen. Sie lernen von dir und aus deinen Erfahrungen.

Die Seelen, die schon seit langer Zeit auf der Erde inkarnieren, zu denen wahrscheinlich auch du gehörst, konnten in der bisherigen Dichte der Erdenergien ihren erhöhten Bewusstseinszustand oft nicht halten und mussten erst mühsam lernen, ihn während eines Lebens wieder zu öffnen.

Dein Weg war sehr herausfordernd, also sei im Mitgefühl mit dir selbst, denn du hast vielen Seelen den Weg zur Erde erleichtert. Nun gönne dir den Weg zurück in die Unbeschwertheit.

Halt einen Moment inne und triff die Entscheidung, deinen Fokus aus der Schwere des bisherigen Seins zu lösen und ihn wieder auf die freudige Leichtigkeit deines göttlichen Kerns zu richten. Fühle hinein und lass den alten Fokus, der vielleicht noch auf Enge und Schwere ausgerichtet ist, los.

Wir öffnen einen Raum der Befreiung und des Loslassens für dich. Viele Engel und geistige Helfer wirken hier und unterstützen dich in diesem Moment.

Spüre den geistigen Raum mit all den lichten Helfern um dich herum.

Erlaube dir, loszulassen und entscheide dich für deine wahrhaftige Freude und Leichtigkeit. Entscheide dich nicht nur in deinem Kopf, sondern fühle es tief in deinem Herzen, deinem Bauch und Sein.

Es ist an der Zeit. Auch du darfst wieder in die Leichtigkeit gehen. Es ist nicht mehr notwendig, Lasten für andere Seelen mitzutragen oder einen Weg für andere zu ebnen. Es ist bereits getan.

Fühle nun in dein Herz zurück. Dort wartet deine wahre göttliche Essenz auf dich. Der göttliche Kern deines Wesens ist tief in dein Herz eingebettet. Er war schon immer dort, vom Anbeginn deiner Reise durch die Leben.

In ihm schwingt die tiefe Begeisterung, dein göttliches Sein auszudrücken und erfahren zu wollen. Eine Begeisterung, die hell lodert wie ein leuchtendes Feuer. Das ist die tiefste Erfüllung deines Seins.

In jeder Seele existiert die Begeisterung, das eigene Sein in allen nur erdenklichen Ausdrucksformen der göttlichen Schöpfung erfahren zu wollen. Es ist der tiefe Wunsch nach Ausdruck, wie er auch der göttlichen Quelle zu eigen ist.

Eine dieser Ausdrucksmöglichkeiten ist dein Leben als Mensch auf der Erde. Im Hier und Jetzt. Die herausfordernde Reise durch deine Leben hat dich die Freiheit entwickeln lassen, dich auf der Erde als ein erfülltes Wesen der göttlichen Schöpfung ausdrücken und erfahren zu können.

Im Kern deines wahren Wesens existierst du unabhängig und frei von allen äußeren Quellen und Wesen. Dein göttlicher Kern ist deine innere Quelle, die dich vollkommen nährt und trägt.

Tiefe Freude im Sein, tiefe Liebe zu dir.

Deine göttliche Essenz sehnt sich nach Ausdruck und der Erlaubnis, wieder leuchten zu dürfen. Sie ist tief in dir und war immer da. Sie hat in deinem Herzen gewartet, bis du bereit sein würdest.

Und die Zeit ist jetzt.

So ist es.

Geschichte der Maria Magdalena: Die erste Begegnung mit Jeshua

Jeshua erkannte in einem jeden Menschen und Wesen den göttlichen Kern. Er erkannte die Impulse aus den innersten Quellebenen, die in das menschliche Herz eingebettet sind. Das ist die tiefste Wahrheit eines jeden Wesens.

Er erkannte einen jeden auf der Ebene der göttlichen Einheit. Und allein aus dem Grund, dass es ihn als Zeugen gab, wurde es für die dadurch erblickten und bezeugten Menschen und Wesen auch wieder zu einer Wahrheit, die sie annehmen konnten.

Dein Herz ist das feinste und kostbarste Zentrum deines Seins. Es trägt den göttlichen Impuls des Wachstums und der immerwährenden Entfaltung in sich. Wir können dieses als deinen göttlichen Kern oder deine wahre göttliche Essenz bezeichnen. Er ist immerwährende Quelle, Versorgung und Kraft in dir. Dieses Zentrum ist deine ureigene und schöpferische Sonne. Es ist dein seit deiner Geburt und trägt dich in deinem immerwährenden Sein. Es ist deine zentrale Sonne, sodass du Schöpfer deiner eigenen Welten sein kannst. Frei und unabhängig von allem wirst du zu deiner eigenen zentralen Sonne in deinem Universum. Unsere Seelen entstammen dem Herzen der göttlichen Quelle. Meine Essenz ging aus den innersten göttlichen Lichtreichen hervor so wie deine.

Ich spreche hier aus meinem aufgestiegenen Bewusstsein, in dem ich als Lady Nada bekannt bin. Und ebenso erzähle ich Geschichten aus meiner Essenz als Maria Magdalena an der Seite von Jeshua, die ich in einem meiner Erdenleben verkörperte. So spreche ich hier aus der Essenz von beiden. Denn beides bin ich. Beides gehört zu meinem gesamten göttlichen Wesen.

Und ich beschritt einen langen Weg der Erfahrungen auf der

Erde und verwirklichte eines Tages mein Erwachen und meinen Aufstieg auf der Erde.

Aus dieser Zeit möchte ich hier erzählen und die Geschichten mit dir teilen, die mein Herz berührten und öffneten und so den Weg für meinen Aufstieg bereiteten.

Auf meinen Reisen als Maria Magdalena begegnete ich auf Erden einem Mann, der als Jesus Christus bekannt wurde. Zu jener Zeit war er bekannt als Jeshua.

Ich kannte ihn bereits vor dieser Inkarnation, und unsere gemeinsame Begegnung in seinem berühmt gewordenen Leben als Jeshua war sorgfältig geplant.

Wir beide wollten wichtige Lichtimpulse auf der Erde verankern, die den Menschen ihren Aufstieg des Bewusstseins und das Erkennen ihres wahren göttlichen Selbst erleichtern und ihnen ein Licht in der Dunkelheit sein sollten. Wir erfuhren, dass Widerstände und Ängste in vielen Menschen so tief eingebettet sein konnten, dass sie die Wahrheit beharrlich und eindringlich verleugnen würden.

Also begaben wir uns auf unseren Weg, doch unsere Worte wurden zunächst nicht überall gehört. Viele Orte mussten wir wieder verlassen, weil uns die Menschen kein Gehör schenkten. Erst viel später kamen wir so weit in unseren Energien auf der Erde an, dass wir Menschen begegneten, die uns zuhörten und empfänglich für unser Licht und unsere Botschaft waren.

Bis dahin waren wir zumeist zu zweit, erst später auf dem Weg kamen die Begleiter hinzu, die als Jünger Jesu bekannt werden sollten. Die Geschichte ist weithin bekannt, doch nicht alles, was zuvor geschah und sich in unserer gemeinsamen Begegnung ereignen und entfalten konnte. Wir erlebten dort wirklich die Wunder des Herzens und die Wunder, die das Bewusstsein vollbringen kann. Wir erlebten, dass wir aus unserem geöffneten Herzen, die sich begegnet waren, gemeinsam etwas Neues erschufen.

Doch zu Beginn unserer Begegnung nahm ich ihn kaum wahr, ihn, den Mann, den ich Jeshua nennen möchte.

Ich saß friedlich an einem kleinen Fluss und blickte gedankenverloren auf das Wasser, als er zum Ufer hinabstieg, um etwas zu trinken. Ich bemerkte ihn kaum, denn ich war mit den Bruchstücken meines Herzens beschäftigt, das sich so zerrissen anfühlte. Zu der Zeit befand ich mich in einem Lebensgefühl, nirgends wirklich zu Hause und geliebt zu sein. In ärmlichen Verhältnissen aufgewachsen, war ich einem Mann versprochen, der sich kaum um mich kümmerte, mich nicht wahrnahm oder verstand. Dieser Mann hatte keinerlei Bedürfnis, etwas über meine wahren Gefühle oder mein Wohlbefinden zu erfahren. Ihm lag nichts an mir, also suchte ich verzweifelt nach einem Ausweg.

Mich verschlug es aus meinem Zuhause auf die Straße, und die Erfahrungen, die ich dort machen musste, waren nicht gut und reflektierten lediglich mein zerrissenes Herz. Ich verlor die Hoffnung und das Vertrauen in alle Menschen, denn ich wurde bestohlen, geschlagen, verstoßen und verhöhnt.

Nichts und niemand schien mich zu verstehen, bis ich mich selbst nicht mehr verstand. In diesem Zustand tiefer Zerrissenheit gab es einen Punkt, an dem mir einfach alles egal wurde, denn ich wusste genau, dass mein Verstand keine Lösung mehr finden konnte. Es war unmöglich, mich in der Gesellschaft zu rehabilitieren, sesshaft zu werden oder nach Hause zurückzukehren. Nichts davon lag im Rahmen meiner Möglichkeiten, und so gab ich innerlich auf.

Doch ich gab nicht mich selbst auf, sondern die Umstände, die so festgefahren und unlösbar erschienen. Ich ließ alles Komplizierte und das Suchen nach einer Lösung los. Ein Teil von mir gab einfach auf, ließ das Knäuel der Verwirrung los, und ganz langsam klärte sich mein Geist.

Fast drei Wochen saß ich alleine an dem Flussufer. Es faszinierte mich zutiefst, und es fühlte sich beruhigend und erfrischend an, einfach auf das Wasser zu schauen. Allmählich verhalf mir der Blick auf das Wasser zu einer inneren Ruhe. Meine aufgeschäumten Gefühle beruhigten sich, und durch die in mir zerrissenen Stücke konnte ich allmählich klarer auf den Grund meines eigentlichen Seins blicken.

Mir wurde klar, dass all die Scherben in mir, alle meine innere Wunden eine einzigartige Illusion waren, die ich selbst erschaffen hatte. Ich versuchte sie am falschen Ende in Ordnung zu bringen, ohne dass es mir bewusst war. Ständig versuchte ich, die Auswirkungen zu beheben, und das war, als säße man in einem Boot mit tausend Löchern und würde bei zügig steigender Flut versuchen, ein Loch nach dem anderen zu reparieren. Ich hatte mich fast gänzlich darin verloren.

Ich versuchte, eine passende, anständige Frau für die Gesellschaft zu sein, es einem Mann recht zu machen, obwohl ich nur auf Ablehnung stieß. Ich versuchte, zu beweisen, dass ich ein Recht auf Existenz und auf einen Platz, ein Zuhause hatte, doch das war ein Irrtum. Es funktionierte nicht, denn ich suchte am falschen Ende. Das Stopfen der Löcher verschaffte mir allenfalls ein bisschen Zeit, um nicht selbst schwimmen zu müssen. Doch es war Zeit, das Boot zu verlassen und schwimmen zu lernen.

Und hier am Fluss fand ich wieder in die Ruhe. Ich fand mich selbst wieder und konnte wie durch klares Wasser plötzlich auf den Grund meines Wesens blicken. Seit langer Zeit spürte ich mich endlich wieder, und das war ein wundervolles Gefühl.

Und gerade als ich diesen ersten, zarten Kontakt zum Grunde meines Wesens wieder fühlen konnte, stieg Jeshua das Ufer hinab und begegnete mir.

Es war ein wundervoller und bedeutsamer Moment, wenngleich ich ihn als Mann zunächst gar nicht wahrnahm. Ich hatte keinerlei Interesse an einer Begegnung, einem Austausch oder gar einer neuen Enttäuschung. Ich vertraute nichts und niemandem.

Schüchtern blickte ich auf, als er mich begrüßte, und sah verstohlen in ein sanft ausstrahlendes Gesicht. Er hatte sich offenbar selbst schon gefunden und in seinem jetzigen Leben gar nicht erst verloren. Er erinnerte sich, wer er in Wirklichkeit war, und hatte stets den Kontakt zur Tiefe seines Wesens und seines Herzens bewahrt. Das gab ihm eine sanfte und die Umgebung erwärmende Ausstrahlung.

Es war wie ein sanftes Licht von einem wahren Zuhause, wahrer Liebe und Geborgenheit, das von ihm ausging, und es tauchte die Umgebung in dieses besondere Licht, wie in einen zarten Sonnenschein. Selbst am schattigen Flussufer erschien die Landschaft, die ihn umgab, in einem sanften, goldenen Schimmer, wie eingetaucht in einen zarten Sonnenstrahl.

Etwas in mir sagte, ich könnte diesem Menschen Vertrauen schenken, obwohl es mir fremd war, zu vertrauen. Ich überlegte nicht, sondern ergriff symbolisch seine Hand, als er sie mir reichte.

Er schien mich zu kennen und direkt in den Kern meines Wesens zu blicken. Das war seine Gabe, die er bei jedem Menschen vollbringen konnte. Jeshua erkannte in jedem Menschen und Wesen den göttlichen Kern. Er erkannte die Impulse aus den innersten Quellebenen, die in das menschliche Herz eingebettet sind. Das ist die tiefste Wahrheit eines jeden Wesens. Er erkannte jeden auf der Ebene der göttlichen Einheit. Und allein dadurch, dass es ihn als Zeugen gab, wurde es für die erblickten und bezeugten Menschen und Wesen auch zu einer Wahrheit, die sie annehmen konnten. Weil er ihre Wahrheit erblickte, konnten sie selbst wieder daran glauben und sie wahrnehmen. Sie spürten erstmals wieder tiefes Vertrauen zu sich selbst, und so heilte schon sein erkennender Blick Tausende.

Er berührte auch meinen göttlichen Kern und brachte ihn zum Leuchten. Es brauchte keine Worte. Er nahm mich einfach wahr, blickte in die Tiefe meines Seins und setzte sich zunächst wortlos neben mich. Später sagte er zu mir, er hätte das Gefühl gehabt, dass ich ihn gerade brauchen würde. Er war geduldig und wartete einfach ab, und so ging der Tag nach einigen Stunden seinem Ende zu. Wir saßen wie in trauter Zweisamkeit in einem speziellen Licht, und mein Sein begann sich darin von selbst zu zentrieren, zu regenerieren und zu heilen.

Eine Scherbe nach der anderen fand ihren Platz wieder, und viele Erkenntnisse stiegen in diesen Stunden in mir auf.

Es ist ein Wunder, was das Bewusstsein durch seine Präsenz und Bezeugung der Wahrheit vollbringen kann.

Dadurch, dass er meinen wahren Kern sah und wahrnahm, kam er auch für mich in die Wahrheit zurück. Mein Kontakt wurde immer stärker, und mein göttlicher Kern begann, die verletzten Teile meines Seins wieder zusammenzusetzen.

Meine Heilung dauerte nicht nur die wenigen Stunden unserer ersten Begegnung, es war ein Prozess von längerer Dauer, in denen ein behutsamer Austausch mit Jeshua erfolgte und sich mein Vertrauen immer mehr etablieren konnte. Schritt für Schritt.

Für diesen Tag ging unsere Begegnung zu Ende, er sah mich noch einmal an und ging wortlos, doch ich wusste, ich würde ihn wiedersehen. Als er ging, fühlte ich mich nicht verlassen, sondern glücklich mit mir. Er ging, aber das Licht blieb, denn ich hatte mein eigenes Licht wiedergefunden. Und so fühlte ich mich vollkommen sicher, auch wenn ich wieder allein war, und für die Nacht und den nächsten Tag blieb wieder der kleine Fluss mit seinem klaren Wasser mein bester Freund.

Es sollte drei Tage dauern, bis ich ihn wiedersah, und unsere nächste Begegnung erfolgte für mich genauso unvermittelt und überraschend wie die erste. Ich hatte mich inzwischen von dem Fluss gelöst, der fast ein Zuhause für mich geworden war. Doch etwas in mir hatte sich verändert, und es zog mich mehr zu einem anderen Platz ganz in der Nähe, der von wenigen hohen, wunderschönen grünen Bäumen mit zart gefiedertem Laub gesäumt war.

Die Erde war sandig und warm, und hier fühlte ich mich wohl und geborgen. Der Platz vermittelte mehr Weite als der Fluss. Die Bäume waren höher als die Pflanzen am Fluss und erlaubten mir einen erweiterten Blick in die Ferne.

Ich pflückte einige Früchte in der Nähe und hatte genug Nahrung, um zu leben. Und am dritten Tag erschien er mir hier.

Er schien gewusst zu haben, dass er mich hier finden würde. Später sagte er, sein Herz hätte ihm den Weg gewiesen, ihn zu diesem Platz gezogen, weil er gefühlt hatte, dass er hier gebraucht würde. Wieder blickte er mich an, sein Gesicht strahlte, als er mich sah, und neben einem milden und freudig erwärmenden Lächeln schenkte er mir nun auch erste Worte. Wir begrüßten uns und begannen ein erstes zartes Gespräch.

Er fragte mich nach meiner Herkunft und was ich in der Gegend tun würde. Ich hielt vieles zurück, es war noch zu kompliziert und schmerzhaft für mich, meine ganze Geschichte zu erzählen. All die Erniedrigungen, Beschimpfungen, die Ausgeschlossenheit und Einsamkeit.

Doch in seiner Nähe fühlte ich mich wohl, und er gab mir genügend Zeit, mich langsam zu öffnen. Er lud mich, mit der Verheißung einer warmen Mahlzeit, zubereitet über einem offenen Feuer, zu seinem Lager in der Nähe ein, und so ging ich vertrauensvoll und freudig mit ihm. Ich ergriff zum ersten Mal seine Hand und ging einfach mit.

Es war ein unschuldiges Gefühl, als ob zwei kleine Kinder nebeneinander hergehen und einen neuen Bereich betreten.

Als Jeshua in dieses Leben trat, behielt er seine Anbindung an die reine Quelle. Es gab keinen Schleier zwischen ihm und seinem von Beginn an sehr erleuchteten Bewusstsein, und dafür gab es auch einen Grund. Seine Inkarnation war sehr sorgfältig vorbereitet worden, und er hatte Hilfe von einigen anderen, sehr erleuchteten und weisen Wesen, die seinen Weg unterstützten. So konnte er das Licht der Liebe und der Freiheit angesichts des damals noch schlafenden und meistens von der Seele getrennten Bewusstseinszustands der Menschen leichter auf die Erde bringen.

Er hatte sich sorgfältig auf die Inkarnation vorbereitet und hielt eine feste Verbindung zu einem Lichttempel in den ätherischen Bereichen über der Erde aufrecht. Das ist ein großer Lichttempel der Weisheit und der göttlichen Verbindung, der noch heute existiert. Sein Zentrum befindet sich im Bereich über Indien, und damals wie heute ist es der Aufgestiegene Meister El Morya, der diesen Tempel mit seiner Weisheit hält und leitet.

Ein Lichttempel ist eine Bewusstseinsebene der Versammlung hoher, weiser Meister und ein Ort hohen Bewusstseins. Jeshua wurde mit diesem lichten Tempel verbunden, und während er inkarnierte, hielten diese weisen und erleuchteten Seelen von Beginn an eine Verbindung zu ihm aufrecht. Jeshua konnte auf den Tempel und seine Weisheit zugreifen, denn die Verbindung dorthin war offen und wurde offengehalten. Aus eigener Kraft hätte er dieses auf der Erde zunächst nicht bewerkstelligen können. Zu tief schwangen die Energien auf der Erde, zu sehr war das Bewusstsein der Menschen von ihrem wahren göttlichen Sein abgetrennt.

Es sollten erst einige Lebensjahre bis in seine Zwanzigerjahre vergehen, bis er in der Lage war, sein Bewusstsein bis in die rein göttlichen Bereiche hinaus auszudehnen und diese Verbindung selbständig zu halten.

Durch Jeshua floss viel Weisheit der erleuchteten Wesen, die den Raum für seinen Weg hielten und unterstützten. Er war nicht allein auf seinem Weg. Nachts in seinen Träumen wurde er sorgfältig beraten, und es wurde dafür gesorgt, dass seine Lichtkanäle offengehalten wurden und er die Energien und Zugänge als Mensch verarbeiten konnte. Er wandelte auf diese Weise zwischen zwei Welten, denn zu der damaligen Zeit ließen sich die hohen Zugänge nur sehr schwer in das menschliche Sein integrieren. So war es ein herausfordernder Weg für ihn, der anfangs auch körperlich immer wieder erschöpfend sein konnte.

Der Tempel hielt auch die höhere Weisheit von Jeshua. Gewissermaßen war der vollkommen erleuchtete Teil seines Seins auf der Ebene dieses Tempels für ihn zugänglich, und gleichzeitig floss die Weisheit der anderen erleuchteten Seelen, die ihn berieten und ihm halfen, zu ihm. So verfügte er in seinem Leben über eine sehr erleuchtete Weisheit und konnte seine lichten Gaben sowie die Innenschau und das Erkennen des wahren göttlichen Wesenskerns wachhalten.

Er ging nicht durch ein komplettes Vergessen – wie alle anderen und auch ich – hindurch. Er war der lichte Anker, denn er hielt dieses erhöhte Bewusstsein, und so begegnete er mir und half mir, ebenfalls wieder Zugang zu meinem wahren Wesenskern zu finden.

Mein Weg in diesem Leben unterschied sich sehr von seinem, und das aus gutem Grund. Hier, an seinem Lager, begann ich nun zu leben. Wir kamen uns immer näher, und er erzählte mir mehr über die Reflektionen der inneren Gefühle und Absichten des Menschen in äußerlich erlebter Realität. Unsere Gefühle, Entscheidungen und Überzeugungen erschaffen Ereignisse in unserem Leben. Ist sich ein Mensch seiner Seele noch nicht wieder gewahr und hat nur wenig Zugang zu seinem Unterbewusstsein, geschehen diese Kreationen meistens unbewusst aus alten Verletzungen heraus und erzeugen weitere verletzende Erlebnisse.

Er war zu diesem Zeitpunkt wirklich ein weiser Lehrer für mich. Ich war erstaunt und fasziniert von seinen klaren, sanften Worten und seiner Gabe, die Dinge zu erkennen und auf einfache Weise zu erklären.

Wenn eine Verletzung das Herz erreicht, verursacht sie dort einen kleinen Riss, und das Sein tut dann alles, um diesen Riss wieder zu heilen. Das ist jedoch nicht immer möglich, und der Riss beginnt Ereignisse anzuziehen und zu erschaffen, die seiner Energie entsprechen. So zieht ein einmal entstandener Riss weitere Risse an. Es ist ein Kreislauf, der das Herz und das Sein immer mehr zerreißen kann. Ich war auch in diesen Kreislauf geraten und hatte übersehen, dass ich mich mit jedem Riss weiter von mir selbst entfernte. All die Risse überdeckten mein wahres Sein immer mehr, und mit jedem weiteren Riss begann ich, diese Risse für die einzige Wahrheit zu halten.

Ich hatte die Tatsache akzeptiert, dass mein Sein aus Rissen bestand, und eine förmlich zerrissene Realität um mich herum erlebt. Denn alle Menschen in meiner Umgebung hatten begonnen, diese Risse zu bestätigen. Da ich sie für meine Wahrheit gehalten hatte, hatten die anderen Menschen das auch getan und sie bestätigt. Und so wurde ich immer weiter verletzt.

Doch hier lag ein Irrtum vor. Der erste Riss war nicht meine Wahrheit gewesen, auch nicht alle weiteren Risse. Der erste Riss war lediglich eine erfahrene Verletzung gewesen. Er hatte einen Teil meines Seins berührt, den ich noch nicht gänzlich angenommen und dem ich nicht vertraut hatte. Dieser Teil war anfällig für Verletzungen gewesen und hatte den ersten Riss erzeugt.

Jeshua erzählte mir, dass es ein Ungleichgewicht in meinem Vertrauen in mich selbst gab. Es hatte bereits bei meiner Geburt begonnen, als ich für einen Moment keine Luft bekommen hatte, und von da an hatte ich meinem Körper nicht mehr vertraut. Diese Schwäche im Vertrauen war zunächst unbemerkt geblieben, bis sie immer größere Kreise gezogen und eines Tages einen Riss erzeugt hatte, der von einem verletzenden Ereignis in meinem Leben kreiert worden war. Die Verletzung hatte ich durch den Mann erfahren, dem ich versprochen war und der mich geschlagen hatte, als ich nicht tat, was er verlangte hatte. Es war eine tiefe Demütigung gewesen. Ein Schlag mitten ins Gesicht, unerwartet und erniedrigend. In diesem Moment war etwas in mir zerbrochen und hatte weitere Risse erzeugt.

Wir sind alle anfällig dafür, denn auf unserer Reise durch die vielen Leben müssen wir erst lernen, auf uns selbst und unsere göttliche, schöpferische Kraft zu vertrauen. Erst dieses Vertrauen erzeugt die tiefe innere Sicherheit, die wir brauchen, um uns wirklich entfalten zu können. So waren das Vertrauen und auch die Freiheit wundervolle Qualitäten, die sich unter meinen Verletzungen verbargen und die ich nun entdecken und annehmen konnte.

Jeshua wusste bereits um die Zusammenhänge, er hatte seine Wunden vor diesem Leben geheilt, wissend, dass ich meine mit hineinbringen würde. Auch ich hatte eingewilligt. Denn es brauchte einen Teil von uns, der eine Verletzung noch einmal bewusst durchlebte und lernte, sie auszuheilen. Während ER den inneren Kern der Wahrheit direkt erkennen und bezeugen konnte, konnte ich den Weg der Heilung erkennen und ausstrahlen. Ich brachte den Weg in die Welt, die innere Zerrissenheit wieder zu heilen und den Menschen den Glauben an ihre Heilung zurückzubringen.

Auch gemeinsam hatten wir eine heilende Wirkung auf andere, denn nicht bei jedem reichte der Blick auf den wahren Kern aus. Viele hatten sich so sehr auf ihrem Weg verstrickt und trugen so viele Risse in sich, dass sie einen behutsamen Weg benötigten und das Vertrauen erst wieder spüren mussten. So wurden wir zusammengebracht, ein jeder von uns in seiner Aufgabe, und es war an der Zeit, dass ich in seiner Gegenwart zunächst selbst heilte, um später das Vertrauen bei anderen berühren und an die Oberfläche bringen zu können.

Wir vollbrachten nun gemeinsam Wunder, unser Bewusstsein und unsere Herzen verbanden sich aufs Innigste und erzeugten einen heiligen Kreis. Das war die besondere Aura, die uns umgab und die Menschen anzog und zur Ruhe brachte. In unserer Nähe fühlten sie sich wohl, geborgen und angenommen. Hier kamen sie zu sich, in ihre Klarheit und Heilung. Ihr Bewusstsein konnte sich erhellen und zu erkennen beginnen, wer sie wirklich waren und sind.

Und so berührten wir die Herzen und tun es bis heute.

Der Lichttempel des Aufgestiegenen Meisters El Morya

Wir sprechen zu dir aus der Gesamtheit der Schöpfung, aus Allem-was-ist.

Wir sind eine Gemeinschaft von Aufgestiegenen Meistern, die diesen Lichttempel als eine hohe Bewusstseinsebene der Begegnung betreuen, und unterstützen die Menschen, sich ihrer Göttlichkeit wieder bewusst zu werden.

Wir sind der Aufgestiegene Meister El Morya und viele andere weise Seelen. Wir reichen dir unsere Hand aus einem liebevollen Zustand der Einheit heraus.

Die Einheit ist nicht auflösend, nicht die Individualität verlierend, sie ist verbindend, einend, einander erkennend. Sie ist ein natürlicher Zustand deines Seins, den du über einen langen Zeitraum nicht mehr erfahren hast. Die Erinnerungen an diesen vollkommenen Zustand sind verblasst, sie liegen nicht mehr in deinem Fokus. Sie haben sich hinter dich geschoben in etwas, das du als Mensch Vergangenheit nennen würdest. Und doch ist die Ebene der Einheit immer noch in dir, tief in deinem Herzen und Sein, bereit, wieder erweckt zu werden.

Und so reichen wir dir die Hand aus dieser Ebene des Bewusstseins heraus und begrüßen dich. Du könntest die Ebene des Bewusstseins, auf der wir uns befinden, als einen ätherischen Tempel beschreiben, wenn du das möchtest. Es könnte helfen, diesen Ort des Bewusstseins leichter zu erfassen. Er ist eine Bewusstseinsebene, auf der sich viele weise, erleuchtete Meister begegnen und austauschen. Gemeinsam haben wir diesen Ort kreiert und halten viel Weisheit hier bereit.

Dieser Ort ermöglicht einen leichteren Zugang zu der Weisheit, die du bist, und zur Weisheit der innersten Quelle. Die Informationen des Lichttempels arbeiten von selbst mit dir und deinem Bewusstsein, einfach indem du seine Ausstrahlung spürst und bittest, dass die Lichtsequenzen dein Bewusstsein öffnen und erweitern.

Das Licht dieses hohen Ortes im Bewusstsein berührt zunächst die Oberfläche deines Seins, auch alte Wunden und Sichtweisen. Es berührt festgefahrene Sichtweisen, in denen du dich nicht mehr für die allumfassende Wahrheit der Quelle öffnen und nur einen begrenzten Bereich deiner Realität und deines Seins betrachten konntest.

Hier wirken viele Aufgestiegene und Kosmische Meister, wie du diese weisen Seelen vielleicht bezeichnen würdest. Sie alle haben viele Leben durchlaufen – in den unterschiedlichen Bereichen, in den verschiedenen Galaxien –, auch auf der Erde. Das haben wir hier alle gemeinsam.

Wir halten diesen Ort als eine Unterstützung für die erwachenden Seelen auf der Erde, damit sie ihren göttlichen Kern leichter erkennen können. So haben wir von diesem Tempel aus Jeshua dabei geholfen, sein Bewusstsein in seiner auf der Erde wohl bekanntesten Inkarnation als Jesus Christus zu halten. Sein Leben war sehr sorgfältig abgestimmt, von hier aus mitentworfen und begleitet, denn er sollte ein Lichtträger und Herzensöffner in einer noch recht dunklen und abgetrennten Zeit des Bewusstseins auf Erden sein.

Zu jener Zeit regten sich erste tiefere Impulse in den Menschen, die einen Grad von Reife und Bereitschaft anzeigten, sich wieder den höheren Quellen und den Weisheiten der Seele zu öffnen. Das Bewusstsein der Menschen war damals bereit, eine grundlegende Neuausrichtung zu beginnen, und der Ruf wurde in den höchsten göttlichen Ebenen erhört.

Durch Jeshuas Inkarnation konnten die Orientierung und die Zuwendung zum göttlichen Licht erstmals wieder wirksam in das Bewusstsein der Menschen und in die Energien der Erde eingebettet werden. Es war der Beginn einer neuen Entwicklung auf der Erde, und sie war es wert, unterstützt zu werden.

Jeshua wäre allein zunächst nicht in der Lage gewesen, sein hohes Bewusstsein von Beginn seiner Inkarnation auf der Erde aufrechtzuerhalten. Zu dicht waren die Energien auf der Erde und zu tief abgesunken war das damalige Bewusstsein der Menschheit. Ein Einzelner hätte das nicht vollbringen können. So trafen wir die Verabredung, ihn zu unterstützen.

Das ist auch die Legende des Sterns von Bethlehem. Er bezeichnet den Lichtkanal zu unserem Lichttempel, der sich bereits bei seiner Geburt geöffnet hatte und fortan für ihn erhalten blieb. Wir besuchten ihn in seinen Träumen, und er verbrachte viel Zeit bei uns in wachem Schlaf. Nur ein kleiner Teil seines Bewusstseins blieb während dieser Phasen mit seinem irdischen Körper verbunden, während der größte Teil seines Seins bewusst auf die hohe Lichtebene unseres Tempels reiste.

So war Jeshua eine ganze Weile fast jede Nacht unser Gast, wir besprachen den weiteren Verlauf seines Lebens immer wieder neu, fügten neue Facetten hinzu und vollbrachten Änderungen. Wir hielten es sehr flexibel und nah an den täglichen Ereignissen. In der Dunkelheit des menschlichen Bewusstseins auf der Erde konnten die hohen Energien der göttlichen Bewusstheit Jeshuas plötzliche, unerwartete Wendungen – kleine Strudel in der Realität, Böen und Sprünge – erzeugen. Und so war es nicht leicht, sein Bewusstsein zu halten und es ihm zu ermöglichen, von der Erde aus in einem inkarnierten Zustand darauf zuzugreifen. Doch gemeinsam vollbrachten wir es. Es war das Werk von vielen. Einer Gemeinschaft aufgestiegener Lichtwesen, die dieses Projekt von Herzen aus unterstützte und in die Erdebenen vermittelte.

Der ursprüngliche Impuls zu diesem gemeinschaftlichen Projekt erfolgte aus dem göttlichen Sein heraus, denn es war Zeit, eine Wandlung im Bewusstsein der Menschheit zu vollbringen. Es verlangte danach und war bereit.

Doch vermag das Göttliche selbst nicht, Orte und Seelen zu erreichen, die so tief von der göttlichen Wahrheit abgeschnitten und mit einem Bewusstsein der Trennung versunken sind. Zu groß sind dann die Unterschiede in der Öffnung des Bewusstseins und in der Frequenz der Energien. So brauchte es Mittler, erfahrene Meister beider Zustände, die die Brücken der Erleuchtung überschritten hatten und zwischen der göttlichen und der irdischen Ebene vermitteln konnten.

Wir waren und sind eine Gemeinschaft, bis heute. Der Tempel existiert immer noch, und seine Aufgabe wächst, denn allmählich beginnt sich das Bewusstsein der Menschheit immer mehr zu öffnen. Mehr als jemals zuvor beginnen zu erwachen, und ein großes, tiefes Sehnen nach einer Rückverbindung zu ihrem wahren Wesenskern regt sich in den Seelen.

Wir sind hier in tiefer Achtung und Demut vor dir und jeglichem Leben, vor jeglicher Existenz. Wisse, ein jedes Wesen, gleich, welcher momentanen Ausrichtung oder auf welchem momentanen Weg, trägt den Ur-Funken des göttlichen Seins immerwährend in sich.

Wir sehen den göttlichen Funken, deinen göttlichen Kern, wie auch Jeshua ihn auf Erden in jedem Wesen zu erkennen vermochte.

Wir sind hier und berühren diesen Funken in dir, tief in deinem Herzen. Dort erwacht der Zugang zu den innersten göttlichen Lichtreichen in dir. Unbegrenzte Freude und Freiheit, das tiefe Sehnen nach der Erfüllung und Erfahrung des Seins.

Es ist die Stelle deines höchsten Bewusstseins und deiner feinsten Frequenz. Eine sensible und schützenswerte Stelle. Es ist dein inneres Himmelreich, das sich durch dich entfalten und im Außen ausdrücken möchte. Das Paradies wohnte schon immer in dir, und du befindest dich auf einer Reise durch die Leben, um es zu erleben und zu verwirklichen. Du bist weit in die Welt der Spiegel gereist, um selbst zu erfahren, was dein Kern wirklich ist, und hast viele Verzerrungen und Täuschungen dabei erlebt. Dabei hast du Welten höchster Wunder und höchsten Leidens erlebt.

Alle Potenziale sind in dir enthalten. Du lernst, deine Wahl zu treffen und deine erlebte Realität zu lenken. Du lernst dein inneres Paradies immer besser kennen und kommst dadurch mehr und mehr in die Lage, es auch in der äußeren Welt zu leben.

Sacht berühren wir den göttlichen Kern in dir, wenn du es erlaubst. Erlaube, dass alle Wunden und Schmerzen nun heilen dürfen. Wir heben den göttlichen Kern in dir hervor und befreien ihn von den Schleiern des Leidens. Erlaube, dass sich die Verzerrungen lösen und dein reines Licht wieder in deinem Herzen leuchtet. Lass die göttlichen Lichtreiche in dir erwachen und erstrahlen. Spüre und vertraue.

Wir sind hier, solange diese Schnittstelle benötigt wird, um jegliches Bewusstsein auf der Erde wieder zu erleuchten. Wir dienen Menschen und Tieren sowie allen in feinstofflichen Körpern existierenden Wesen. Niemandem wird der Zutritt verwehrt. Wer hierher kommt, bekommt unsere Zuwendung.

Auch für dich öffnen wir diesen Zugang und unterstützen dich, dein eigenes höheres Wissen und Bewusstsein wieder zu empfangen. Dieses wird Schritt für Schritt erfolgen, damit dein Sein es aufnehmen und verarbeiten kann.

Durch die auf der Erde und manchen Planeten erlernten Betrachtungsweisen der Dinge sind Verzerrungen entstanden. Deine Gedanken und Gefühle sind nicht immer auf den Kern deiner Wahrheit ausgerichtet. Oft glaubst du, bestimmte Dinge tun oder haben zu müssen, was aber eine Täuschung ist. Sie bringen dir keine wahre Erfüllung. Manchmal hängst du vielleicht alten Träumen nach, die deinem Leben nicht mehr angemessen sind und dir keinerlei wirkliche Freude bringen würden. Es gibt Missverständnisse und Widerstände in deinem Unterbewusstsein sowie Überzeugungen anderer Menschen, die du als deine eigene Wahrheit akzeptiert hast, auch wenn sie es nicht sind.

Diese Verzerrungen möchten geheilt und erlöst werden. Sie sind wie kleine Strudel und Schleifen für uns sichtbar, lassen dich in manchen Situationen im Kreis laufen und verhindern, dass du dich für deine eigene Wahrheit öffnen kannst. Es ist vergleichbar mit einem Vogel, der statt dem nahrhaften Korn einem Steinchen hinterherläuft und den Unterschied nicht mehr bemerkt.

Diese hohe Bewusstseinsebene klärt Verzerrungen in deinem Sein und verhilft dir zu einer erhöhten und klareren Sicht. Die eigentliche Hinwendung in dein Inneres kann geschehen, der Blick nach innen wird freigegeben und nicht länger aufgehalten. Dort findest du einen Zugang zu deinem göttlichen Wesenskern. Dort darf sich dein inneres Feuer neu entfachen und dich erleuchten. Dort kannst du Göttlichkeit und Menschsein, Himmel und Erde verbinden und das Paradies in dir verwirklichen.

Du bist frei, und du bist geliebt.

Bitte uns, und wir unterstützen dich auf Erden.

Vertraue und lebe.

Wir sind El Morya und die verbundene Weisheit der Aufgestiegenen Meister.

Heilmeditation: Die positive Qualität eines Problems erkennen und integrieren

Nun möchte ich dich auf eine heilende Reise tief in dein Inneres einladen.

Schließe deine Augen und lass dich nach innen sinken.

Atme sanft und bewusst ein und spüre ein Gefühl der Geborgenheit in dir. In einem Gefühl der Entspannung können die Worte und Energien am besten in dir wirken. Dann öffne die Augen und lies weiter.

Auf der Erde waren und sind die Lebensbedingungen oft ungewohnt hart. Besonders Schmerzen, Verluste, Ängste, Leiden und auch der Tod werden aus der menschlichen Perspektive in einem vergänglichen Körper als endgültig und unveränderlich wahrgenommen.

In jedem Leid verbirgt sich jedoch auch eine positive Qualität, die zunächst unter ihm verborgen bleibt. Jeder Schwierigkeit liegt eine reine, positive Qualität deines göttlichen Wesens zugrunde, die aus verschiedenen, meistens unbewussten Gründen bisher noch nicht erkannt und integriert werden konnte.

Manchmal schränken wir unbewusst unsere Freiheit ein, weil auch andere Menschen es so leben. Wir folgen den Verhaltens- und Gedankenmustern anderer, die wir als Vorbild annehmen, ohne zu prüfen, ob sie überhaupt passend für uns sind.

Die Gründe, warum wir bestimmte Qualitäten in uns nicht erkennen und annehmen können, sind so vielfältig wie das Leben selbst und können bereits in vergangenen Leben entstanden sein. Dennoch bleiben die Auswirkungen bis in das heutige Leben gültig, wenn die Ursachen nicht erkannt und verändert werden.

In der Geschichte der Herzensverletzungen von Maria Magdalena waren das Vertrauen und die Freiheit als verborgene Qualitäten enthalten. Die verletzenden Situationen offenbarten ihr die Möglichkeit, ihr Vertrauen und ihre Freiheit wieder anzunehmen, eigene Entscheidungen zu treffen und einen neuen Lebensweg zu wählen.

In jeder Situation lassen sich positive Kräfte aufschlüsseln, denn sie sind stets vorhanden. Unangenehme Situationen können Wachstum in Akzeptanz, Liebe, Loslassen, Wahrhaftigkeit, Stärke, Zuversicht, Liebe, Gemeinschaftssinn, Freude, Vertrauen und viele andere wundervolle Qualitäten beinhalten.

Nun möchte ich eine Übung mit dir teilen, in der es darum geht, die positive Qualität in einer unangenehmen Situation wahrnehmen und annehmen zu können.

Komm einen Moment zur Ruhe, sodass du dich spüren kannst.
Fühle in deinen Körper und nimm deinen Platz in dir ein.
Erlaube dir, dich sicher und geborgen zu fühlen.

Pause

Gibt es eine Situation, mit der du gerade unzufrieden bist und die dich beschäftigt? Werde dir dieser Situation als ein Gesamtpaket bewusst, denke an sie und stelle sie innerlich vor dich. Die Situation befindet sich jetzt in ihrer Gesamtheit vor dir.

Fühle dort hinein. Wie fühlt sich das Paket der Situation an, jetzt, wo es vor dir liegt und du mit etwas Abstand darauf schaust? Nimm alle Gefühle wahr, die jetzt auftauchen. Gib allen inneren Bildern und Vorstellungen Raum. Vielleicht fühlt es sich wie ein Knäuel an, verstrickt oder hart und fest? Vielleicht ist es schwammig oder unruhig. Nimm es als gesamtes Paket wahr, ohne an die Einzelheiten der Situation zu denken.

Pause

In dieser Situation existiert das Licht einer Qualität, die du noch nicht vollständig angenommen hast. Irgendwo unter all dem Durcheinander und den unangenehmen Gefühlen beinhaltet diese

Situation eine reine Kraft, die dir dienen kann. Sobald du sie aufschlüsseln und integrieren kannst, wird sie wieder zu einem bewusst verfügbaren Teil deiner Qualitäten.

Gib dem Gesamtpaket der Situation vor dir nun erst einmal das Gefühl, dass du dich ihm zuwendest. Nimm es vor dir wahr und lass ein Gefühl der Zuwendung zu ihm fließen.

Pause

Fasse nun in deiner Vorstellung mit deinen inneren unsichtbaren Händen unter das Gesamtpaket der Situation und hebe es wie eine Haube hoch.

Nimm nun wahr, wie sich unter dem belastenden Gesamtpaket der reine, leuchtende Kern zeigt. Nimm ihn wahr und fühle ihn.

Pause

Die Situation beinhaltet eine reine Seins-Qualität, die du durch den Umgang mit der Situation in dir hervorbringen kannst. Diese Qualität hat sich in der Situation maskiert und konnte bisher noch nicht von dir erkannt werden. Du hast mit den unangenehmen Auswirkungen der Situation gekämpft, hast dich gewehrt und wolltest die Situation nicht mehr erleben. In Wahrheit hast du dich gegen einen Teil deiner selbst gewehrt. Du hast eine wundervolle Qualität deiner selbst abgelehnt, die in ihrem reinen Licht jetzt wieder für dich erkennbar wird.

Vielleicht hast du sie aus Angst abgelehnt, weil du eine schlechte Erfahrung gemacht hast. Die unangenehme Situation beinhaltet ein großes Geschenk für dich. Durch sie kannst du diese Qualität als einen Teil deines wahren Seins wiedererkennen und zu dir nehmen.

Spüre in die leuchtende Kraft unter der wahrscheinlich eher dunklen Haube. Wie fühlt sie sich an? Lass ihr strahlendes Licht zu dir fließen und fühle es in deinem Körper. Was macht das für ein Gefühl in deinem Herzen?

Pause

Du kannst dich innerlich fragen, was diese reine Qualität ist. Vielleicht ist es Freude, Kraft, Klarheit, Liebe, Vertrauen, Freiheit, Entscheidungsfähigkeit oder etwas anderes. Vielleicht weißt du spontan, um welche Qualität es sich handelt. Falls nicht, ist das kein Problem, denn die Informationen der Qualität erreichen dein Unterbewusstsein auf jeden Fall.

Das Licht der bisher verborgenen Qualität fließt nun in deinen Körper und dein Unterbewusstsein. Mit ihm fließen alle Informationen zu dir, die du benötigst.

Du musst die Einzelheiten dieser Informationen nicht sofort erkennen oder verstehen, sie fließen mit dem Licht zu dir, werden sich in ihrer Zeit in dir entfalten und dich zu Erkenntnissen und Einsichten führen.

Spüre und empfange den Fluss, der aus dem lichten Kern zu dir strömt. Das Gefühl, das dieser Lichtstrom in dir auslöst, ist angenehm und positiv. Spüre und empfange.

Pause

Wenn du dich genügend mit ihm aufgetankt hast, lass das innere Bild wieder los. Bedanke dich innerlich und kehre in dein Tagesbewusstsein zurück. Dein Unterbewusstsein hat alle Informationen und Kräfte aufgenommen. Die positive Qualität kann wieder spürbarer Teil deines Wesens sein und dich leichter in eine Lösung der Situation oder Begegnung führen.

Es können im Nachgang neue Eingebungen, Erkenntnisse und Ideen zur Auflösung der Situation auftauchen. Du wirst sie an veränderten Gefühlen und Sichtweisen bemerken oder daran, dass deine unangenehme Situation sich auflöst. Vielleicht erfolgt die Lösung langsam und benötigt weitere Erkenntnisse, oder aber sie geschieht ganz schnell. Die positive Qualität, die als Kern der Wahrheit in der unangenehmen Situation liegt, ist die Eigenschaft in dir, die du erkennen, annehmen und leben darfst, und auf diese Weise wird sie sich fortan positiv in deiner erlebten Realität spiegeln.

Kapitel II

Die Geburt der Seelen

Eine Seele wird in einem Moment allergrößter Liebe geboren, wenn die göttliche Quelle, Gott und Göttin, ihre Bewusstheit auf einen einzigen Punkt konzentrieren und in einer tiefen Verschmelzung der Selbstliebe und der Begeisterung für den Ausdruck der Schöpfung ein neues Leben hervorbringen.

Die neue Seele ist wie eine Perle, die aus dem unendlichen Ozean der göttlichen Bewusstheit in höchster glückseliger Liebe und tiefer Begeisterung für den Ausdruck hervorgegangen und selbst Bewusstsein ist.

Die Geburt der Seele in den göttlichen Lichtreichen

Dein Herz ist im wahrsten Sinne des Wortes die leuchtende Mitte deines Seins. Es leuchtet in göttlichem Licht und reiner Liebe, und wenn es in all seinen Facetten geöffnet ist, sieht es aus wie eine wunderschöne kristalline Blüte.

Deshalb mögen die Menschen auch gerne geöffnete Blüten, sie erinnern in ihrem Ausdruck an die geöffnete Essenz eines reinen und freudigen Herzens.

Der Weg, ein Herz zu reinigen und zu öffnen, kann sehr herausfordernd sein. Es braucht den Mut, die verletzten Gefühle anzuschauen, sie anzunehmen und zu erlösen. Durch jedes erlöste Gefühl bringst du einen Teil deiner Göttlichkeit zu dir zurück und vervollständigst dein Wesen.

Jedes negative Gefühl ist ein Teil deines Selbst, das du durch erfahrene Verletzungen abgelehnt hast. In den Anteilen der negativen Gefühle verbergen sich wundervolle positive Qualitäten, die erst durch ein liebevolles Annehmen dieser Teile wiedererkannt und genutzt werden können.

Eine Seele wird in einem Moment allergrößter Liebe geboren, wenn die göttliche Quelle, Gott und Göttin, ihre Bewusstheit auf einen einzigen Punkt konzentriert und in einer tiefen Verschmelzung der Selbstliebe und der Begeisterung für den Ausdruck der Schöpfung ein neues Leben hervorbringt.

Das Hervorbringen einer neuen Seele geschieht in einem Akt tiefer Liebe, Glückseligkeit und allerhöchster Freude auf das mögliche Leben. Es ist ein Akt heiliger Schöpfung.

Alles fließt zusammen. Liebendes Sein.

Voller Liebe blickt die göttliche Quelle in ihre Tiefe.

Erwachendes Sein.

Die reine göttliche Liebe konzentriert sich auf einen einzigen Punkt. Darin enthalten ist der stärkste vorstellbare Wunsch: sich zu lieben, sich in dieser Liebe zu erweitern, diese Liebe zu teilen und zu verteilen.

Alle unvorstellbar glückseligen Gefühle bündeln sich in einem einzigen Höhepunkt, und die göttliche Bewusstheit zentriert sich so sehr in einem Punkt, dass sich ein neues, eigenständiges Leben förmlich herauskondensiert.

Aus diesem höchsten Siedepunkt von Liebe im göttlichen Bewusstsein gelangt auf diese Weise ein Teil Gottes als eine individuelle Seele in das Sein.

In diesem Moment allerhöchster Liebe zu sich selbst wird eine neue Seele geboren, getränkt mit dem tiefen Wunsch, sich zu entfalten und die Herrlichkeit und Unendlichkeit der Liebe und der Möglichkeiten der göttlichen Quelle zu entsenden und in alle Winkel der Schöpfung zu tragen.

Und so halten die göttlichen Hände die neue Seele.

Geboren in einem Meer unendlicher Liebe und Weite.

So konzentrierte sich die Liebe auf diesen einen individuellen Punkt, und eine neue Seele ging hervor.

Unbeschreiblich mit Worten.

Getragen auf den göttlichen Flügeln der Poesie wird die Seele in den göttlichen Armen gewiegt. Unendlich groß ist die Freude über die neue Seele. Göttliche Klänge durchschweben den Raum und das Bewusstsein.

Wieder hat sich die Quelle selbst erkannt und die Liebe so tief gefühlt, dass es unabdingbar ist, sie in alle Welten zu tragen.

Die Seele hat in diesem heiligen Akt der Schöpfung ihre Individualität erhalten. Und so ist die Seele frei, ihre ganz eigene Reise zu erfahren. Sie ist frei, sich auf allen Ebenen der Schöpfung auszudrücken und eigene Entscheidungen zu treffen. Das ist der freie Wille. Und gleichzeitig bleibt sie ewig verbunden mit der Liebe der einen göttlichen Quelle, die an allen Erlebnissen der Seele und der daraus gewonnenen Weisheit teilhat und sich selbst dadurch in ihrer Gesamtheit erfährt.

Obwohl wir diesen heiligen und reinen Vorgang höchster Schöpfung hier Geburt nennen möchten, möchten wir doch betonen, dass die Seele als ein Teil Gottes schon immer in der Quelle vorhanden war, lediglich in einem anderen Zustand des Seins. So kennt die Seele – genau wie die göttliche Quelle – keinen Anfang und kein Ende.

Die neue Seele ist wie eine Perle, die aus dem unendlichen Ozean der göttlichen Bewusstheit in höchster glückseliger Liebe und tiefer Begeisterung für den Ausdruck hervorgegangen und selbst Bewusstsein ist. Sie verdichtet und zentriert sich in den erfüllten Wogen der göttlichen Bewusstheit. Diese Verdichtung ist eine tiefe Zentrierung des göttlichen Bewusstseins, und sie erschafft eine neue Seele als ein Individuum.

Die geborene Seele ist ein Teil der göttlichen Quelle, die von nun an ihren ganz eigenen freien Weg der Verwirklichung und der Erfahrung ihres höchsten Potenzials beschreitet. Glücklich, erfüllt und vollkommen.

Vielleicht kannst du beim Lesen dieser Zeilen einen Teil der Gefühle, die dort sind, spüren. Sie erinnern dich an deine göttliche Heimat, deine göttliche Wiege, aus der du stammst. Dieser Höhepunkt in der göttlichen Glückseligkeit ist in jedem Moment einzigartig, und so ist es, dass viele Seelen aus einer solchen Woge der Geburt hervorgehen und das Gefühl der Einzigartigkeit in sich tragen.

Für die göttliche Quelle ist jede Seele absolut einzigartig, und jede Seele wird in ihrer absoluten Einzigartigkeit besonders geliebt und geachtet.

Für Gott und Göttin ist jede Seele etwas Besonderes. In dem allumfassenden göttlichen Bewusstsein wird niemand bevorzugt oder benachteiligt, niemand ist mehr oder weniger wert als ein anderer. Diese Art von Bewusstsein ist dort nicht vorhanden.

Es gibt unzählige weitere Seelen, doch Gott und Göttin lieben tatsächlich jede einzelne Seele auf diese einzigartige Weise. Du genießt die Aufmerksamkeit und Zuwendung eines Einzelkindes, wenngleich du unendlich viele Geschwister hast.

Gott ist die eine Quelle, und doch kann sich die eine Quelle als Gott und Göttin erheben und sich gegenseitig betrachten. Gott ist vollkommen eins mit sich selbst, und gleichzeitig enthält er unzählige Teilchen, die als Seelen aus ihm hervorgehen können. Gott, die göttliche Quelle, ist das Absolute und jenseits aller Begrenzungen. Die Quelle ist sich all ihrer Teile bewusst und kann niemals durch sie begrenzt werden.

Jede Seele trägt die Einzigartigkeit ihrer Geburt und gleichzeitig auch die Verbindung zu allen weiteren Teilen Gottes, der Einheit, in sich. Jede Seele bekommt die individuelle Freiheit geschenkt und bleibt dennoch mit der Einheit der göttlichen Quelle verbunden, in der alle Seelen gemeinsam mit Gott existieren. So verhält es sich in der gesamten Schöpfung.

Spüre, wie die unbändige Freude, Freiheit und Schönheit der göttlichen Kreation dein Herz berührt.

Die allumfassende Liebe der Quelle

In diesem Abschnitt, möchte ich, Tanja, von einem berührenden Erlebnis berichten. Auf meinem Erwachens- und Aufstiegsweg erhalte ich als großes Geschenk immer wieder spezielle Einblicke in die göttliche Wahrheit und die Geistigen Welten. Während dieser besonders intensiven Einblicke darf ich bewusste Astralreisen, eine für meine physischen Augen plötzliche Sichtbarkeit der Geistigen Welt, tiefgreifende Erkenntnisse oder ähnliche Dinge erleben. Diese Erlebnisse sind immer besonders erhellend für mich, sie gewähren mir tiefe Einblicke in die Wahrheit hinter den Kulissen unseres irdischen Lebens.

Auf einem meiner geliebten Waldspaziergänge durfte ich vor vielen Jahren eine ganz besondere Begegnung mit der göttlichen Quelle erleben, die mein Herz tief berührte und sehr stark öffnete. Diese möchte ich sehr gerne mit dir teilen.

Ich hatte schon immer eine starke und tiefe Verbindung zum Wald. Am liebsten gehe ich in den wunderbar duftenden Laubwäldern spazieren. Dort fühle ich mich erfrischt und bin von vielfältigen Düften, Pflanzen und Lebensformen umgeben. Diese Eindrücke erfüllen und beleben mich. Die Natur hat die Fähigkeit, den Menschen sofort mit vitaler Lebensenergie zu versorgen und ihnen ein gutes, frisches und freies Gefühl zu vermitteln.

Während des Spaziergangs hatte ich über Menschen nachgedacht und wie viele es davon momentan auf der Erde gibt. „Wie viele Lebewesen es wohl insgesamt in den Universen und im Kosmos geben mag?“ Eine schier unendliche, unvorstellbare Anzahl. Plötzlich fühlte ich mich ein wenig bedeutungslos, irgendwie verloren in dem unendlichen Meer von Seelen. So viele.

„Wie soll Gott da eigentlich jeden kennen?“, schoss mir eine etwas naive Frage in den Kopf. Natürlich wusste ich, dass diese Frage Unsinn war, dennoch war sie präsent. Sie stieg irgendwo aus meinem Unterbewusstsein hervor und zeigte sich. Für einen Teil von mir war das anscheinend eine wichtige Frage.

Natürlich kann die göttliche Quelle für jeden sorgen. Seitdem ich mich wieder bewusst mit meiner Seele und der göttlichen Quelle verbunden habe, erlebe ich das jeden Tag und fühle mich reich beschenkt.

Ich kenne aber auch viele einsame, unglückliche Tage, an denen ich mich verloren fühlte, voller Traurigkeit, Verzweiflung und Hoffnungslosigkeit.

All das tauchte plötzlich in mir auf und zugleich die Frage: „Bemerkt Gott es eigentlich, wenn es mir schlecht geht? Kennt die göttliche Quelle wirklich jede einzelne Seele aus dieser schier unendlichen Anzahl?"

Plötzlich bemerkte ich, wie mein Gedankenstrom endete und mich irgendetwas dazu brachte, in meinen Körper zu fühlen und mich mit meiner inneren Mitte zu verbinden. Nach dem Gedankenausflug fühlte ich mich jetzt wieder zentriert, und ein unbeschreiblich liebevolles Gefühl umgab mich plötzlich. Eine göttliche Antwort wurde mir gezeigt, und ich wusste, dass die Quelle meinen Gedankenstrom tatsächlich erkannt hatte und nun darauf antwortete. Sogar ziemlich deutlich.

Ein klares, farbiges Bild stand plötzlich vor meinen Augen und weitete mein Herz. Ich sah dieses Bild innerlich und gleichzeitig mit den physischen Augen, schwebend, direkt vor mir in der Landschaft.

Mir wurde eine große, golden leuchtende göttliche Hand gezeigt. Die Quelle zeigte sich mir in einer väterlich behütenden Facette.

Die goldene Hand öffnete sich, und darin befand sich meine göttliche Essenz, man könnte auch sagen, meine Seele, mein ICH BIN. Die göttliche Quelle schaute mit allergrößter nur vorstellbarer Liebe auf meine Essenz, und diese unbeschreiblich schönen Gefühle durchflossen mein Innerstes. Sie erreichten direkt meinen tiefsten Wesenskern und öffneten mein Herz ganz weit.

Ich fühlte mich, als würde die göttliche Quelle in diesem einzigartigen Moment nur auf mich schauen. Die Zeit um uns herum stand still. Es gab nur mich und die göttliche Quelle, vereint in diesem endlos erscheinenden Moment.

Um uns herum schien nichts mehr von Bedeutung zu sein. Diese Beziehung war einzigartig, und in mir entstand das Gefühl, für die Quelle tatsächlich absolut einzigartig und wichtig zu sein. Es war, als wäre ich die einzige Seele, die für sie existierte.

Eine göttliche, sanfte Stimme sprach innerlich hörbar zu mir: „Du bist das ‚Allerbesonderste' für mich." Dieser Satz schwebte wie eine liebevolle Melodie durch mein Sein und berührte jede Zelle meines Körpers. Dieser Moment war derart intensiv und erfüllend, dass Worte nicht ausreichen, um es zu vermitteln.

Ein einzigartiges Gefühl der Liebe durchströmte mich. Tiefe Glücksgefühle und Erfüllung wurden spürbar, und ich fühlte mich auf eine einzigartige Weise geliebt und gesehen.

Das Wort „Allerbesonderste" ist das einzig passende Wort dafür, auch wenn es diese Steigerung in unserem Sprachgebrauch nicht gibt. Und auch diese Steigerung reicht nicht ansatzweise aus, um das Gefühl, das darin steckte, zu beschreiben. In diesem Moment schaute die gesamte göttliche Quelle auf mich und gab mir das Gefühl, das Wertvollste und Beste für die Quelle zu sein. Ich fühlte mich zutiefst einzigartig, geachtet und gesehen.

„Siehst du, so gut kenne ich dich, und so allumfassend tief liebe ich dich", floss ein weiterer Satz angenehm hörbar in mein Sein, „und genauso gut kenne ich jedes weitere Wesen in der göttlichen Schöpfung. Und jedes einzelne Wesen ist das Allerbesonderste für mich."

Die göttliche Quelle hat tatsächlich für jedes einzelne Wesen dieses ganz besondere Gefühl in derselben Intensität, das konnte ich in diesem Moment als eine tiefe Wahrheit erleben. Jede einzelne Seele stammt aus der Schöpferkraft, aus der tiefen Liebe und

Begeisterung der göttlichen Quelle, und trägt dieselbe Einzigartigkeit in sich. Die Quelle ist sich jeder einzelnen Seele vollkommen bewusst. Das Bewusstsein der Quelle ist so allumfassend, dass es für uns kaum vorstellbar ist.

Die göttliche Quelle ist in jedem einzelnen ihrer Teile, den Seelen, enthalten, und gleichsam bilden alle einzigartigen und individuellen Teile der Quelle ein großes Gesamtes. Jede einzelne Seele erlebt individuelle Erfahrungen auf ihrer Reise durch die Leben und bereichert die Quelle mit all der daraus gewonnenen Weisheit.

Die Teile der Quelle, wir Lebewesen, sind individuell und gleichzeitig einzigartiger Teil einer Gesamtheit, die sich mit jeder gelebten Erfahrung noch weiter in die Unendlichkeit ausdehnt und noch großartiger und umfassender wird.

Diese Erfahrung berührte direkt eine tiefe und ursprüngliche Ebene meines Herzens. Jeder Einzelne ist so absolut besonders, wie die Quelle sich selbst und alles absolut liebt. Diese Ebene ist jenseits aller menschlichen Bewertungen. Niemand wird ausgeschlossen, ist besser oder schlechter, mehr oder weniger.

Im Bewusstsein der göttlichen Quelle ist jeder Einzelne das Höchste und Beste. Es kann auch nicht anders sein, denn die Quelle, deren Teile wir sind, hat für sich selbst höchste Liebe und Achtung.

Während unser menschliches Sein oft noch stark unterscheidet und den einen oder anderen Menschen mehr oder weniger liebt, liebt die göttliche Quelle jeden Einzelnen auf die gleiche tiefe Weise und erkennt die Einzigartigkeit jedes Einzelnen in jedem Moment. Gleich welche Art von Erfahrung wir gerade machen und in welchem Körper wir uns befinden.

Unendliche Beruhigung und Erleichterung durchströmten mich. Es ist für jeden gesorgt, und wir dürfen uns dafür öffnen, dieses über unser Gefühl zu empfangen. Können wir es erkennen und fühlen, so integriert es sich in unser Sein, es wird zu unserer inneren Wahrheit, die wir spüren, leben und aussenden. Dieser Zustand bringt dann auch in der irdischen Welt noch mehr Liebe und Fürsorge zu uns und verbindet uns mit wahrer Fülle.

Jeder Einzelne wird auf diese besondere Weise zutiefst geliebt und geachtet. Niemand wird je vergessen – egal, wie einsam und getrennt wir uns auch manchmal fühlen mögen. Egal, wie sehr wir uns der göttlichen Quelle auch verschließen und glauben, selbst nicht göttlich zu sein. Für die göttliche Quelle ist jedes einzelne Wesen das Wichtigste.

Es liegt einzig an uns, offen genug zu sein, es zu spüren und zu empfangen. Wie weit wir die Zuwendung und Liebe der Quelle tatsächlich empfangen können, liegt an unserer Bereitschaft und Öffnung. Wir können sie erreichen, indem wir unsere inneren Verletzungen heilen und unserem göttlichen Kern wieder erlauben, an die Oberfläche unseres Bewusstseins zu kommen.

Oft ist der Zugang von vielen Verletzungen und sogar Traumen verschlossen und vernebelt. Der Glaube, unwert und nicht göttlich zu sein, hat sich über viele Leben tief in uns verankert. Diesen Zustand haben die meisten Menschen seit langer Zeit erfahren, und es fühlt sich so an, als wäre Gott sehr weit entfernt und würde unsere Wünsche und Bitten nicht im Geringsten beachten.

Doch das ist nicht die Wahrheit. Die göttliche Quelle sehnt sich sehr nach einem Kontakt zu uns, doch sie kann uns nicht erreichen, wenn wir uns nicht öffnen. Sie hat uns die Freiheit geschenkt, alle nur erdenklichen Erfahrungen ohne ihre Einmischung zu machen. Freiheit und Liebe sind unser größtes Geschenk, und wir dürfen lernen, sie durch uns zu verwirklichen.

So liegt es an uns, den Weg zu beschreiten und eines Tages einen Kontakt zur göttlichen Quelle und zu unserem eigenen göttlichen Selbst wiederherzustellen. Die Möglichkeit dazu ist immer gegeben.

Das ist der Weg, der im Allgemeinen mit einem ersten Erwachen beginnt. Wir beginnen zu spüren, dass wir nach etwas suchen, das wir zunächst noch nicht benennen können. Auf dem Weg des Erwachens nehmen wir unsere Verletzungen und unser gesamtes Sein schrittweise an und integrieren alles in unsere Vollständigkeit. Wir öffnen uns in den Kontakt zu unserem wahren göttlichen Wesen.

Manchmal lassen wir uns davon abhalten, weil wir vielleicht glauben, wir wären noch nicht bereit oder Gott wäre doch unerreichbar. Manche Menschen haben sogar einen Glauben an einen strafenden oder über sie bestimmenden Gott akzeptiert.

All das ist nicht die Wahrheit. Es sind Glaubenssätze und Überzeugungen, die uns von der Rückverbindung mit uns selbst und der Quelle abhalten. Wir selbst halten uns aus verschiedenen Gründen unbewusst davon ab. Der richtige Zeitpunkt, die eigene Göttlichkeit und die Quelle wiederzuerkennen, ist immer jetzt. Der richtige Zeitpunkt ist immer. Erlaube dir, die Bindung an die lineare Zeit sanft loszulassen. Jeder Moment offenbart die Möglichkeit, und gleichzeitig dürfen wir auch unseren Weg dorthin erleben.

Der Weg unseres Erwachens gipfelt eines Tages in unserem Aufstieg auf Erden. Machen wir uns auf den Weg, unser Bewusstsein und unser Herz zu öffnen, werden wir fähig, die Geistige Welt wieder wahrzunehmen. In diesem Zustand können uns dann auch unsere geistigen Helfer und die Quelle wieder erreichen.

Für die göttliche Quelle ist jedes einzelne Wesen das „Allerbesonderste“.

Eine tiefe Gewissheit durchströmte mich, dass es tatsächlich so ist.

Dieses Erlebnis trage ich bis heute in allen Details in meinem Herzen und Bewusstsein. Noch heute sehe ich diese wundervolle Szene vor meinem inneren Auge, mit allen dazugehörenden Gefühlen. Ich bin sehr dankbar dafür und wünsche auch dir wundervolle Einblicke in die Göttlichkeit.

Fühle dich unendlich geliebt.

Auch du bist das „Allerbesonderste“!

Geschichte der Maria Magdalena: Jeshua und der Bettler

Jeder Seele in der Schöpfung wurde der freie Wille geschenkt, um immer wieder eine Wahl treffen zu können. Diese Wahl ist eine innere Entscheidung, und sie ist unabhängig von äußeren Umständen. Die tief gefühlte Wahl setzt eine neue Realität in Gang und offenbart eine neue Tür auf jedem auch noch so aussichtslos erscheinenden Weg.

Erst diese Wahl und Entscheidung gibt den Energien, die im Leben wirken, eine neue Richtung.

Wird keine Wahl getroffen, bestimmen äußere Umstände und fremde Einflüsse dein Leben.

Der Tag kam, an dem Jeshua einen Bettler traf. Ich begleitete ihn an diesem sonnigen und heißen Tag – es war zu einer Zeit, als wir gemeinsam durch das Land zogen. Ich erinnere mich gerne an diese Zeit. Sie hatte etwas sehr Erfüllendes und auch Geheimnisvolles. Ich wusste nicht genau, was der Tag bringen würde, dennoch war ich stets von einem guten Gefühl getragen, das mich durch den Tag begleitete. Ich ließ mich tief in die Arme meiner Seele sinken und wusste, dass ich versorgt und getragen war.

Doch trug ich immer noch Wunden in mir, vor allen Dingen in meiner Weiblichkeit, und so hatte ich mich noch nicht gänzlich in die Tiefe meines Herzens oder meiner Gefühle geöffnet. Einige dieser Wunden heilten in Jeshuas Präsenz, einige wenige verbargen sich weiterhin tief in meinem Sein und blieben vorerst noch unentdeckt. Sie sollten mir erst an viel späterer Stelle vor meinem Aufstieg wieder begegnen. Trotzdem war es mir möglich, in ein glückliches Lebensgefühl einzutauchen.

Wir erlebten wundervolle gemeinsame Tage und Jahre, in denen wir durch das Land reisten, wohin das Leben uns auch trug. Ich selbst hatte kein bestimmtes Ziel, sondern meine alten Bezugspunkte und meinen ursprünglichen Wohnort vollkommen losgelassen. Sie hatten keinerlei Bedeutung mehr für mich, und ich wollte auch nicht zurückkehren. Ich hätte zurückkehren können, so selbstbewusst war ich inzwischen wieder geworden, doch verspürte ich keinerlei Wunsch danach.

Mein jetziges Leben empfand ich als erfüllend, interessant und berührend. Es war ein für mich wirklich lebenswertes Leben. Auch wenn es keinen materiellen Reichtum um uns gab und auch kein festes Dach über dem Kopf, so war doch stets für alles gesorgt, und ich verspürte keine Angst, dass es eines Tages nicht mehr so sein könnte.

Ich spürte, dass ER von einer Art Ziel getragen war, jedoch war es kein irdisches. Eine übergeordnete Kraft trug und leitete ihn durch sein Leben und uns durch das Land. Wir vertrauten dieser übergeordneten Kraft und Führung vollkommen und erlebten, dass wir mit allem, was wir zum Leben benötigten, reichlich versorgt waren. Speis, Trank und Obdach standen stets bereit.

War es, dass uns Menschen an ihren Tisch einluden und wir eine Weile bei ihnen verbrachten, oder dass uns ein Fluss mit dem nötigen Wasser versorgte und wir die Früchte der Pflanzen als Nahrung pflückten. Das Leben auf diese Weise war sicher, schön und frei.

Ich vermisste keinen festen Ort als Bezugspunkt in meinem Leben, denn unser Halt lag in uns selbst, und auch die Erfüllung fanden wir in uns selbst – in den Gefühlen, den immer neuen Erlebnissen und dem Bereisen des Landes, durch das wir uns bewegten.

So ereigneten sich sehr viele Begegnungen und Geschichten, und ich durfte viele Male SEIN Wirken miterleben. Wenn ich von Jeshua in seiner göttlichen Verwirklichung spreche, verwende ich absichtlich die großgeschriebenen Worte ER, IHM oder SEIN, denn es war nicht nur er als Mensch, der die Wunder vollbrachte und die Begegnungen so einzigartig machte. Stets waren das höhere Licht seiner Bewusstheit und ein erhobenes, göttliches Bewusstsein durch ihn spürbar, das sich grenzenloser anfühlte als sein Wesen als Mensch.

Er war Mensch und gleichzeitig geöffnet für ein weites, göttliches Bewusstsein, das ihn unablässig durchströmte und das mir erschien, als würden göttliche Augen direkt durch ihn blicken. ER, Jeshuas höchste göttliche Verwirklichung, wirkte durch ihn hindurch. Sein höchstes göttliches Selbst und die innere Essenz der Quelle waren in diesem Moment vollkommen eins und wirkten gemeinsam.

So steht in den Geschichten nicht nur sein reines menschliches Wesen im Vordergrund, sondern auch die Besonderheit seiner göttlichen Verwirklichung durch das Menschsein hindurch.

Ebenfalls wichtig zu erwähnen ist, dass Jeshua auch ein Mensch mit Begrenzungen war, doch war er in der Lage, bewusst zu wählen, wohin er seinen Fokus richtete. Jeshua konnte zwischen seinem rein menschlichen Bewusstsein mit seinen natürlichen Begrenzungen und seiner hohen göttlichen Verwirklichung in Leichtigkeit wechseln.

Es gab Zeiten, in denen sich der Kontakt mit seinem erhöhten göttlichen Bewusstsein wieder zurückzog und er vordergründig als Mensch erschien. Diese Zeiten benötigte vor allen Dingen sein Körper, um mit all dem zurechtzukommen, und er brauchte die Erfahrung, damit er die Menschen mit all ihren Leiden besser verstehen und ihnen mitfühlend begegnen konnte.

Es war wichtig, dass sich beides in ihm vereinigen konnte. Dieses war seine große Leistung als Mensch, und es war in der damaligen Dichte des Bewusstseins und der Energien nicht leicht zu vollbringen.

Fast alle Menschen waren sehr unbewusst und lebten nicht unbedingt in der Weisheit ihres Herzens. Sie waren fast vollständig durch ihr Umfeld beeinflusst und nicht mit ihrer Herzenswahrheit verbunden. Sie taten das, was alle taten, und richten sich nach ihren Gruppierungen aus. Für kranke und bedürftige Menschen blieb oft kein Raum, sie mussten für sich selbst sorgen.

In diesem Zustand der Abtrennung von ihrem reinen Wesenskern durchliefen viele Seelen Leben, in denen sie eine Erfahrung des Überlebens machten. Sie kümmerten sich um ihre Versorgung, steckten ihre Plätze ab und verteidigten sie. Manche hatten ein Revierverhalten wie Tiere, und es waren durchaus harte Zeiten mit klaren, aber auch sehr begrenzenden und ausgrenzenden Regeln.

Umso mehr liebte ich die Freiheit und Sorglosigkeit, die sich in Jeshuas Gegenwart in meinem Sein so wunderbar entfalten und Raum finden konnte. Ich war nicht länger von der guten Gesinnung anderer Menschen mir gegenüber abhängig und darauf angewiesen, einen festen Wohnort zu finden, sondern hatte meinen sicheren Raum in mir gefunden. Ich lebte in dem vollkommenen Gefühl, stets an allen Orten willkommen, sicher und versorgt zu sein.

Und so kam es, dass wir eines Tages in der Nähe einer Stadt auf einen Bettler stießen. Er stand in nicht weiter Entfernung der Stadtmauern am Rand eines trockenen und staubigen Wegs in der direkten Sonne. Diese schien unablässig und war fast unerträglich. Es gab keinen Schatten dort. Er ertrug die sengende Hitze und nahm sie mittlerweile nicht mehr wahr, so viele Jahre hatte er bereits hier in der Hitze und im Staub zugebracht.

Ab und zu warfen die Menschen ein paar Münzen auf seine Decke, die seit vielen Jahren seinen Platz ausmachte, oder sie gaben ihm etwas zu trinken oder zu essen. Sein Körper war sehr genügsam geworden. Er war nur Haut und Knochen, seine Haut war dunkel, ausgetrocknet und gegerbt von der brennenden Sonne. Doch seine Augen leuchteten immer noch. In ihnen war immer noch sein Lebensfunke deutlich sichtbar. Während sein Körper den Eindruck erweckte, augenblicklich zu vergehen, wohnte in ihm dennoch ein unbändiger Funke, zu leben. Und so blieb er dort stehen, wo er sich gerade befand. Er war genügsam geworden und gab niemals auf.

Er stand auf der kleinen Decke, die den winzigen Raum anzeigte, der ihm noch geblieben war, und alles, was er bekam, reichte gerade so aus, um seinen Körper überleben zu lassen. Mehrere Male befand sich sein Körper so sehr an der Grenze des Verhungerns und Verdurstens, dass er einfach aus ihm hätte herausgleiten können – in seinen körperlosen Zustand als Seele. Doch sein damaliges menschliches Bewusstsein war so darauf eingestellt, zu überleben und nicht kampflos aufzugeben, dass dieser Umstand ihn in seinem schwachen Körper hielt. Er wollte einfach nicht aufgeben, und so stand er viele Jahre lang auf dieser trostlosen Straße.

Nun kamen wir an seinem Weg vorbei zu einer Stadt, die wir vorher noch nicht bereist hatten. Er fiel uns direkt auf, denn es war der einzige Mensch, der dort stand. Nicht einmal ein Tier wagte sich in die brennende Mittagshitze hinaus.

Wir begrüßten ihn, und Jeshua warf ihm im Vorbeigehen eine Münze zu. Hier half IHM sein menschliches Sein. Als Jeshua, der Mensch, konnte er diesem Mann nahe sein. Er hatte dieselben staubigen Füße wie der Bettler und sich ein Tuch zum Schutz vor der Hitze um den Kopf gebunden.

Ich selbst konnte das erhöhte Bewusstsein von IHM stets wahrnehmen, doch in dieser Situation erschien ER zunächst wieder als Mensch Jeshua, um die Begegnung zu eröffnen.

Jeshua konnte sein Bewusstsein weit öffnen und das Licht der göttlichen Reiche um sich herum leuchten lassen. Ebenso konnte er sich ganz auf seine Form als Mensch konzentrieren und sogar in den menschlichen Begrenzungen und Emotionen sein. Er konnte frei zwischen beiden Zuständen wählen und blieb in den menschlichen Begrenzungen niemals gefangen.

Daher sah der Bettler einfach einen anderen Mann mit staubigen Füßen und konnte eine Verbindung spüren. Nachdem Jeshua ihm die Münze zugeworfen hatte, blieb er stehen, drehte sich um und blickte in das Gesicht des Bettlers.

Ein Lächeln erhellte sein Gesicht, und seine Augen leuchteten dem armen Mann entgegen. Es war ein erwärmender, menschlicher Blick, der direkt den Menschen im Bettler erreichte. Ein Blick der Zuwendung und der Akzeptanz. Für ihn war der Bettler nicht verachtenswert oder unwert, so, wie ihn viele andere Menschen verurteilten.

Und der Blick enthielt noch so viel mehr. Er enthielt die göttliche Verwirklichung von Jeshua, und auf dieser Ebene erkannte ER sogleich den wahren, reinen, göttlichen Wesenskern des Mannes. Der Blick enthielt SEIN ganz eigenes Wunder.

ER berührte den Bettler direkt, und dieser konnte spüren, dass etwas anders war als in den anderen Begegnungen, die er hier am Wegesrand bereits erlebt hatte.

Auch er hielt inne, und ihre Blicke tauschten sich in einem Moment der Zeitlosigkeit aus. Kaum einem anderen Menschen, der hier mit uns gestanden hätte, wäre es unbedingt aufgefallen, doch ich durfte an diesem Wunder teilhaben, denn mein Herz und Bewusstsein waren bereits weit genug geöffnet. Es war ein Moment des vollkommenen Hier und Jetzt, einer vollkommenen Zeitlosigkeit.

Der Moment dieses Blickes war nicht mit irdischer Zeit zu messen, denn er fand in den erhöhten Ebenen des göttlichen Bewusstseins statt. Er ereignete sich durch SEINE Augen, die dem Mann tief ins Herz und in seinen reinen Wesenskern blickten.

Zwei Seelen erkannten sich in einem Moment der Zeitlosigkeit, und das Herz des Mannes bekam einen Einblick in die erhöhten Bewusstseinszustände, in denen es keine Zeit und keinerlei Mangel gibt.

Hier existieren keine Begrenzungen, wie wir sie als Menschen im irdischen Leben erfahren können. Hier existiert keine Angst.

Diese erhöhte Ebene hat ihren ganz eigenen Zauber und führt augenblicklich Veränderungen herbei.

Für einen kurzen Moment wurden die Illusionen des Mannes beiseitegewischt. Er hatte sich so sehr mit seinem armen und begrenzten Leben abgefunden und sich mit ihm identifiziert, dass er dachte und fühlte, er wäre tatsächlich auf ewig dieser Bettler am Wegesrand. Die Kräfte seines wahren Wesens und die Fähigkeit seiner Schöpferkraft, ihn wohl zu nähren, Obdach zu gewähren und viele glückliche Momente im Leben zu schenken, hatte er völlig vergessen. Schon lange hatte er keinen Zugang mehr zu seinen wahren Qualitäten, und so war es geschehen, dass alle diese Begrenzungen und Überzeugungen sein wahres Sein verdunkelten.

Er glaubte, er hätte kein Recht auf Obdach, denn dieses hatten ihm die Menschen gesagt, die ihn wegen Kleinigkeiten aus der Stadt gejagt hatten

Er glaubte an seinen schwachen Körper, denn auch hierfür hatten die Menschen mit dem Finger auf ihn gezeigt. Doch anstatt eine Stärke in sich zu finden und einen anderen Weg des Lebens einzuschlagen, hatte er den Verurteilungen der anderen Menschen seinen ganzen Glauben geschenkt und sich selbst für schwach gehalten. Er akzeptierte sofort, dass sie mehr zu sagen hatten als er. Er akzeptierte sie als eine Autorität und *richtete sich selbst* fortan nach ihrem Willen.

Diese Stelle möchten wir betonen. Was geschah, war, dass er nicht nur den Willen der anderen Menschen befolgte und ihren Anordnungen gehorchte, sondern noch viel mehr – er richtete und verurteilte sich selbst nach ihren Bewertungen und Urteilen. Er glaubte, er wäre weniger wert als die anderen und hätte nicht mehr verdient als eine winzige alte Decke als Platz in seinem Leben. Eine Decke, noch nicht einmal groß genug, um ausgestreckt darauf zu schlafen.

Dieser Mensch hatte Begrenzungen von außen angenommen und sich selbst so tief ausgeschlossen und verurteilt, dass er nur gerade eben so überleben konnte. Er hatte erlaubt, dass andere Menschen sein wahres Wesen begrenzten und sein Leben dadurch miterschufen. Dadurch hatte er nicht nur sämtlichen Selbstwert verloren, sondern auch seine Schöpferkraft aus der Hand gegeben.

Das Ergebnis war ein trostloser Platz an einem lebensfeindlichen Ort, denn er spiegelte genau die inneren Überzeugungen des Mannes wider. Derart festgefahren in seinen inneren Ansichten, brauchte es tatsächlich ein besonderes Ereignis, das diese selbst erschaffene Barriere durchbrechen konnte, um ihm eine andere Perspektive zu zeigen.

Und so blickte Jeshua ihn an, und auch SEINE Augen versanken in denen von Jeshua. Er gab diesem Bettler aus seinem Mitgefühl als Mensch eine Münze, und ER blickte ihm ins Gesicht. Und während sich ihre Blicke begegneten, öffnete der Mensch Jeshua sein göttliches Bewusstsein und seinen wahren Wesenskern tief im Herzen und erschuf diesen wahrhaft magischen und wundervollen göttlichen Moment. Das Herz des Mannes wurde in seinem tiefsten Wesenskern berührt und daran erinnert, dass auch er über einen göttlichen Kern verfügt, genau wie Jeshua und alle anderen Menschen und Wesen.

In diesem besonderen Moment konnte er spüren, dass es etwas in ihm gab, das viel mehr war als der begrenzte, fast verhungerte und verdurstete Bettler auf der Straße. Sein göttlicher Kern gab im sofort ein sanftes Gefühl der Annahme und Geborgenheit. Jeshua erschuf diesen besonderen Moment durch SEINE Kraft und durchleuchtete die inneren Barrieren des Bettlers.

Zwei Herzen erreichten sich. Ein göttliches Wesen erblickte ein anderes. Erkennen und unmittelbare Wandlung konnten geschehen.

Der Mann verharrte noch einige Sekunden ohne Regung, und innere Schleier begannen sich von selbst zu lichten.

„Wer bist du, dass du hier stehst", fragte Jeshua ihn nach einiger Zeit.

„Ich bin, ich bin…, ich weiß es nicht mehr“, stammelte der Mann zunächst. „Ich habe es vor langer Zeit vergessen.“

Momente innerer Erkenntnis entstanden.

„Ich hatte ein Obdach“, sagte der Mann, „vor sehr langer Zeit. Gerade eben hatte ich zum ersten Male seit langer Zeit wieder das Gefühl, in einem Zuhause willkommen zu sein. Eigentlich sehne ich mich danach.“

„Dann geh in dein Zuhause“, sagte Jeshua und wartete, was sich im Inneren des Mannes weiter ereignen würde.

Die Seele des Mannes nahm die neue Wahl an, ER hatte ihn so tief berührt, dass er eine augenblickliche Veränderung zuließ. Seine Seele hatte schon oft versucht, an die Tür seines Bewusstseins zu klopfen, doch er war hart geworden und so auf sein Leben als Bettler fixiert, dass er es sich jeden Tag wieder aufs Neue zumutete, in der brennenden Sonne zu stehen und auf Almosen zu warten.

„Wer bist du, dass du kein Zuhause hast?“, fragte Jeshua weiter.

„Ich weiß es nicht…“, sagte der Mann. Er suchte nach Worten und spürte, dass es nun nicht mehr seine Wahrheit war zu antworten, dass er die Straße und seine kleine alte Decke als Zuhause akzeptierte.

So standen wir noch einige Zeit dort. Wir blieben bei ihm, während sich seine innersten starren und unwahren Überzeugungen lösten und sein wahres, wertvolles Wesen in seinem Herzenskern wieder stärker aufleuchtete.

„Ich wünsche mir eine Familie und ein Zuhause“, sagte er nach einer ganzen Weile. „Auch das habe ich vergessen. Es erschien mir so unerreichbar, dass ich nicht länger daran denken wollte. Ich habe alles aus meinem Sein verbannt, alle Wünsche, Gedanken und Gefühle und das nackte Überleben akzeptiert. Ich habe alle fast unerträglichen Schmerzen als die natürliche Folge akzeptiert. So sei es eben, habe ich mir weisgemacht, wenn das Zuhause ein staubiger Wegesrand ist. Ich hatte große Qualen, die Schmerzen des Hungers setzen mir kräftig zu, und das Gefühl zu verdursten konnte ich kaum ertragen. Ich überzeugte mich, all das einfach nicht mehr zu fühlen, es nicht zu beachten, und ich starrte nur noch in die Hoffnungslosigkeit des Staubes. Ich stand an einem Weg, und doch glaubte ich genau hier am Ende meines Weges zu sein. Ganz allein, ohne Ziel, ohne Wünsche, ohne Kraft. Und so blieb ich hier stehen. Und jetzt fühle ich, dass dies nicht meine Wahrheit ist. Erstmals spüre ich wieder eine Kraft in mir, einen Antrieb, wieder einen Weg zu gehen und keine Angst mehr zu haben, welche Herausforderungen er auch mitbringen wird.

Früher hatte ich Angst, die Menschen würden mich erschlagen oder misshandeln, wenn ich versuchen würde, wieder in die Stadt zu kommen, doch was habe ich jetzt noch zu verlieren? Ich habe schon lange keine Angst mehr vor dem Tod, denn oft genug stand ich bereits auf dieser Schwelle und sah sie in meinen Träumen. Ich hätte einfach hinübergleiten können, doch mein Vorsatz, zu überleben und auf der Straße zu bleiben, hielt mich hier."

Immer klarer wurde sein Erkennen.

„Warum bin ich immer noch hier auf der Straße? Ich beginne es zu vergessen. Was habe ich zu verlieren? Ich spüre, dass ich schon lange keine Angst mehr habe. Ich kann zurück in die Stadt gehen, und wenn sie mich jetzt erschlagen, ist das immer noch besser, als auf dieser Straße zu stehen."

Eine tiefe Wandlung vollzog sich, und ich erlebte dieses Wunder mit.

Tränen liefen jetzt über die Wangen des Bettlers. Er erkannte, was er sich die ganze Zeit über selbst zugefügt hatte, und entschied sich auf den tiefsten Ebenen seines Seins für eine Veränderung. Es war genug. Die Straße hatte ihn genug gelehrt.

Er hatte Demut gelernt, Dankbarkeit für Kleinigkeiten und eine Wertschätzung, den Tag überhaupt zu überleben. Er hatte Mitgefühl für andere entwickelt, denn er kannte den Zustand von Hunger, Durst und Obdachlosigkeit am eigenen Leib. In dieser Trostlosigkeit konnte auch viel Neues in ihm reifen, es hatte ihn viel gelehrt, doch sollte es nun nicht mehr länger um den Preis seines Lebens sein.

Immer sichtbarer erwachte neue Lebenskraft in dem ausgemergelten Körper.

Jeshua hatte ihm eine Wahl offenbart und ihm seine innere Wahrheit gezeigt. Der Mann konnte sich nun entscheiden, wirklich freudig zu leben, der Liebe und Führung seines göttlichen Kerns zu folgen, der so viel Erfüllung und Freude für ihn erschaffen wollte, oder aber weiter den Begrenzungen seines Denkens und seiner bisherigen Überzeugungen Glauben zu schenken, die ihn schon so lange auf der trostlosen Straße gefangen hielten.

Es war eine Wahl, und er konnte nun erkennen, dass er selbst entscheiden konnte. Kein anderer Mensch entschied mehr über sein Leben und Wohlergehen, sondern einzig er selbst. Jeder Seele in der Schöpfung wurde der freie Wille geschenkt, um Wahlen treffen zu können.

Diese Wahl ist eine innere Entscheidung, und sie ist unabhängig von äußeren Umständen. Die tief gefühlte Wahl setzt eine neue Realität in Gang und offenbart eine neue Tür auf jedem auch noch so aussichtslos erscheinenden Weg.

Erst diese Wahl und Entscheidung gibt den Energien, die im Leben wirken, eine neue Richtung. Wird keine Wahl getroffen, so bestimmen äußere Umstände und fremde Einflüsse dein Leben. Ist die Wahl getroffen, offenbart sich der neue Weg, und es bedarf des Vertrauens, die neuen Türen zu öffnen und sie zu durchschreiten.

Durch mein Herz konnte ich wahrnehmen, wie sich das Leuchten seiner Lebenskraft immer mehr in seinem Körper ausdehnte und den Körper jetzt nährte.

„Ich weiß nicht, was gerade genau geschehen ist“, sagte der Mann erstaunt zu Jeshua. „Dein Blick hat etwas in mir verändert.

Ich spüre erstmals den Willen in mir, weiterzugehen und nicht mehr der Bettler zu sein, als den mich alle kennen. Ich spüre plötzlich, ich bin nicht mehr der Bettler, für den ich mich selbst gehalten habe. Wie auch immer du es gemacht hast, ich danke dir dafür, und ich weiß nun, dass ich ab jetzt für mich selbst sorgen kann."

Er kniete vor Dankbarkeit nieder und küsste die Hände von Jeshua.

So erkannte der Bettler nicht nur das tiefe Mitgefühl von Jeshua als Mensch, sondern auch die Göttlichkeit, die durch ihn wirkte.

Nur auf dieser Ebene seines erweiterten Seins konnte Jeshua andere wirklich in der Tiefe erkennen und Veränderungen auslösen. Er war ein Mensch, der anderen vorlebte, dass sein wahrer Geist sehr viel mehr war als ein durch menschliche Überzeugungen begrenztes Denken. In den Momenten, in denen sich Jeshua vollkommen für seine göttliche Verwirklichung öffnete, strahlte die Quelle selbst durch ihn hindurch, und Jeshua war sich seiner Individualität und gleichzeitig seiner Einheit mit der göttlichen Quelle vollkommen bewusst. Das Innerste der Quelle konnte auf diese Weise direkt durch Jeshua wirken.

Seit dem Hervorgehen der Seelen aus der innersten Quelle ist der Zugang zu den göttlichen Lichtreichen in den göttlichen Kern einer jeden Seele eingebettet. Er existiert im Bettler, in Jeshua, wie auch in allen anderen Menschen und Wesen.

Jeshua hatte es unter größten Herausforderungen geschafft, diesen Zustand zu der damaligen Zeit auf der Erde zu leben und ihn anderen zu zeigen. ER erleuchtete sie, soweit sie es zuließen und annehmen konnten. Dadurch brachte ER sie unmittelbar in ihre eigene Kraft und Gesundheit. Jeshua, der Mensch, und ER waren eins, auch wenn sie getrennt voneinander erscheinen konnten. Wenn die Seelen der Menschen bereit waren, öffneten sie sich für IHN und empfingen.

Es war jedes Mal ein Akt vollkommener Liebe und göttlicher

Schönheit, und ich dankte meinem Bewusstsein, dass ich es wahrnehmen und miterleben durfte.

Die leuchtenden Funken, die in den Menschen durch diese Begegnungen entstanden, waren nicht für viele irdische Augen sichtbar, doch ich konnte sie mit meinen inneren Augen sehen und durch mein Herz fühlen. Es war, als ob sich eine weitere Realität, in der die Funken erstrahlten, über die irdische Realität legte und sichtbar wurde. Und ich durfte beide Ebenen gleichzeitig sehen. Im Innen, wie im Außen.

Und so verließ der Bettler nach so langen Jahren seinen alten Platz und folgte dem Ruf seiner eigenen Göttlichkeit und Kraft. Es fiel ihm zunächst schwer, zu gehen, doch erwachte immer mehr Kraft in ihm, denn er folgte nun dem Ruf seines Herzens und dem Geleit seines göttlichen Wesenskerns. Er hatte sich entschieden, die Rolle des Bettlers hinter sich zu lassen und sich wieder für ein würdiges Leben als ein Mensch dieser Erde zu öffnen.

Er ging auf die Stadttore zu, und wir blieben ein großes Stück hinter ihm. Als er die Tore erreichte, machte niemand Bemühungen, ihn aufzuhalten. Nun war es wie selbstverständlich, dass er hineingehen konnte. Er war geführt und beschützt aus sich selbst heraus und konnte diese frühere Grenze passieren. Dieses Mal wurde er nicht abgewiesen. Die Menschen blickten ihn an, doch dieses Mal mit weichem Herzen, denn er hatte sein Herz und Mitgefühl für sich selbst geöffnet.

Nach nur wenigen Metern ergab sich ein Kontakt zu einer hilfsbereiten Frau in der Stadt. Sie hatte ihn schon lange Zeit auf seinem Platz vor der Stadt stehen sehen, sich jedoch niemals überwinden können, ihn anzusprechen, zu groß waren die Barrieren der Überzeugungen um ihn herum. Jetzt, da sich seine Einstellung zu sich selbst verändert hatte, konnte auch sie ihm wahrhaftig begegnen, und sie bot ihm sofort eine Mahlzeit und auch ein Obdach an.

Er begann wieder zu Kräften zu kommen, bekam Mahlzeiten, und sein Körper erholte sich Woche für Woche. Die Frau liebte die

Gespräche und das Beisammensein mit ihm. Sie hatte ihren Vater sehr früh verloren und liebte das gütige und mitfühlende Wesen des ehemaligen Bettlers, der nun fast wie ein Vater für sie war.

Er fing an, Arbeiten an ihrem Haus zu verrichten und es in Ordnung zu halten. So gab er ihr von seinen Qualitäten, und sie gab ihm etwas zurück.

Sein Leben hatte sich von Grund auf verändert. Statt am staubigen Wegesrand, lebte er fortan in liebevoller Gemeinschaft in ihrem kleinen Haus und erlebte auch wieder Nähe zu den Menschen in der Stadt. Auch für Nachbarn der Umgebung begann er Arbeiten auszuführen und wieder Teil ihrer Gemeinschaft zu sein. Dadurch erschien ihm das Haus, in dem er nun lebte, niemals klein. Es war vollkommen so, wie er sich wohl fühlte, und er verbrachte dort einige erfüllte Lebensjahre, bevor er seine irdischen Augen eines Tages schloss und seine freie Seele in neue Reiche weiterzog.

Und ich durfte Teil dieser Wunder sein.

Ich bezeugte sie und lernte. Mit jedem Erlebnis öffnete sich mein Herz und Bewusstsein mehr. Ich lebte mit Jeshua und mit IHM, und beide waren eins. Eins in der Göttlichkeit und eins in meinem Herzen.

Und so war und ist es.
Ich danke dem Leben.

Heilmeditation: Herzensheilung im Lichttempel des El Morya

Wir berühren dein lichtes Sein. Dein Herz ist es wert, geliebt zu sein, und du bist ein lebendiger Teil der Quelle. Du hast deine göttliche Lebendigkeit oft verleugnet und zur Seite gelegt, vielleicht aus Angst, zu kraftvoll oder auch unwert zu sein.

Lege deine Ängste beiseite, denn wir sind nun hier, um dein Herz voller Liebe und Hinwendung zu halten und es von irdischen Verletzungen zu erlösen, die die Schleier des Vergessens erzeugt haben.

Wir wenden uns nun dem lichten göttlichen Kern in deinem Herzen zu und heben ihn sanft empor. Wir nehmen ihn in unsere Hände, heben dich in den Energien an und hoch empor auf die Ebene des Lichttempels des Aufgestiegenen Meisters El Morya.

Der Lichttempel ist ein Verbindungspunkt zwischen dem menschlichen Bewusstsein und dem Bewusstsein der höchsten göttlichen Lichtreiche. An diesem Ort fließt die Weisheit hoher Aufgestiegener Meister zusammen und unterstützt die Seelen in ihrem Erkennen der Einheit mit der göttlichen Quelle.

Nimm den Lichttempel auf die Weise wahr, wie er sich dir spontan innerlich offenbart. Jedes innere Bild und Gefühl ist richtig. Nimm diese hohe Ebene auf deine ganz eigene Weise wahr.

Pause

Erlaube, dass sich die innere Schwingung deines Herzens mit der hohen Lichtebene des Tempels verbindet und mit ihm in einem gemeinsamen Rhythmus schwingt. Verbinde dich mit dem Gefühl, das diese Ebene in dir erzeugt.

Deine Aufmerksamkeit kommt nun ganz auf der Ebene des Tempels an, und dein Herz wird sichtbar für dich. Erlaube dir, es wahrzunehmen. Es öffnet sich wie eine wunderschöne, kristalline Blüte vor dir. Spüre die Liebe und zarte Freude in deinem Herzen.

Spüre und genieße.

Pause

Die Blüte deines Herzens öffnet sich nun noch weiter für dich und offenbart in ihrem tiefen Inneren deinen größten Schatz.

Das Innerste deines Herzens wird sichtbar für dich und offenbart die leuchtende Perle deines Herzens, deinen göttlichen Kern. Das hellste und zarteste Licht leuchtet vor deinen inneren Augen. Fühle die unendlich tiefe Liebe darin. Fühle die Freude und die Begeisterung für den Ausdruck des Lebens.

Fühle die Selbstachtung und Wertschätzung. Das ist dein wahrer göttlicher Kern, dein wertvolles und unendlich geliebtes göttliches Sein.

Es kennt keinen Mangel, keine Begrenzungen und keine verpflichtenden Bande, die in den Leben erzeugt wurden. Hier existieren keine Schuld und keine Angst.

Du hast einen Punkt erreicht, an dem du bereit bist, diese Illusionen loszulassen und dich deiner wahren Essenz wieder zuzuwenden. Wenn du es zulässt, lösen sich in dieser hohen Energie alte Verstrickungen und negative Emotionen auf.

Nimm wahr, wie dunkle und grauer Schleier sich sanft auflösen und das Licht deines göttlichen Kerns immer lichter erstrahlt. Wenn du Schleier oder Bänder um deinen Kern oder die Blüte deines Herzens wahrnehmen kannst, berühre sie sanft und mit einem Gefühl liebevoller Zuwendung mit deinen inneren Händen. Danke ihnen für die Erfahrung und lass das Gefühl der Zuwendung zu ihnen fließen, sodass sie sich in Licht verwandeln können. Erlöse sie sanft.

Pause

Spüre tief in deinen leuchtenden göttlichen Kern hinein.
An diesem reinen Licht kann nichts anhaften.
Diese göttliche Ebene ist jenseits aller Inkarnationen.
Sie ist jenseits aller Körper, aller Existenzformen.
Es ist dein reinstes, ursprüngliches Sein.

Es ist jenseits aller linearen Zeit.

Hier fühlst du deine tiefe Liebe und Begeisterung für jegliche Schöpfung und jeglichen Ausdruck.

Hier bist du und hier ist die göttliche Quelle.

Hier bist du verbunden mit Allem-was-ist.

Erlaube, dass die lineare Zeit sich für dich öffnet und einen neuen Blick offenbart.

Es ist als könntest du in die Gesamtheit der Schönheit der Schöpfung hineinblicken.

So viele Leben, so viele Ausdrucksformen, so viel leuchtende und farbige Lebendigkeit.

Spüre und erlebe.

Pause

Du hast nach diesem Zugang so lange Zeit gesucht und viele freudvolle wie auch leidvolle Inkarnationen auf dich genommen, um genau dieses Licht zu entdecken und anzunehmen. Du hast gelernt, dass du dieses Licht nicht im Außen finden kannst, an keinem äußeren Ort, in keinem äußeren Tempel.

Alle erlebten Realitäten sind Spiegelungen deines inneren Zustands und letztendlich ein Wegweiser nach innen.

Und hier wartet dein eigenes lichtes Königreich auf dich.

Fühle und betrachte es.

Pause

Die Suche danach hat vielleicht karmische Bande und Verwirrungen erzeugt, sowohl in den irdischen Leben, wie auch in deinen Leben im Kosmos und in den Galaxien. Auf all diesen Ebenen konnten Missverständnisse in den Gedanken und Gefühlen entstehen, Verletzungen konnten erfahren werden.

Die Bewusstwerdung deines göttlichen Lichts klärt nun dein Energiefeld. Allein dadurch, dass du es wahrnimmst, lichten sich einige Schleier in deinem Bewusstsein.

Du hast die Suche nach deinem göttlichen Kern oft nach außen projiziert, hast unangenehme Dinge erlebt, die lediglich jene Kräfte und Qualitäten gespiegelt haben, die du an dir selbst noch nicht angenommen hattest.

Begreife deine äußeren Lebensumstände als einen Spiegel deiner inneren Qualitäten. Alle göttlichen Qualitäten deines Wesens, die du angenommen hast, spiegeln sich positiv im Außen. Du kannst sie ausleben und in vollen Zügen genießen. Die Erde wird sie dir in allen Facetten reflektieren. Sie erzeugen freudige und erfüllte Momente mit wundervollen Erlebnissen und Begegnungen.

Alles, was du ablehnst, spiegelt sich als negative Kraft und bestätigt die Ebene des Mangels in dir. In diesen Reflexionen erscheint dein Umfeld unwirtlich, die Lebensfreude versiegt.

Fühle nun deinen wahren göttlichen Kern. Hier leuchtet das Licht deiner wahren göttlichen Essenz. Reinstes Licht, reinstes Sein, ohne Verzerrung, ohne Verfälschung. Dein gesamter innerer Reichtum liegt in ihm, und über ihn hast du Zugang zu allen Potenzialen der unendlichen Schöpfung. Du kannst Potenziale auswählen und sie erleben. Erkenne diesen lichten Kern als den deinen.

Fühle und spüre.

Kapitel III

Der göttliche Kern

So wogt der göttliche Ozean, er bewegt sich und erschafft.

Und irgendwo in einem Punkt allerhöchster Verdichtung der göttlichen Selbstliebe und Glückseligkeit entsteht ein ganz besonderes Leuchten, und eine neue Seele wird geboren. Helles Licht entflammt.

Es ist die höchste denkbare Konzentration von Bewusstheit, und sie gebiert neues Leben.

Die göttliche Quelle, Gott und Göttin, ist von tiefer Liebe erfüllt und brennt so sehr für das unendliche Potenzial der Erfahrungen, dass sich dieser unbändige Wunsch nach neuen Erfahrungen, nach dem Ausdruck des Seins, sowie die Liebe in den göttlichen Kern einer jeden geborenen Seele einbettet.

Der göttliche Ozean der Glückseligkeit – Die innere Quellebene

Blicke gemeinsam mit mir in den wogenden, göttlichen Ozean der absoluten Glückseligkeit. Wir blicken in die innersten Ebenen der göttlichen Quelle. Sie können auch die göttlichen Lichtreiche oder die innerste Essenz der göttlichen Quelle genannt werden.

Hier herrscht absolute Erfüllung, und doch gibt es selbst für noch höhere Freuden bereits ein Potenzial, das erst noch entdeckt und erfahren werden möchte. Hier existieren keine starren Strukturen und linearen Reihenfolgen wie im menschlichen Sinne, sondern eine bewegliche Vollkommenheit und Vollständigkeit mit einer Harmonie und einer ganz natürlichen Ordnung.

Es gibt das Potenzial für unendliche Erfahrungen und fortwährende, lebendige Entfaltung. Jede Erfahrung erschafft aus sich selbst heraus immer wieder neue Möglichkeiten.

So wogt der göttliche Ozean, er bewegt sich und erschafft. Und irgendwo an einem Punkt allerhöchster Verdichtung der göttlichen Selbstliebe und Glückseligkeit entsteht ein besonderes Leuchten, und eine neue Seele wird geboren. Helles Licht entflammt.

Es ist die höchste denkbare Konzentration von Bewusstheit, und sie gebiert neues Leben.

Die göttliche Quelle, Gott und Göttin, ist von tiefer Liebe erfüllt und brennt so sehr für das unendliche Potenzial der Erfahrungen, dass sich dieser unbändige Wunsch nach neuen Erfahrungen, nach dem Ausdruck des Seins, sowie die Liebe in den göttlichen Kern einer jeden geborenen Seele einbettet.

Und so geht eine neue Seele aus der göttlichen Quelle hervor und bereitet sich darauf vor, eines Tages auf eine abenteuerliche Reise der Selbsterfahrung zu gehen, um neue Möglichkeiten zu erleben und daraus gleichzeitig wieder Potenziale für weitere Erfahrungen zu erschaffen.

Die Schöpfung wächst mit jeder neuen Woge, mit jeder neuen Vereinigung, mit jeder gemachten Erfahrung und mit jeder neuen Seele.

Die Schöpfung dehnt sich fortwährend aus, so, wie sich das Bewusstsein ausdehnt.

Die Schöpfung ist wahrhaft großartig, und das Thema der Unendlichkeit ist für den menschlichen Verstand nur schwer zu erfassen. Deshalb bitten wir dich, deinen Verstand hier zur Ruhe kommen zu lassen. Spüre beim Lesen einfach in die Zeilen hinein und erlaube, dass innere Bilder und Assoziationen in dir entstehen.

Gib ihnen Raum in dir und fühle die Informationen, die hier zu dir fließen. Dein Verstand kann dann später folgen und findet verständliche Erklärungen für das, was du hier liest und fühlst.

Die göttliche Quelle trägt unendliche Potenziale in sich, die sich immer weiter ausdehnen. Während sie selbst in ihrer Existenz beständig ist, unterliegt die Schöpfung, die sie hervorbringt, einer fortwährenden Veränderung.

Neue Welten werden erschaffen, so, wie sie auch wieder aufgelöst werden können. Ewigen Bestand hat nur die Existenz der göttlichen Quelle und der Seelen selbst sowie die Weisheit, die aus all den Erfahrungen der Seelen und Welten gewonnen wird.

Gott gilt als das Unaussprechliche, das Unbeschreibliche. Das beruht auf der Erkenntnis, dass sich die Unendlichkeit und Gesamtheit der Quelle sowie die unendliche Entfaltung immer weiterer Möglichkeiten nur schwer in Worte fassen lassen. Die wahre Göttlichkeit lässt sich nur erfühlen und erfahren.

Versuchen wir zu sehr, sie zu beschreiben, verlagert sich die Aufmerksamkeit in den Verstand und wird zu mental. Wir neigen dann dazu, Gott aus dem Verstand heraus zu erklären, und damit verschließen wir uns vor der Erfahrung des Göttlichen über unser Bewusstsein und unser Gefühl.

Erlaube dir in diesem Moment, in den göttlichen Ozean hineinzuspüren. Deine Göttlichkeit eröffnet sich dir über dein Gefühl.

Lass deinen Verstand zur Ruhe kommen und fühle einfach.
Auf diese Weise öffnet sich der Zugang am leichtesten.
Der göttliche Ozean.
Deine Göttlichkeit.
Spüre.
Sei.

Der göttliche Kern – Ebene der Einheit

Und so ist es, dass ein neues, individuelles Leben entstanden ist. Eine neue Seele bereichert das gesamte göttliche Sein und erfüllt den Raum.

Gott und Göttin sind höchst entzückt und glückselig. Für sie ist die aus ihnen geborene Seele wie die erste und absolut besondere. In jedem Moment wieder.

Sie werden dein einzigartiges Sein, das aus ihnen hervorgegangen ist, niemals aus den Augen verlieren. In jedem Moment fühlen und wissen sie, wie es dir geht, was dich bewegt und was du erlebst. Und doch können sie nicht direkt bei dir sein, denn du befindest dich momentan in einem besonderen Zustand der Erfahrung.

Du hast dich auf eine besondere und natürliche Reise gemacht, ein eigenständiger Schöpfer zu sein und um zu lernen, außerhalb des Bewusstseins der absoluten Verbundenheit mit den innersten göttlichen Lichtreichen dein Sein zu erfahren. Du bist auf der Reise, deine eigene Liebe, Freiheit und Unabhängigkeit zu erkennen und zu verwirklichen. Auf dieser Reise geschieht für deine Seele ein Erkennen der Liebe der göttlichen Quelle, die sich durch die verschiedenen Erfahrungen in all den Facetten ihrer Gesamtheit immer weiter offenbart.

Während es für die noch begrenzte Wahrnehmung Abschnitte einer Reise gibt, geschieht in Wahrheit durch alle Erfahrungen der Seele ein beständiges Sich-Entfalten der Liebe der Quelle auf allen Ebenen des Seins.

Die gerade aus der Quelle hervorgegangene Seele ist reines, höchstes Licht, das auf einem Höhepunkt der Bewusstheit, der Glückseligkeit, der Liebe und des Ausdrucks durch Gott und Göttin entstanden ist.

Der Ozean des göttlichen Bewusstseins zentriert sich an dieser Stelle in höchster Begeisterung und Schöpferkraft so sehr auf einen Punkt, dass er dort ein neues Leben hervorbringt. Die neue Seele kondensiert förmlich aus dieser höchsten Kumulation des schöpferischen Bewusstseins heraus und erhält ihre Individualität.

Schau wieder hinein in den göttlichen Ozean. Das neue Lebenslicht ist aufgeflammt und geboren. Es ist gerade der hellste Funke im gesamten Meer der göttlichen Bewusstheit. Und so beinhaltet deine Seele absolut höchste und hellste Reinheit, Liebe und Begeisterung für den Ausdruck. Du trägst die Glückseligkeit in dir. Es ist ein Geschenk deines Entstehens, es gehört zu deinem natürlichen göttlichen Kern.

Diese hohen Gefühle bleiben für immer in deinem ewigen Sein, sie werden in unterschiedlichen Graden zugänglich sein, je nach Art der Erfahrung, die du gerade machst. Während du noch im reinen, göttlichen Ozean existierst, sind sie in ihrer reinen Qualität spürbar, in diesem Zustand hast du noch keine anderen Erfahrungen kennengelernt. Und so werden sie ewig in dir existieren, und wenn deine Reise nach dem Loslassen der innersten Lichtreiche der Quelle in die „äußeren Schöpfungswelten“ und Erfahrungen beginnt, werden sich diese reinen Gefühle als göttlicher Kern in ein Zentrum einschließen, das du als Mensch später Herz nennen wirst.

Das Herzzentrum ist jedem inkarnierten und nicht inkarnierten Wesen zu eigen, denn es beinhaltet seinen natürlichen Geburtskern, seinen göttlichen Kern. Doch je nachdem, wohin die Reise eine Seele trägt, kann das Herzzentrum geöffnet und aktiv, oder auch verschlossen und versteckt sein.

Diese Zustände können sich abwechseln, um die Gesamtheit der Erfahrung zu ermöglichen. So gibt es Seelen, die ein weit geöffnetes Herz ausstrahlen, und welche, zu deren momentaner Erfahrung es gehört, die Abwesenheit der reinsten göttlichen Gefühle zu erfahren. Beide Zustände sind durch den freien Willen möglich. Gleich, in welchem Zustand du dich momentan befindest, die göttliche Quelle wird es niemals bewerten, denn der freie Wille schenkt dir deine eigene Entscheidung.

Du befindest dich nun auf einem Abschnitt deiner Reise, an dem du dein Herz wieder weit öffnest und beginnst, dich auf der Erde mit deinem göttlichen Kern zu verbinden.

Du hast beschlossen, die Erinnerung an das höchste vereinigte Bewusstsein, aus dem du hervorgegangen bist, wieder ganz in dir zu verwirklichen. Nicht länger wirst du nur daran glauben und darauf hoffen, sondern du wirst es wissen, fühlen und ausdrücken, denn du bist auf dem Weg, der göttlichen Glückseligkeit und der Begeisterung für Ausdruck in deinem Leben wieder Raum zu geben und diese tiefen Gefühle zuzulassen.

Wenn du dein Herz ganz zu öffnen vermagst, wird es in Myriaden von Facetten leuchten, wie die schönste kristalline Blüte, die man sich nur vorstellen kann.

Jedes Herz leuchtet anders, denn jede Seele nennt die verschiedenen Erfahrungen auf ihrer Reise durch die gesamte Schöpfung ihr Eigen. Doch den reinsten Kern der göttlichen Geburt und Reinheit haben sie alle gemeinsam. Hier ruht das Gefühl der Einheit, das uns alle verbindet. In dieser Einheit weißt du, dass du ein Teil der Quelle und das absolut Besondere für Gott und Göttin bist. Du weißt, dass sie dich niemals aus den Augen verloren oder gar im Stich gelassen haben, auch wenn es sich oft so angefühlt hat. Da sie auch dir den freien Willen für alle Erfahrungen geschenkt haben, dürfen sie nicht beliebig eingreifen, um dich zu retten, sonst könntest du nicht in deine Eigenverantwortung hineinwachsen.

Liebste leuchtende Perle des göttlichen Ozeans, hier bist du nun und beginnst dich allmählich zu erinnern, wer du wirklich bist. Die Erinnerung geschieht über deine Gefühle und Assoziationen, während du diese Worte liest.

Die sogenannte Einheit ist die gemeinsame Frequenz der höchsten göttlichen Glückseligkeit und Begeisterung, in der die Seelen entstanden sind. Diesen wunderschönen Zustand teilst du mit allen, er verbindet und eint uns und ist in jeden göttlichen Kern eingebettet. In dieser Frequenz unserer Geburt sind wir aus der Quelle hervorgegangen, und über sie bleiben wir mit ihr verbunden, denn jede Seele ist ein Teil der göttlichen Quelle. Jede Seele kann alle anderen Seelen und die Quelle durch sich selbst erkennen, und die Quelle erkennt durch jede Seele einen Teil ihrer selbst. Auf der Ebene der Einheit gibt es keinen Unterschied. Wir sind alle eins, und gleichzeitig hat jede Seele das Geschenk ihrer Individualität und völligen Freiheit erhalten.

Die Einheit macht dich nicht abhängig von der Quelle, du wirst sie nicht finden, indem du versuchst, wieder in denselben Bewusstseinszustand zurückzukehren, in dem du aus der Quelle hervorgegangen bist. Das ist nicht möglich und auch nicht der Weg, denn dein Bewusstsein hat sich durch deine Erfahrungen bereits verändert und erweitert.

Auch die Quelle selbst hat sich durch deine Erfahrungen verändert und erweitert. Es ist ein wunderschöner gemeinsamer Tanz der Erfahrung und Schöpfung, und er dehnt sich und uns in die Ewigkeit aus.

Du wirst auf deiner Reise lernen, deine eigene innere Quelle zu verwirklichen und in ihr zu Hause zu sein.

Es gibt viele Missverständnisse über die Einheit, und wir sagen dir, dass du dich nicht eines Tages einfach in ihr auflösen und vergehen wirst. Das Hervorgehen deiner Seele aus den innersten Lichtreichen der Quelle ist ein individueller Vorgang der Schöpfung, und du bist, wie bereits betrachtet, das absolut Besondere für Gott und Göttin. Wie also könntest du dich auf dieser Ebene einfach wieder auflösen oder in den Vielen vergehen?

Einheit bedeutet nicht, sich mit den Vielen zu verbinden und von ihnen abhängig zu sein. Einheit bedeutet zu wissen, dass du frei und unabhängig bist und trotzdem ein Teil der Vielen bist. Diese Verbindung hält dich nicht fest, sondern lässt dich vollkommen frei, deine eigenen Erfahrungen zu machen. Die Einheit bedeutet, dass du in deinem göttlichen Kern tiefe Liebe und die Begeisterung für Erfahrung und Ausdruck trägst. Dieses hast du mit der göttlichen Quelle gemeinsam, und aus diesen Impulsen wurdest du als Seele in deine Individualität geboren.

Das Geschenk deiner Individualität gehört zu deiner Geburt dazu, es ist unabdingbar in dir existent, und nichts wird das jemals ändern können. So bleibt deine Individualität erhalten.

Du kannst die Schöpfung aktiv erkunden, indem du dich in die verschiedenen feststofflichen und feinstofflichen Existenzformen hineinbegibst. Indem du in einen Körper inkarnierst, kannst du deine Umgebung auf direkte Weise erfahren, so, wie du es gerade auf der Erde tust. Auf diese Weise erkundest du die verschiedenen Welten der Schöpfung von innen heraus, anstatt nur ein Beobachter von außen zu sein. So kannst du auf der Erde am eigenen Leib und mit allen Sinnen deine strahlende Lebendigkeit erfahren. Du kannst in einem Körper erfahren, wie sich die wärmende Sonne, Wasser auf der Haut und Berührungen anfühlen.

Das sind intensive, sinnliche Erfahrungen, nach denen sich deine Seele so sehr sehnt. Sie möchte die wundervollen Schöpfungswelten so intensiv wie möglich und mit allen göttlichen und menschlichen Sinnen erfahren.

Es gibt in der unendlichen Schöpfung unzählige interessante und wundervolle Welten, Universen und Galaxien. Verschiedene Planeten und andere Orte von Bewusstheit existieren in ihr. Die Erde mit ihren atemberaubenden Landschaften ist einer der schönsten Planeten, und wenngleich die Erfahrungen auf der Erde noch immer sehr herausfordernd sein können, schenken sie doch auch den Genuss einer unvergleichlichen Schönheit. Kein anderer Planet ist derart reich an Arten und leuchtend bunter Vielfalt.

Neben den Erfahrungen der Welten in einem Körper ist es ebenso möglich, als reines Bewusstsein, ohne einen Körper zu existieren und die Schöpfung zu beobachten, zu erkunden oder auch in ihr zu ruhen.

Dein göttlicher Kern beinhaltet den Antriebsimpuls, der dich durch alle Erfahrungen trägt. Auf diese Weise kannst du dich nicht verirren oder verloren gehen. Er wird dich immer weitertragen und dich auch nach der Erfahrung größter Trennung von der Göttlichkeit wieder zu deiner Essenz und Quelle zurückbringen. Du kannst vollkommen auf ihn vertrauen. Er ist deine reinste Wesensessenz.

Alle Erfahrungen, die du je gemacht hast, haben dich bereichert, erweitert und dir Weisheit geschenkt. Sie feiern deine Einzigartigkeit und bereichern die Einheit von Allem-was-ist.

In deinem göttlichen Kern befindet sich eine direkte Verbindung zu deinen eigenen inneren Lichtreichen und zu jenen der göttlichen Quelle. Beides existiert gleichzeitig. Auf der Reise deiner Erfahrungen wirst du zu deiner eigenen Quelle. Gleichzeitig wirst du immer ein Teil der göttlichen Quelle bleiben, aus der du hervorgegangen bist und die dich unendlich liebt.

Alle körperlichen Formen und jegliche Ausdrucksformen, die du als göttliches Wesen in der Schöpfung je annehmen magst, werden stets an eine gewisse Zeitperiode, einen Ablauf oder Regeln gebunden sein. Alle Planeten und Welten, in die du dich inkarnieren kannst, verfügen über bestimmte Gesetzmäßigkeiten und Vorgaben, nach denen das Leben auf ihnen funktioniert. Willigst du in eine solche Inkarnation ein, bindest du dich für ihre Dauer auch an die Gesetzmäßigkeiten der entsprechenden Welt.

Du kannst die verschiedenen Welten erproben und erleben, aber sie sind nicht deine wahre Existenz, sondern eher wie eine vorübergehende Rolle, die du bekleidest, um sie zu erfahren. Alle auf diese Weise erschaffenen Leben werden immer Begrenzungen in sich tragen und endlich sein, denn dein wahres, unbegrenztes Wesen möchte nicht auf ewig in einer einzigen Rolle steckenbleiben.

Alles, was du an materiellen Dingen oder Besitztümern in einer äußeren Welt wie der Erde erschaffst, wird immer an die Regeln und Gesetze der gerade erlebten Welt gebunden sein. Du kannst Dinge erhalten und sie auf dieser begrenzten Ebene auch wieder verlieren. Alle Fülle, alle Freiheit, alle Dinge und Zustände, die du aus einem menschlich begrenzten Bewusstsein heraus erzeugst, werden immer eine Begrenzung in sich tragen.

Dein menschliches Selbst hat sich mit den Begrenzungen einer äußeren Welt identifiziert und erfährt sie in ihr. Dein wahrer göttlicher Kern befindet sich außerhalb aller Begrenzungen und Identifikationen, sowohl auf der Erde, wie auch in allen anderen Welten. Nur über die Rückverbindung zu ihm kannst du wahre Fülle, die dich versorgen wird, und Freiheit, die erhalten bleibt, verwirklichen.

Wahre unbegrenzte Fülle bedeutet vollkommene Versorgung mit allem, was benötigt wird, gleich, in welcher Umgebung du dich auch befindest. Sie kann nur über die Bewusstseinsebene deines göttlichen Kerns zu dir fließen.

Wahre Freiheit gehört ebenfalls zu den Qualitäten deines göttlichen Wesens. Auch sie entspringt den innersten Lichtreichen und ist wie alle göttlichen Qualitäten eine konstante Wahrheit, die du nur über den Zugang zu deinem wahren Wesenskern gänzlich entfalten und leben kannst. Deshalb ist es wahrhaftig eine Erlösung aus allen Begrenzungen und allem Leid, wenn sich der Mensch wieder mit seiner wahren Göttlichkeit, seinem göttlichen Kern, vereint.

Du darfst wieder fühlen, wer du wirklich bist.

Vertraue dir, vertraue deiner innersten Essenz.

Auch du bist eine leuchtende Perle im göttlichen Ozean, gesehen, geachtet und zutiefst wertvoll. Diese Gefühle sind deine innere, göttliche Wahrheit. Sie sind da. Sie waren schon immer da. Vielleicht bisher gut verborgen.

Nimm sie wahr, fühle sie und lass sie in dein menschliches Bewusstsein einfließen.

Erlaube dir, wieder bewusst zu sein.

Erlaube dir zu erkennen, wer du wirklich bist.

Erlaube, dass dein wahres Wesen erwacht.

Die Wahrheit des göttlichen Kerns

Auf vielen Seelen lastet ein Gefühl der Schuld, sich aus den ursprünglichen göttlichen Lichtreichen gelöst zu haben. Manche empfinden es als eine falsche Wahl, die neben freudigen Erfahrungen in all den Verkörperungen ebenso auch viel Leid mit sich bringen konnte. Doch wir versichern dir, es gibt keine Schuld und keine falsche Wahl.

Die Wahl, die Quelle zu verlassen, wurde nicht aus einem Bewusstsein getroffen, das bereits alle kommenden Erfahrungen überschauen konnte. Es war vielmehr die Regung des innersten göttlichen Kerns, der vor schöpferischer Begeisterung und Lust auf Erlebnisse förmlich brannte und immer noch brennt.

Wir möchten dich gerne mit deinem innersten Kern bekannt machen und mit der unbändigen Liebe und Freude, die darin liegt. Es ist die göttliche Urschöpferkraft, und sie hat in der Tat etwas Kindliches, Unbedarftes, denn sie hat noch keine der möglichen Erfahrungen gemacht. Sie ist wie ein Kind, das sich auf einen Ausflug freut.

Die schöpferische Kraft der göttlichen Quelle ist unendlich und Bestandteil deines ureigenen Wesens. Diese Wahrheit ist eine schöpferische Wahrheit.

Dein göttlicher Kern hat die freudige und erfüllende Wahl getroffen, sich Ausdruck zu geben, Ausdruck in feinstofflichen wie feststofflichen Körpern, Ausdruck auf verschiedenen Planeten und im Kosmos, der die Universen in sich trägt. Ausdruck als Feuerfunken, Wasserwesen, Flugwesen und als Mensch. Als Tier, Pflanze, Planet, reines Bewusstsein und vieles mehr.

Die Liebe und Begeisterung für lebendigen Ausdruck ist der Antriebsimpuls deines göttlichen Kerns, der dich durch alle Erfahrungen trägt.

Das Unerfahrene wollte erfahren werden, und so ist es immer noch.

Wie könnte dieser Kern schuldig sein oder eine falsche Entscheidung treffen?

In ihm liegen helle Freude und schöpferische Begeisterung. Dieser Urantrieb hat dich in die Leben gebracht. Alle Auswirkungen deiner schöpferischen Kraft durften erst noch erfahren und erkannt werden.

Es war an der Zeit, die innersten Lichtreiche der göttlichen Quelle zu verlassen, so, wie du dein Elternhaus verlässt. Dein Elternhaus wird immer Teil von dir bleiben, doch ist es nicht mehr angemessen, auf genau die gleiche Art und Weise in ihm zu leben, wie du es in deiner Kindheit getan hast. Ein eigenständiger Schöpfer möchte sich entwickeln, und so bist du nun auf dem Weg, dein eigenes Zuhause zu verwirklichen.

Wir bitten dich, dir für diese Wahl keine Schuld zu geben, denn sie war eine natürliche Folge der schöpferischen Begeisterung in deinem göttlichen Kern.

Das Verlassen der innersten Lichtreiche der Quelle geschah als die natürliche Folge einer Art Reife, die deine Seele innerhalb der Lichtreiche der Quelle erlangt hatte. Auf dem Höhepunkt dieser Reife lösen sich die Seelen von der Quelle und erfahren ihren eigenen freien Ausdruck in den Welten der Schöpfung. Hier gibt es keine Schuld und keine falsche Entscheidung, sondern nur ein freudiges Annehmen von allem, was dir in deinem Ausdruck begegnen mag.

Du lernst auf der Reise deiner Seele, deine Schöpferkraft zu lenken, mit einem geöffneten Herzen zu erschaffen und Lebenskreationen hervorzubringen, die dich mit höchster Freude und Liebe erfüllen. Und auch die schwierigsten Erfahrungen beinhalten höchste Geschenke, die dich weiterwachsen lassen.

So kannst du eines Tages deine göttlichen Flügel ganz ausbreiten, und selbst dann wird die Quelle der Ausdrucksmöglichkeiten und des Wachstums niemals erschöpft sein.

Vertrauen

Wie wäre es, wenn die göttliche Quelle sich selbst nicht vertrauen würde? Wäre das überhaupt vorstellbar?

Wie sähen die Welten aus, wären sie ohne Vertrauen erschaffen worden? Ohne Vertrauen wäre wahre Schöpfung nicht möglich.

Auf der Reise des Erwachens in deine wahre Göttlichkeit ist tiefes Vertrauen unerlässlich. Erst dadurch öffnet sich der Zugang zu deinem göttlichen Kern, und erst in einem Zustand des Vertrauens bist du offen und durchlässig genug, um deinen göttlichen Kern wieder zu fühlen. Ohne Vertrauen wäre eine vollständige Rückverbindung zu deinem göttlichen Selbst nicht möglich.

Vertrauen ist das Gefühl, ständig mit deiner inneren Quelle verbunden und sicher zu sein. Ohne Vertrauen kannst du dich nicht wirklich öffnen.

Vertrauen ist wie ein zarter Vogel, der durch die Zeiten fliegt und dir den Weg ebnet. Es ist wie ein großes Tor, das die Energien der Schöpfung überhaupt erst frei zu dir fließen lässt. Nur im Vertrauen bist du wirklich bereit, den Energien zu erlauben, dir in ihrer reinsten Form zu dienen und etwas für dich zu erschaffen.

Deine Seele ist höchstes Bewusstsein, und wenn du etwas erschaffen möchtest, triffst du eine Wahl und erlaubst dann den Energien der Schöpfung, diese Wahl für dich zu erfüllen. Nur das Vertrauen öffnet das Tor weit genug, damit dieses überhaupt geschehen kann.

Das Vertrauen ist wie ein wunderbarer stiller, warmer See, in dem unendliche Sicherheit und Geborgenheit existieren. Es ist das tiefe Wissen eingebettet, dass dir alles stets dient und du in jedem Moment dein höchstes Potenzial verwirklichen kannst. Auf dieser Basis kannst du weitergehen und dich weiterentwickeln. Erlaube dir, wieder zu vertrauen. Vertraue deinem göttlichen Kern.

Das Urvertrauen ist in deinen göttlichen Kern eingebettet. Wie könnte er ohne Vertrauen sein? Er ist der göttlichen Quelle entsprungen, ein Ort absoluten Vertrauens. Urvertrauen ist eine der Grundqualitäten deines wahren göttlichen Wesens.

Die Menschen haben durch negative Erfahrungen oft verlernt, sich selbst wirklich zu vertrauen, und so ist es an der Zeit, dass du dich hierfür wieder öffnest.

Vertraue, dass dir jedes Ereignis in deinem Leben dient und dich einlädt, dich weiterzuentwickeln und dein höchstes Potenzial hervorzubringen.

In einem Zustand, in dem du noch vollständig mit deinen Verletzungen identifiziert bist, ist es sehr schwierig, wirklich zu vertrauen, denn unerlöste Verletzungen können immer wieder schwierige Erfahrungen in dein Leben bringen.

In deinen Sternen- wie auch in deinen Erdenleben hast du Erfahrungen gemacht, die dich verletzt haben, zum Teil unverarbeitet geblieben sind. Diese Verletzungen haben negative Emotionen wie Angst, Wut, Ablehnung, Traurigkeit, Hass, Hoffnungslosigkeit, Ohnmacht und vieles mehr hervorgebracht. Sie sind aus der Identifikation mit deinen vorübergehenden körperlichen Formen und den Ereignissen innerhalb der Welten entstanden. Sie gehören nicht zur Wahrheit deines ewigen, göttlichen Kerns. In deinem wahren Wesen existieren keine negativen Emotionen, sondern nur positive, erfüllende Gefühle.

Das Vertrauen wird durch die Verletzungen beeinträchtigt und der Zugang zu deinem göttlichen Kern verengt.

Wie wäre die Annahme, dass dir jede schwierige Situation einen neuen Weg zeigen möchte? Sie möchte dich einladen, neue Qualitäten in dir zu entfalten und in dein Vertrauen zurückzufinden.

Spüre tief in dich hinein und fühle dich.

Fühle dich selbst.

Du bist der wichtigste Mensch in deinem Leben.

Auch die schwierigste Situation offenbart stets die Wahl, alte

Vorstellungen loszulassen und neue Wege zu gehen.

Wenn sich etwas aus deinem Leben verabschieden möchte, halte nicht fest. Lass das Alte gehen und öffne dich voller Vertrauen den neuen Möglichkeiten, die das Leben weiterhin für dich bereithält. Vertraue deinem Herzen.

Du hast dieses Leben gewählt, um dich selbst zu verwirklichen und einige der unendlichen Potenziale der Schöpfung in einem menschlichen Körper zu erfahren. Du bist hier, um eine lebendige Welt zu erfahren und dich an ihrer Schönheit zu erfreuen. Du bist hier, um weitere wundervolle Qualitäten deines wahren Seins entdecken und ausleben zu können.

Dafür ist es nötig, dir zu vertrauen. Du brauchst Vertrauen, um deine wahre Göttlichkeit an die Oberfläche deines Bewusstseins kommen zu lassen.

Spüre in dich hinein. Dort gibt es ein warmes, geborgenes Gefühl in dir.

Du kannst in das Vertrauen eintauchen wie in einen stillen, warmen See. Rufe schon morgens, bevor du aufstehst, ein Gefühl des Vertrauens in dir wach, einfach durch eine Erinnerung an dieses wundervolle Gefühl. Übe es, und es wird sich verstärken.

Wenn du es lange nicht gefühlt hast, fühle es mit Hilfe von inneren Bildern, die Vertrauen und Geborgenheit vermitteln.

Das Vertrauen ebnet deinen Weg und erfüllt ihn mit Leichtigkeit.

Beginne deinen Tag mit einem Gefühl von Vertrauen und erlebe, wie sich der Tag in diesem Gefühl ganz neu gestalten kann.

Wenn du dich während eines Tages unsicher fühlst, finde das warme, geborgene Gefühl des Vertrauens in dir wieder und erfülle dich noch mehr mit diesem Gefühl. Erlaube, dass es die Unsicherheit wandelt. Erlaube dir, Tage des Vertrauens zu erleben statt Tage, die von Unsicherheit erfüllt sind. Lass es zu einem Lebensgefühl in dir wachsen. Es wird deine Realität miterschaffen und neue, wunderschöne Schöpfungen in deinem Leben ermöglichen.

Dein wahres göttliches Wesen möchte dich in jedem Moment mit allem versorgen, was du benötigst. Auch die göttliche Quelle möchte dich in jedem Moment mit allem versorgen, was dir dient.

Das Gefühl des Vertrauens öffnet dich, diese Versorgung auch empfangen zu können. Spüre dein Vertrauen und beobachte, was es in jedem Moment zu dir bringt. Erst durch dein Vertrauen kann der Fluss des Lebens frei und ungehindert durch dich fließen und seine Möglichkeiten entfalten.

Die Identifikation mit deinen Verletzungen neigt dazu, immer wieder schwierige Situationen in deinem Leben zu erschaffen. Du kannst deine Verletzungen nicht verleugnen oder verdrängen. Früher oder später werden sie an die Oberfläche deines Bewusstseins kommen und wieder spürbar werden. Du kannst akzeptieren, dass sie dir auf bestimmte Weise für deine Entwicklung gedient haben und sie liebevoll annehmen. Vertraue, dass die alten Wunden heilen können und sich dein Erleben der Realität stets verändern kann.

Die irdische Realität ist nicht festgeschrieben, denn sie ist eine sehr reale Illusion. Eine Illusion, weil sie nicht dein wahrer, letztendlicher Zustand ist. Das Erleben der irdischen Realität ist ein Abstecher auf deiner Abenteuereise durch die unendliche, göttliche Schöpfung.

Eines Tages ist diese Erfahrung für dich vollendet, und du meisterst diese Ebene. Über die menschliche Ebene steigst du auf und integrierst alle Erfahrungen aus dieser Ebene vollkommen. Du befreist dich aus dem karmischen Zyklus und aus der vollständigen Identifizierung mit dem menschlichen Sein.

Du erkennst, dass das menschliche Sein ein wundervoller Anteil von dir ist, mit seinen ganz besonderen Qualitäten. Es ist ein Teil von deinem umfassenden göttlichen Sein, ebenso wie alle Ausdrucksformen, die du je hattest und je haben wirst. Sie alle gehören zu dir, sie alle sind du. Teile, mit denen du wundervolle und auch schmerzhafte Erfahrungen machen konntest. Beides hat dein Herz und dein Bewusstsein erweitert. Eines Tages erhebst du dich daraus und nimmst wieder deine Göttlichkeit wahr, die schon immer dein wahres Wesen war und immer sein wird. Du befindest dich auf dem Weg des Aufstiegs und der Meisterschaft.

In der Meisterschaft entlässt du alle Identifikationen mit dem menschlichen Sein und der irdischen Realität aus deinem Bewusstsein. Du kannst dich dann frei auf der Erde bewegen, ohne Karma, ohne hinderliche Begrenzungen. Es gibt dann keine Notwendigkeit mehr für Leid oder Mangel, denn du hast dein menschliches Sein gemeistert. Ein wundervoller und erhabener Zustand, der dir erst den wahren Genuss der tatsächlichen Schönheit auf der Erde und ihrer Möglichkeiten eröffnet.

Solange du mit dem begrenzten menschlichen Sein und den karmischen Verstrickungen vollkommen identifiziert bist, erweckt es den Anschein, als würden die Umstände der äußeren Realität dein Leben bestimmen. Das ist ein Irrtum. In Wahrheit erschaffst du in jedem Moment deine äußere Realität selbst, jedoch oft noch unbewusst aus alten Verletzungen und Begrenzungen heraus.

Unerlöste Verletzungen erschaffen immer wieder neues Leid. Werden die Verletzungen angenommen und geheilt, kommen die positiven Gefühle und Qualitäten deines wahren göttlichen Wesens wieder zum Vorschein und erschaffen eine beglückende und erfüllende Realität.

Während du momentan die Erde und alle Begegnungen auf der Erde noch durch einen Schleier von Verletzungen und Bewertungen erlebst, bist du mit deinem Aufstieg vollkommen frei davon. Du hast die Illusion einer scheinbar unabänderlichen irdischen Realität erkannt und lässt sie los. Du erlebst, dass du deine Realität selbst erschaffst und dich in ihr erlebst.

Bemerkst du, wie sich der Fokus deines Bewusstseins bewegen und verschieben kann? Womit möchtest du dich fortan identifizieren? Mit deinem wahren göttlichen Wesen oder mit deinem menschlichen Selbst, das noch immer in Begrenzungen eingebunden ist?

Du kannst die Wahrheit deines göttlichen Wesens durchaus in einem menschlichen Körper auf der Erde leben. Das ist der Wunsch deiner Seele, so darf und soll es sein. Wichtig ist lediglich der Zustand deines Bewusstseins.

Wo liegt dein Fokus? Lässt du die Essenz deiner Göttlichkeit in dir erwachen und verbindest sie mit den wundervollen Qualitäten deiner Menschlichkeit, oder glaubst du weiterhin an die Begrenzungen deines menschlichen Seins?

Schon jetzt kannst du beginnen zu begreifen, dass die erlebte Realität auf der Erde eine Illusion ist und nicht ewig zu deinem wahrhaftigen Wesen gehört. Eine Illusion ist niemals feststehend, und das bedeutet, dass du deine erlebte Realität jederzeit aus deinem Inneren heraus verändern kannst, indem du deine Einstellungen, Sichtweisen und deinen Fokus veränderst und deine verletzten Gefühle heilst.

Du kannst eine leidvolle Realität aus den menschlichen Begrenzungen und Verstrickungen heraus erzeugen oder eine erfüllte, glückliche Realität im Zusammenwirken mit deinem wahren göttlichen Wesen.

Befreie dein Sein und vertraue.

Dein Vertrauen führt dich direkt dorthin.

Erlaube, dass deine Tage von Vertrauen erfüllt sind.

Lebe!

Vertraue!

Geschichte der Maria Magdalena: Begegnung in der Dunkelheit

Verurteile einen Menschen nicht für das, was er dir angetan hat, sondern achte und nutze die Chance, die er dir dadurch bietet.

Ein geöffnetes Herz ist fähig, ohne Furcht anzunehmen, was jeder Moment bereithält, und damit umzugehen. Es bewertet nicht, ob der Moment wunderbar oder abstoßend erscheint. Es nimmt die Herausforderung liebevoll an und entwickelt seine besten Qualitäten daraus.

Das ergibt einen Weg, der uns durch das Leben trägt und seine Wunder erleben lässt.

Und so tauchen wir erneut ein in die Welt der Erlebnisse und Geschichten. Ich möchte sehr gerne meine Geschichten mit dir teilen. Sie können inspirierend sein und dein Herz öffnen, so, wie ihr Erleben mein Herz geöffnet hat.

Diese Erlebnisse waren wichtige Ereignisse meines Lebens. Jedes einzelne Erlebnis veränderte mich, Maria Magdalena, brachte mehr Liebe, mehr Dankbarkeit, mehr Erfüllung und mehr Bewusstheit über mich selbst hervor.

Unsere Lebensereignisse verändern uns, die Frage ist, mit welcher Einstellung wir ihnen begegnen. Erlauben wir uns, aus schwierigen Situationen heraus unsere wahren Kräfte zu entdecken und hervorzubringen? Erlauben wir uns, aus einer scheinbar aussichtslosen Position heraus eine neue Tür zu öffnen? Oder wählen wir, aufzugeben, zu resignieren und uns in Selbstaufgabe zu verstecken?

Auch wenn meine Begegnungen manchmal herausfordernd erschienen, ließ ich mich nicht von der Angst vor ihnen überwältigen. Ich begegnete ihnen offenen Herzens, doch auch nicht blind mit dem Kopf in den Wolken.

In jedem Moment beobachtete ich aufmerksam und nahm das an, was mir das Leben vor die Füße legte. Ich betrachtete den Fluss meines Lebens immer aus dem Moment des Jetzt heraus, ohne Sorge, was morgen oder in einer Woche sein könnte. Jeder Moment enthielt wertvolle Augenblicke und Geschehnisse. Hätte ich meine Gedanken mit der Zukunft oder der Vergangenheit verbracht, ich hätte sie übersehen, und ihre Wirkung hätte mein Herz nicht erreichen können.

Ein geöffnetes Herz ist fähig, das Geschenk, das in jedem Moment liegt, zu betrachten, anzunehmen und liebevoll damit umzugehen.

Ein geöffnetes Herz ist fähig, ohne Furcht anzunehmen, was jeder Moment für uns bereithält, und damit umzugehen. Es bewertet nicht, ob der Moment zunächst wunderbar oder abstoßend erscheint. Es nimmt die Herausforderung liebevoll an und entwickelt seine besten Qualitäten daraus. Das ergibt einen Weg, der uns durch das Leben trägt und seine Wunder erleben lässt.

Und so ging ich meinen Weg an der Seite von Jeshua und auch gemeinsam mit vielen anderen Menschen. Immer wieder gab es intensive Begegnungen und Ereignisse, aus denen ich lernen durfte und die Wunder selbst erleben konnte. Die Wunder der Veränderung und der Herzensöffnung.

Was für eine Gnade es ist, wieder offenen Herzens sein zu können. Wie anders erscheint die Welt.

Ist das Herz verschlossen, reflektiert die äußere Realität ein feindliches, ängstigendes Bild. Ein Bild voller Mangel und Unzulänglichkeiten.

In dem Moment, in dem mir bewusst wurde, dass mit mir alles in Ordnung war und ich einen heilen Wesenskern tief in mir trug, der mich durch mein Leben leiten konnte, fielen viele Schatten von mir ab.

Die Ängste konnten sich endlich beruhigen. Ich spürte erstmals wieder Vertrauen in mich und das, was mir auf meinem Lebensweg noch begegnen würde. Mein inneres Grundgefühl der Angst und Unsicherheit hatte sich in Vertrauen gewandelt. Ich lag darin wie in einem warmen, duftenden Bad, und von nun an veränderte sich die Welt, die ich sah und erlebte. Ich erlaubte meinem Herzen, mich zu führen, und Jeshua und ich gingen dorthin, wo unsere Herzensgefühle uns hinleiteten.

Und so trafen wir eines Tages auf eine junge Frau, die am Straßenrand Obst verkaufte, gut genährt war und voller Freude ihre Waren feilbot. Sie hatte eine Mutter, die ihr Haus schon seit vielen Jahren nicht mehr verlassen hatte.

Um das Gemüt der Mutter hatte sich eine große dunkle Wolke gelegt. Sie war bitter enttäuscht vom Leben. Ihr Mann hatte sie nach vielen Jahren der Gemeinschaft verlassen. Einfach so, ohne einen für sie begreiflichen Grund. Er war nicht länger bereit gewesen, die Verantwortung für seine Familie zu tragen und hatte ein leichteres Leben vorgezogen, allein auf Wanderschaft. Und so ging er ohne Entschuldigung und Erklärung. Von da an verbitterte sie, nichts konnte ihr mehr recht gemacht werden. In diesem Moment der tiefen Enttäuschung war ihr Herz zerbrochen.

Schon ihr Vater hatte dasselbe getan. Er hatte sie mit ihren beiden Schwestern und der Mutter zurückgelassen. Er ließ das kleine Mädchen einfach allein und einsam dort stehen. Ein wichtiger Teil der Familie ging einfach fort. Und so erlebte sie die Enttäuschung zum zweiten Mal mit einem Menschen, der ihr die größte Stütze war im Leben.

Die dunkle Wolke aus Kindertagen schob sich merklich ans Licht und machte auf sich aufmerksam. Sie fühlte sich nicht fähig, zu handeln oder zu reagieren, sondern gab einfach auf. Fortan hüllte sie sich in tiefes Schweigen und zog es vor, das Haus nicht mehr zu verlassen.

Hätten sich ihre Töchter nicht erbarmt, sie wäre wohl verhungert und verdurstet. Jeglicher Antrieb und Lebenswille waren fast gänzlich entwichen.

Also hatte sich ihre älteste Tochter ein Herz gefasst und sich bereit erklärt, die Familie fortan zu versorgen, und es war ihr tatsächlich eine Freude. Sie haderte nicht mit ihrer neuen Aufgabe und fand ihre Freude in der Tätigkeit, Früchte und Waren feilzubieten. Sie sprach gerne mit den Menschen, die zu ihr kamen, um ihre Waren zu nehmen.

Die junge Frau bewahrte sich eine Freude und Leichtigkeit in ihrem Herzen und akzeptierte die Dinge, wie sie in ihrem Leben geschahen. Sie kämpfte nicht dagegen an und machte niemandem Vorwürfe. So schaffte sie es, in dieser Not und Verzweiflung eine Erfüllung zu finden und die Situation zu meistern.

Es war dadurch zwar nicht möglich, das Herz der Mutter wieder zu öffnen, aber sie versorgte sie gut. Durch ihre Akzeptanz büßte sie selbst nichts an Lebensqualität ein, obwohl sie die ganze Fürsorge für die Mutter und die jüngere Schwester übernommen hatte.

Auch die jüngere Schwester wuchs heran, war gut durch die ältere Schwester versorgt und nahm sich dieses blühende Leben zum Vorbild. Und so zog sie eines Tages von dannen, sie hatte einen Mann gefunden, und machte sich auf den Weg, eine eigene Familie zu gründen.

Die Mutter blieb zurück. Ihre älteste Tochter wohnte ebenfalls in einem eigenen Heim und kam nunmehr nur morgens und abends zu ihrer Mutter, um ihr Essen zu bringen. Nichts, was sie sagte, vermochte es, die Mutter aus ihrer Isolation hervorzulocken.

Die junge Frau erzählte uns diese Geschichte, während wir ihr Obst entgegennahmen. Jeshua horchte auf, er zeigte Mitgefühl mit der gebrochenen Mutter und freute sich an der herzoffenen Leichtigkeit und Akzeptanz der Tochter. Und so verabredeten wir, dass wir abends gemeinsam die Mutter besuchen würden.

In den frühen Abendstunden traten wir in ihr Haus ein. Es war ein kleines Haus mit staubigem Boden. Stofflappen hingen vor den Fenstern. Der kleine Raum war fast völlig abgedunkelt. So dunkel wie ihr Gemüt, erschien auch der Raum, in dem sie auf einem alten, abgewetzten Stuhl saß. Zum Schlafen legte sie sich in die Ecke des Raums, nur, um sich am nächsten Tag wieder auf den Stuhl zu setzen. Sie bewegte sich nur wenige Male um das Haus herum, gerade so viel, um ihrem Körper noch einen Rest an Beweglichkeit zu erhalten.

Als ER den Raum betrat, breitete sich dort ein sanfter Schimmer von Licht aus. Ich konnte IHN inzwischen auch mit meinen irdischen Augen wahrnehmen, so deutlich war seine Ausstrahlung.

Dieser Schimmer war ganz zart und angenehm. Ohne die Frau zu blenden oder zu überfordern, erweckte er sofort ihr Interesse. Obwohl noch keine Worte gesprochen wurden, war ein Teil ihrer Aufmerksamkeit direkt bei IHM. Dieser sanfte Schimmer hatte sie neugierig gemacht. Er enthielt etwas, das sie nicht kannte.

ER kam nicht, um sie zu belehren oder ihr gut zuzureden. ER wollte sie nicht verändern, machte ihr keine Vorschriften und gab ihr keine Regeln. ER kam einfach herein und setzte sich zu ihr. So verblieben die beiden wortlos eine Weile zusammen.

„Wie ist es in deinem inneren Land?“, fragte Jeshua nach einer Weile.

„Oh, ich kenne mich hier gut aus. Es ist dunkel und schal, es ist wahrhaftig kein einladender Ort, doch genügt er mir, und ich fühle mich sicher in ihm.“

„Keinen Schritt umsonst?“, fragte ER.

„Nein, ich bewege mich in einem mir sicher erscheinenden Raum. Hier kann mir nichts geschehen. Ich habe meine Augen vor dem Außen verschlossen, ich möchte es nicht mehr sehen, denn es ist gefährlich. Hier fühle ich mich wenigstens sicher, das ist meine Wahl. Ich habe seit Jahren nichts anderes mehr gesehen, und ich will es auch nicht.“

ER strahlte einfach weiter aus, und der sanfte Schimmer berührte ihren wahren Wesenskern immer mehr. Ihr innerer Wesenskern begann sich tatsächlich wieder zu regen, und nach einer weiteren Weile fragte sie: „Gibt es denn eine andere Möglichkeit für mich?"

„Oh ja", antwortete ER. „Du kannst eine neue Entscheidung treffen und die anderen Menschen nicht für ihre Taten verurteilen und dein Leben davon abhängig machen. Es ist nicht maßgeblich, was dir angetan wurde, entscheidend für dein Leben ist, wie du damit umgehst. Darin liegt deine Wahl. Du kannst dich entscheiden, dein Leben in der dunklen Enge deines Verstecks zu verbringen oder das Vertrauen in dich wiederzufinden. Dein dunkles Versteck mag Enttäuschungen verhindern, jedoch ist auch keinerlei freudiges Erleben in ihm möglich.

Als dein Vater damals ging, hättest du in der lichten Welt bleiben und einen Umgang damit finden können, auch wenn du sehr klein warst. Es wäre dir möglich gewesen, deine Mutter aufzumuntern und durch deine kindliche Fröhlichkeit, Neugier und Liebe ihre Gefühle zu erhellen. Doch du hast dich entschieden, deinem Vater die Schuld zu geben.

Verstehe bitte, dass jedes Wesen frei ist und seine eigene Wahl treffen kann. So hat auch jeder verletzte Mensch die Wahl, einen guten Umgang mit seiner Verletzung zu finden und daran zu wachsen. Mit dieser lichten, bewussten Wahl und dem daraus geschehenden Wachstum erschaffst du dir ein erfülltes Leben. Es ist deine Ausrichtung, welche wichtig ist. Das ist die Wahl, die jedem Wesen gegeben ist.

Sie ist nicht immer leicht zu erkennen oder umzusetzen, und dennoch ist sie da. Deine Töchter haben diese Wahl getroffen, und sie haben beide ein gutes Leben. Und auch du kannst immer noch eine neue Wahl treffen."

„Wem kann ich denn vertrauen?" fragte die alte Frau.

„Nur dir selbst", antwortete ER. „Erst wenn du dir selbst und deiner Intuition wieder vertraust, dass sie mit dir gemeinsam eine gute Lösung erschaffen kann, werden dir Menschen im Leben begegnen, denen du ebenfalls vertrauen kannst. Du hast dein Herz damals für die Liebe deines Vaters verschlossen, ihm alle Schuld gegeben und dein Lebensglück dadurch an ihn abgegeben. Du hast beschlossen, dein Lebensglück von einem anderen Menschen abhängig zu machen. Es war eine kindliche Wahl, eine verständliche Wahl aus einer tiefen Enttäuschung heraus, aber dennoch hast du sie getroffen. Und so zog diese Wahl deinen Mann in dein Leben, und es kam der Tag, an dem er deine alte Wahl bestätigte und die alte Wunde in dir berührte. Und dieses Mal hast du noch stärker geurteilt und dich selbst vollkommen aufgegeben. Doch liegt dein Lebensglück immer noch in deiner Hand.

Der Herr hat dir bereits zwei wundervolle Töchter gesendet, und sie lebten dir durch ihr eigenes Beispiel die Möglichkeit einer neuen Wahl vor. Doch warst du blind dafür, denn dein Herz war fest verschlossen.

Nun spürst du das Licht eines erfüllten Wesens, und es berührt das Licht deiner eigenen Erfüllung und des göttlichen Königreichs in dir, das auch du leben darfst. Und du wirst neugierig, und es ist niemals zu spät für eine neue Wahl."

Es fand eine ganze Weile des Schweigens statt, und ich konnte spüren, wie sich die Atmosphäre im Raum nach und nach veränderte. Die Beklommenheit und Traurigkeit wichen, ebenso die Dunkelheit. Die Tür der neuen Wahl öffnete sich in der Frau, und das Licht der Göttlichkeit ihres wahren Wesenskerns begann auszustrahlen. Behutsam öffnete sie ihre Herzenstür einen Spalt, sodass sie einen Blick auf eine neue Wahl werfen konnte. Das erste Erkennen einer neuen Möglichkeit geschah. Das Licht des Erkennens durchbrach die Dunkelheit.

Es dauerte noch drei Tage, bis ihre neue Entscheidung in ihr gereift war. Wir besuchten sie erneut am dritten Tag, und der Anblick hatte sich bereits sehr verändert. Die Tücher an den Fenstern waren abgehangen, sodass Licht in den Raum schien. Der Boden war sorgfältig ausgekehrt und aufgeräumt. Sie selbst war ordentlich gewaschen und gekleidet, und eine neue Leichtigkeit umspielte sie.

„Du hast mir die Augen geöffnet", sagte sie voller Dankbarkeit. „Ich danke dir zutiefst, und ich nehme die heilige Verpflichtung und Fürsorge für mein Leben wieder selbst in die Hand. Ich werde meiner Tochter auf dem Markt helfen und mich wieder für die Menschen öffnen. Es wird eine Zeit dauern, doch dank dir ist wieder neuer Lebensmut in mir, und ich sehe, dass ich mein Leben und Handeln nicht von äußeren Umständen oder anderen Personen abhängig machen kann.

Auch wenn schlimme Dinge um mich herum geschehen sind, kann ich trotzdem etwas für mein Lebensglück tun und mir selbst ein neues Reich erschaffen. Dort werden andere Menschen und Umstände erscheinen, denn mein neues Reich wird einladend sein, das weiß ich jetzt. Ich danke dir, dass du mein Leben gerettet und mir seinen wahren Wert vor Augen geführt hast."

Wir verabschiedeten uns mit dem gegenseitigen Halten der Hände und einem warmen Lächeln im Gesicht, und wir wussten, dass sie durch die nun geöffnete Tür in ihr neues Lebensglück ging.

Wir dankten der Tochter für Speisen und Unterkunft und ließen eine glückliche Familie zurück. Das Leben war ständig bereit, uns mit Wundern zu versorgen, die unser Herzensreich immer noch weiter berührten und öffneten.

Heilmeditation: Regeneration aus deinem göttlichen Kern

Blicke in den göttlichen Ozean und stelle dir das reinste, hellste Licht des ekstatischen Höhepunktes deiner Entstehung hier vor.

Fühle es und tauche ein.

Auf einem Siedepunkt ekstatischer Freude, unendlicher Liebe und tiefer Begeisterung für den lebendigen Ausdruck hat sich dein Wesen aus der innersten Essenz der göttlichen Quelle herauskristallisiert.

Diese Gefühle gehören zu deinem wahren Wesenskern. Es ist dein innerstes Quelllicht, dein Quellfunken, dein göttlicher Kern.

Durch die Verbindung mit deinem göttlichen Kern nährst du dich wahrhaftig aus dir selbst heraus.

Hier ist dein wahres Wesen, deine Wahrheit und Erfüllung.

Dein göttlicher Kern ist deine eigene innere Quelle der sich immer weiter entfaltenden Liebe, Freiheit und Unabhängigkeit. Nimm seine Ausstrahlung wahr und fühle, wie sie auf dich wirkt.

Lass das Licht deines göttlichen Kerns von vorne über dein Herzchakra in deinen Körper fließen. Spüre, wie es sich in deinem Körper anfühlt.

Erlaube, dass es sich in deinem ganzen Körper ausdehnt.

Gib dir Zeit zum Spüren und Empfangen.

Pause

Lass das Licht deines göttlichen Kerns nun von unten über deine Füße in deinen Körper fließen und erlaube, dass es sich verteilt.

Spüre, wie es sich in deinem Körper anfühlt.

Nimm dir Zeit dafür. Es findet seinen Weg.

Deine Füße und dein Körper beginnen hell darin zu leuchten.

Es fließt in deine Zellkerne. Jeder Zellkern ist ein Kraftwerk in deinen Körperzellen. Ein Kraftwerk, das alles versorgt. Jede Zelle tankt dieses Licht.

Es kann eine Weile dauern, bis du das Gefühl hast, es ist genug.

Vielleicht nimmst du aber auch erst wenig davon auf und brauchst noch etwas Zeit, um dich daran zu gewöhnen.

Pause

Stell dir vor, dass das reinste Licht deiner Quellessenz nun von oben über deinen Kopf in dich hineinfließt und ebenfalls jede Zelle auflädt.

Spüre, wie es sich in deinem Körper anfühlt.

Pause

Ein Lichtstrom deiner göttlichen Gefühle fließt von vorne über dein Herz in deinen Körper, ein zweiter über deine Füße in deinen Körper und ein dritter über deinen Kopf in deinen Körper.

Nimm alle drei Ströme gleichzeitig wahr und lass sie fließen.

Sie laufen in deinem spirituellen Herzzentrum zusammen und klopfen an deine innere Tür. Es ist Zeit, dass deine reine Quellessenz in deinem Herzen erwacht. Das ist deine wahre Quelle innerer Kraft und Glückseligkeit. Hier regenerieren sich deine Zellen, und du spürst deinen wahren Impuls, der dich innerhalb der Schöpfung aufblühen lässt.

Du spürst deine Liebe und Begeisterung für den lebendigen Ausdruck.

Hier ist alles, was du brauchst: tiefe Kraft, Regeneration und Verbindung zu deiner Göttlichkeit.

Hier liegt der Zugang zu Allem-was-ist, zu wahrer Liebe, Freiheit, Fülle und Erfüllung. Dieses Licht lädt dich nicht nur auf, sondern entzündet auch das weitere Erwachen in dir und ebnet deinen Weg in die göttliche Rückverbindung.

Fühle es in deinem ganzen Körper.

Atme das Licht der hellsten Perle des göttlichen Ozeans direkt in dein Herzzentrum und erlaube, dass es sich dort ausdehnt.

Es fließt in die subtileren Ebenen deiner Gefühle und berührt sie wie ein heilender Balsam.

Pause

Die Verbindung zu deinem göttlichen Ursprung hast du nie wirklich verloren, sie war lediglich vergessen und verdeckt. Du konntest sie nicht spüren und hast sie nicht aktiv genutzt. Nun durchflutet dich das Licht und bringt neue Impulse des Erwachens. Es bringt tiefste Beruhigung und ein Gefühl, dass du sicher gehalten bist auf deinem Weg.

Mit ihm fließt die liebevolle Zuwendung der göttlichen Quelle direkt in deine Gefühle.

Genieße und empfange.

Sei erfüllt und bade darin.

Spüre den Funken der Begeisterung für das Leben, die Schöpfung und den Ausdruck in dir.

Erlaube deinem inneren göttlichen Feuer, sich zu entfachen.

Sei. Spüre. Lebe.

Erlaube dir, mit diesen Zeilen frei und spielerisch umzugehen. Du kannst einen Lichtstrom deines göttlichen Kerns zu dir fließen lassen oder auch zwei oder drei, wie in der Heilmeditation vorgeschlagen. Du kannst ihn auch als vollkommene Verbindung mit dir wahrnehmen, ohne dass etwas fließt. Jede Art des Kontaktes ist richtig. Es gibt keine festen Vorgaben oder Reihenfolgen, ebenso wie dein Bewusstsein keinen festen Vorgaben und Reihenfolgen unterliegt. Es ist multidimensional und unbegrenzt.

Je nachdem, ob du deinen Fokus verengst oder ausdehnst, kannst du kleine Ausschnitte einer Realität oder eine Gesamtheit wahrnehmen. Du bist ein wahrnehmendes, schöpferisches Bewusstsein, das sich aus allen Begrenzungen befreien kann.

Erlaube dir, auch in deinem Leben flexibel die Dinge zu tun, die dir wirklich Freude bereiten. Alles, was dich mit einem Gefühl tiefer Freude und Liebe erfüllt, steht im Einklang mit deiner Seele und deinem Herzen.

Kapitel IV

Die göttlichen Lichtreiche

Wahre Schöpfung ist ein Akt reinster Liebe und höchster Begeisterung, ein Akt der Verbundenheit und des reinen Vertrauens. Es ist eine Schöpfung, die hell leuchtet und stets dem höchsten Potenzial ihres Schöpfers dient.

Die Kraft des göttlichen Kerns ist unbegrenzt, sie ist ewig und an keinerlei Inkarnation oder Ausdrucksform gebunden. Dein göttlicher Kern versorgt dich mit unbegrenzter Energie und Kraft.

Das ist der Heilige Gral, nach dem alle suchen.

Die göttlichen Lichtreiche I –
Deine reine Quellessenz

Der Bewusstseinszustand innerhalb der göttlichen Lichtreiche ist nicht wirklich zu beschreiben. Nicht umsonst gilt diese Ebene als das Unbeschreibliche. Dieser Zustand ist anders als das, was du bisher lange Zeit auf der Reise deiner Seele erfahren hast. Auf deiner Reise durch die vielen Inkarnationen – nicht nur auf der Erde, sondern auch im weiten Kosmos, in den Galaxien und auf den Planeten – hast du dich in einem ganz anderen Bewusstseinszustand befunden.

Wir können nur kleine Einblicke geben, und die Worte, die für die Beschreibungen passen könnten, müssten um ein Vielfaches tiefschichtiger und vieldeutiger sein, als sie im irdischen Sprachgebrauch enthalten sind. Worte reichen nicht aus, denn der wirkliche Einblick kann nur über die Wahrnehmung eines entsprechend geöffneten Bewusstseins erfolgen.

Gewähre hier deinen inneren Assoziationen, Bildern und Gefühlen den Vorrang, denn ein Teil von dir trägt die Erinnerung an die innersten göttlichen Lichtreiche, von denen du stammst, in sich. Bewerte die hier gebrauchten Worte nicht über, sie sind kaum eine Beschreibung der Lichtreiche, als vielmehr ein Mittel der Öffnung für deine eigenen Assoziationen und Erinnerungen. Die göttlichen Lichtreiche können sich dir in deiner Wahrnehmung als Ort offenbaren, doch sind sie in Wahrheit ein allumfassender, göttlicher Bewusstseinszustand.

Wir befinden uns innerhalb der göttlichen Lichtreiche in einem Zustand höchster, unvorstellbarer Glückseligkeit, Zufriedenheit, Erfüllung, Freude und Ekstase. Es ist ein Zustand vollkommener Vereinigung, hier fehlt es an nichts. Es existiert keinerlei Mangel, nur tiefe Begeisterung für das Erleben und die Erfahrungen. Es gibt einen tiefen Wunsch, die lebendige Existenz an sich zu spüren und zu erleben. Eigentlich ist es kein Wunsch, denn hier gibt es nichts, was je im reinen Zustand der Wünsche bleiben würde und somit unerfüllt wäre. Es ist vielmehr eine Art innerer Impuls, sich zu erfahren und auszudrücken.

Auf dieser Ebene spürst du dich selbst in tiefer Verbundenheit, Selbstliebe und Vollständigkeit. Ebenso spürst du die Verbindung zu Gott und Göttin, du bist vollkommen eingebettet in sie, und dennoch kannst du dich hier vollkommen frei bewegen.

Gedanken existieren nicht in der innersten Quellebene der göttlichen Lichtreiche. Gedanken sind eine Vibration der schöpferischen Absicht, die erst auf den Ebenen der „äußeren Schöpfungswelten" erscheinen, in denen sich die Seele in einem veränderten Bewusstseinszustand – als außerhalb der Lichtreiche – erfährt.

Ebenso erscheinen die Zustände, in denen die Seele Gedanken und Gefühle als getrennt voneinander wahrnehmen kann, erst auf dieser äußeren Ebene.

In den göttlichen Lichtreichen existiert ein rein schöpferisches Bewusstsein, das sich unmittelbar umsetzt. Es wird keine lineare Abfolge der Entfaltung einer Schöpfung erlebt, alles ist bereits erfüllt. Die Potenziale aller Schöpfungen existieren hier bereits. Sie werden hier nicht in einem schrittweisen Weg erfahren, sondern existieren alle in einem vereinten, allumfassenden Jetzt.

Hier in den innersten Lichtreichen ist noch alles miteinander verbunden. Alle Frequenzen des göttlichen Kerns und alle schöpferischen Absichten sind vollkommen in einem einzigen Ausdruck vereint. Es ist ein Reich des göttlichen Bewusstseins in seiner reinsten Form.

Bewusstsein wird wohl das Unerklärliche bleiben. Es verhält sich nicht linear oder in irgendeiner Form voraussehbar oder definierbar, sondern ist vollkommen frei und kreativ. Bewusstsein vermag ständig Neues hervorzubringen und auszudrücken. Dabei baut es nicht nur auf den bereits gemachten Erfahrungen auf, sondern es kann sich auch quantensprungartig bewegen und gänzlich Neues hervorbringen.

Bewusstsein wird sich nicht definierbar verhalten, und es wird nicht möglich sein, es mit dem Verstand zu erklären. Es ist auch kein Verhalten, sondern vielmehr ein kreativer Zustand, der aus sich selbst heraus erschafft. Bewusstsein ist die Existenz selbst. Die göttliche Quelle und die Seelen sind Bewusstsein. Es gibt unendliche Geburtspassagen immer neuer Potenziale im Innersten der Quelle, und die Impulse des Erschaffens springen hier kreuz und quer hindurch. Es bedeutet vollkommene Freiheit, hier existieren keine starren Regeln, Abläufe oder Rhythmen.

In der innersten Quelle existieren keine Gedanken und keine Energie, all dieses entsteht erst etwas außerhalb, auf den „äußeren Schöpfungsebenen", die aus dem reinen Bewusstsein hervorgehen.

Wir befinden uns in den sogenannten innersten göttlichen Lichtreichen. Das Bewusstsein bringt Licht hervor, und vereinfacht könnte man sagen, dass sich das Licht selbst zu erkennen vermag. Dort, wo Bewusstheit existiert, erscheint sie als Licht und bringt neues Licht hervor.

In den dunklen Bereichen der „äußeren Schöpfung" fehlt die Bewusstheit noch. Die hier erschaffenen Erfahrungen können die Bewusstheit für eine Weile verdecken. Ein Wesen kann, aus welchem Grund auch immer, wählen, seinen göttlichen Kern zu vergessen, zu verleugnen oder abzulehnen. Ein Mensch oder Wesen, dem seine Göttlichkeit nicht mehr bewusst ist, kann sich entscheiden, negative und schädigende Dinge zu tun. Diese Form der Dunkelheit ist verletzend, kalt, einengend und begrenzend.

Des Weitern stellen sich noch ruhende, nicht entfaltete Potenziale als Dunkel dar. Doch ist es eine angenehme, wärmende Dunkelheit. Sie ist nicht negativ, sondern einfach eine Erscheinungsform noch nicht ausgestalteter Potenziale.

Innerhalb der göttlichen Lichtreiche kannst du verschiedene Zustände deiner göttlichen Existenz erfahren, doch sind sie außerhalb jeglicher Inkarnation. Hier hast du dich noch in keine „äußere

Schöpfungswelt“ hineinbewegt, sondern existierst eingebettet innerhalb der reinen göttlichen Vollkommenheit.

Im Innersten der Quelle existieren alle Potenziale. Du bist in diese Potenziale eingebettet, und gleichzeitig sind sie in dir eingebettet. Sie existieren, doch du hast noch keins von ihnen in einem inkarnierten Zustand erfahren. Erst auf der Reise in die äußeren Schöpfungswelten wirst du beginnen, in Körpern zu inkarnieren und dich durch ein direktes Erleben in die einzelnen Potenziale hineinzubegeben. Innerhalb der Lichtreiche schwingst du in der Gesamtheit der Potenziale und der göttlichen Kreativität.

Du bist die Perle im Ozean des lichten göttlichen Bewusstseins und dort mit allen anderen zusammen. Es gibt keinerlei Trennung. Du bist auf natürliche und besondere Weise mit allen und allem verbunden. Hier existieren keine Fragen, keine negativen Zustände und kein Mangel. Nur Erfüllung und reines, glückseliges Sein.

Ein kreativer Fluss bewegt sich durch alle Seelen und die göttliche Quelle hindurch. Er wogt unaufhörlich. Im innersten Kern der Göttlichkeit gebiert er auf seinen Höhepunkten neue Seelen, und die weniger konzentrierten Wogen schwingen ständig durch alle Seelen hindurch. Jede Seele ist ein Teil der göttlichen Quelle, die auf einem Höhepunkt der Begeisterung und der Liebe ihre Individualität und Eigenständigkeit erreicht.

Diese Wogen sind keine Energie, sie sind vielmehr Wogen der Bewusstheit. Das ist ein großer Unterschied und schwierig für euch zu erfassen, denn auf der Erde und in eurem Universum erlebt ihr eine Welt, die auf Energie und Energiebewegungen beruht. Das Bewusstsein hier erschafft diese Energie, jedoch ist es nicht die Energie selbst.

Hier, innerhalb der göttlichen Lichtreiche, existiert keine Energie, auch sie erscheint erst in den Zuständen der Emanation, in denen die Seelen aus der Quelle hervorgehen, und sie erschafft eine Rückverbindung zur innersten Quelle.

Du selbst bist Bewusstsein, das ist deine reine, göttliche Existenz. Dein Bewusstsein kann Energien bewegen, lenken, verändern und sogar neu zusammenstellen. Es kann Energie erschaffen, aber es ist in seinem Kern selbst keine Energie, sondern waches Sein. Dein reines Bewusstsein ist deine ICH BIN-Präsenz.

Hier, in den innersten Lichtreichen, erfährst du Zustände tiefer Geborgenheit und Erfüllung. Du bist eingebettet im Schoß von Gott und Göttin, und gleichzeitig erwächst eine Art Reife in dir, ein Fortschritt, den du innerhalb deiner Existenz auf natürliche Weise machst, denn nichts steht hier jemals still.

Und so hast du dich eines Tages auf einem Höhepunkt dieser Reife aus der Quelle losgelöst, um in deine eigenen Erfahrungen zu reisen, und gleichzeitig bleibst du mit dem Innersten der Quelle über den Zustand der Einheit verbunden.

Innerhalb der Quelle existieren alle Potenziale. Sie dehnen sich immer weiter aus und erschaffen neuen Raum. Diese neuen Räume können von den Seelen betreten werden, und jede von ihnen kann Potenziale auswählen und erleben. Jenseits der Zeit geschieht alles gleichzeitig.

So hat deine Existenz mit deiner göttlichen Geburt als Seele zwar eine Art Anfangspunkt, in dem du deine Individualität erreichst, und doch warst du im Ozean aller Möglichkeiten schon immer vorhanden, lediglich in einem anderen Zustand. Du warst und bist schon immer ein Teil der gesamten göttlichen Bewusstheit.

Wir versuchen es durch die Worte für dich begreiflich zu machen, damit du deine Ängste vor dem Unerklärlichen und Unergründbaren loslassen kannst und dein Verstand dich bei deinem Erwachen unterstützen kann.

Viele Seele haben Angst, wieder in ihren eigentlichen göttlichen Zustand zu erwachen, weil so viele Glaubenssätze und Ängste dieses Erwachen überlagern. Was kommt nach dem Erwachen? Löse ich mich in der Einheit auf? Möchte ich in etwas Unerklärlichem erwachen, was ich gar nicht kenne? Eher nicht.

Doch wir sagen dir: Das Erwachen in den göttlichen Zustand ist wunderschön, erfüllend und ein Höhepunkt.

Viele Ängste, die dein Sein noch beherrschen, sind ursächlich auf der Ebene der Ur-Trennung von der göttlichen Quelle entstanden. Du hast die innersten Lichtreiche der Quelle irgendwann nach deiner Geburt als Folge einer gewissen Reife auf natürliche Weise verlassen. In diesem Vorgang der Loslösung von der göttlichen Quelle und dem Betreten der äußeren Schöpfungswelten auf selbstständige Weise findet die Ur-Trennung von der Quelle statt.

Es gibt aufgrund der Ur-Trennung einen tiefen Schmerz in den Seelen. Dieser Schmerz ist gut versteckt, denn er sitzt sehr tief. Er bezieht sich auf das ursprüngliche Verlassen der innersten göttlichen Lichtreiche zu einem Zeitpunkt der Reife, als deine Seele bereit war, dieses zu tun.

Lege deine Ängste und Emotionen in unsere Hände. Wir stehen gerade vor dir und nehmen sie, um dir zu helfen, sie zu erlösen.

Innerhalb der göttlichen Lichtreiche erlebt deine Seele eine Art Fortschritt oder Reife, auch wenn es hier keine Zeit im irdischen Sinne gibt. Eigentlich gibt es hier nicht einmal Zyklen der Entwicklung, weil hier eine Gleichzeitigkeit herrscht.

Der Punkt, der in dir immer so bleibt, wie er ist, ist die Einheit, denn sie ist die Frequenz, die dich immer als einen Teil der göttlichen Quelle auszeichnet.

Weiterhin gibt es den inneren Impuls deiner tiefen Freude am Ausdruck. Durch ihn entstehen weitere Impulse, die eine Art innerer Reife in dir erzeugen, eine Art Fortschritt und Veränderung. Und so, könnte man sagen, wächst du heran.

Der innerste Quellimpuls der Begeisterung am Ausdruck existiert beständig in dir und bettet sich nach deiner Loslösung von der Quelle in deinen göttlichen Kern ein. Dein göttlicher Kern ist deine wahre Quelle, aus der du dich regenerieren und auftanken kannst. Er legt sich auf deiner späteren Reise in dein spirituelles Herzzentrum und ist die Quelle deiner wahren, unbegrenzten Liebe, Freiheit, Ewigkeit, Glückseligkeit, Fülle und Erfüllung. Diese innerste Quelle ist der Heilige Gral, nach dem alle suchen.

Diese Quelle kannst du nicht im Außen finden, sie ist kein Gegenstand und auch kein äußerer Ort. Du kannst sie nicht in anderen Wesen finden. Oft versuchen die Menschen, ihre eigene Lebenskraft aufzutanken, indem sie die Lebenskraft anderer Menschen oder Wesen anzapfen. Sie tun das häufig unbewusst, indem sie von anderen Aufmerksamkeit, Zuwendung oder Beachtung verlangen. Hierbei können sie die Lebensenergien der anderen Wesen zu sich nehmen und sich ein wenig aus einer fremden, jedoch für sie begrenzten Quelle auftanken.

Solange die Menschen die Verbindung zu ihrem göttlichen Kern nicht freilegen, können sie sich nicht aus ihrer eigenen Quelle nähren und suchen im Außen oder bei anderen Seelen nach Halt, Geborgenheit und Energie.

Ganz bewusst und von Gott abgewandt haben etwa dunkle Magier auf der Erde gelernt, sich energetisch von anderen Wesen zu ernähren – durch rituelle Nutzung ihres Blutes und ihrer Körperflüssigkeiten –, um dem eigenen irdischen Körper mehr Kraft zuzuführen, ihn dadurch möglicherweise stärker zu machen oder ihn länger am Leben zu erhalten. Ebenso wurden Energien anderer benutzt, um materielle Gegenstände oder Reichtum für sich selbst zu erschaffen. Das ist jedoch kein natürlicher Zustand von Schöpfung aus dem reinen Sein, aus der göttlichen Verbundenheit und dem Vertrauen, sondern es ist Manipulation. Bei dieser Art, Dinge durch das Benutzen fremder Lebensenergie zu erschaffen, die einem anderen Wesen zuvor weggenommen wurde, entstehen starke karmische Verstrickungen und Energien, die zu einem späteren Zeitpunkt nach Ausgleich suchen. Das ist immer begrenzt und schädigend, es wird keinen ewigen Bestand und ein Ende haben, denn sie ist nicht auf den wahrhaftigen Ebenen der Schöpfung aus dem göttlichen Kern heraus entstanden.

Die manipulierten Energien werden nach Ausgleich suchen und sich irgendwann auf ihren Verursacher zurück entladen. Wird etwa durch Manipulation und Schädigung anderer etwas manifestiert, fließt irgendwann eine Erfahrung von Manipulation, Schädigung und Mangel zu demjenigen zurück, der auf diese manipulative Weise Dinge für sich manifestiert hat. Das geschieht nicht aus einem Bewusstsein der Strafe heraus, sondern damit er das von ihm erschaffene Ungleichgewicht erkennen und verändern kann. Alle hierdurch angehäufte Energie und Materie werden den Besitz seines Sammlers früher oder später wieder verlassen.

Wir können dieses nicht Schöpfung nennen, denn die wahre Schöpfung ist im Gegensatz hierzu ein Akt reinster Liebe und höchster Begeisterung. Sie ist ein göttlicher Akt der Verbundenheit und reinsten Vertrauens. Es ist eine Schöpfung, die hell leuchtet und stets dem höchsten Potenzial ihres Schöpfers dient.

Wenn wir nun die Manipulation betrachten, bei der einem Wesen Energie entwendet wird, verhält es sich so, dass niemals die wahre, innerste Quellenergie des göttlichen Kerns angezapft werden kann, um die es hier eigentlich geht. Es kann dabei immer nur die begrenzte irdische Lebenskraft angezapft werden, als eine Energie, die ganz allgemein innerhalb der riesigen Schöpfung existiert und von der jedes Lebewesen nehmen kann. Jeder Mensch nimmt eine begrenzte Menge an Lebensenergie mit in sein Erdenleben. Solange er nicht den Zugang zu seinem göttlichen Kern öffnen kann, um von dort unbegrenzte Energie zu beziehen, wird seine bislang begrenzte Lebensenergie eines Tages erschöpft sein, der Körper altert und verfällt.

Geschieht eine Emanation von Seelen aus der göttlichen Quelle, fließt eine gewisse Menge an Energie mit ihnen in den neuen Raum, die sie zunächst für sich verwenden können, bis sie gelernt haben, die benötigte Energie aus ihrem eigenen göttlichen Kern und Bewusstsein heraus zu erschaffen. Die Energie dient den Seelen, Dinge wie Planeten, Körper, Materie, Gegenstände und alle möglichen Formen von äußerem Ausdruck zu erschaffen. Alle Dinge in deinem irdischen Leben, wie Nahrung, Kleidung, Haus, Auto, Einrichtung, sind aus verdichteter Energie erschaffen. Dein Bewusstsein hat sie in dein Leben gebracht und sie als diese Dinge erscheinen lassen.

Diese Energien lassen sich manipulieren. Ein Wesen kann einem anderen Wesen materiellen Besitz oder die Energie, aus der Materie erschaffen werden kann, entwenden und versuchen, sie für sich selbst zu nutzen.

Der göttliche Kern hingegen ist nicht manipulierbar, denn er ist göttlich und über die manipulativen Ebenen nicht zugänglich. Er steht nur der Seele selbst zur Verfügung und ist in sich vollkommen geschützt. Alles Göttliche befindet sich stets in einem erhöhten Bewusstseinszustand, der sich außerhalb der Zeit, außerhalb aller Gesetze der äußeren Schöpfungswelten, außerhalb des Raums und aller Inkarnationen befindet. Dieser Bewusstseinszustand ist nicht angreifbar oder manipulierbar und kann von jedem einzelnen Wesen durch Erkennen, Loslassen und Herzensentwicklung erreicht werden. Er ist an keinerlei Begrenzungen der Inkarnationen gebunden.

Erst die Innenwendung und Herzensöffnung einer Seele auf ihren Reisen ermöglicht einen echten Zugang zum göttlichen Kern, und das ist die wahre Quelle von Fülle, Erfüllung und der Fähigkeit, wahre Schöpfung zu vollbringen.

Die Kraft des göttlichen Kerns ist unbegrenzt, sie ist ewig und an keinerlei Inkarnation oder Ausdrucksform gebunden. Es ist ein Erkennen deines wahren, göttlichen Selbst.

Dein göttlicher Kern versorgt dich immer mit unbegrenzter Energie und Kraft, egal, an welchem Ort der Schöpfung du dich gerade aufhältst. Er wird dir immer die gerade benötigte Form der Fülle und Kraft zur Verfügung stellen, wo immer du dich auch befindest.

Bist du ganz mit ihm verbunden, wirst du als Mensch selbst in einer Wüste überleben können, weil dein göttlicher Kern dich das vom Körper benötigte Wasser und die Nahrung finden lassen oder es dir in Form von Licht zuführen wird.

Die wahrhaftige und unendliche Quelle aller Kraft liegt in deiner innersten Quellessenz, in der Essenz deiner Geburt und deines wahren Wesens. Hier ist sie am reinsten und unbegrenzt, denn auf dieser Ebene bist du reinster Teil der göttlichen Quelle.

Es lohnt sich, diese Verbindung zu suchen und zu finden. Im Laufe deines Erwachens und deines Aufstiegs wirst du dich deiner innersten Quellessenz immer mehr annähern. Um deinen Körper und deine Psyche nicht zu überlasten, geschieht die Rückannäherung meistens Schritt für Schritt.

Das Licht deines göttlichen Kerns schimmert durch die Zeilen dieses Buches hindurch.

Geschichte der Maria Magdalena: Sprung in die Freiheit

Jede Seele hat ihren Platz auf der Erde. Niemand ist zufällig hier. Die Leben sind sorgfältig arrangiert, und jedes Mal erhält die Seele die Chance, sich zu entfalten, zu spüren und auszuleben, was ihre innerste Wahrheit ist.

Wir gingen am Wasser entlang, es war wieder einer dieser besonderen und leichten Tage. Nur zu zweit fühlten wir uns unbeschwert und genossen unser Leben und unsere Wanderschaft in vollen Zügen. Wir berauschten uns an der unersättlichen Schönheit der verschiedenen Landschaften und spürten den Wind und die Sonne auf unserer Haut. Das Klima war angenehm, die Temperaturen ausgeglichen, und wir erlebten eine unbefangene und unvergessliche Zeit. Für Jeshua und mich waren es die intensivsten und leichtesten Jahre, die wir ganz uns gewidmet hatten und die nur uns gehörten.

Ich hatte inzwischen Vertrauen zu ihm gefasst, und wir hatten uns angenähert. Die Liebe zwischen uns war nicht mehr zu übersehen, wir gaben ihr nach und uns ihr hin. Wir gingen Hand in Hand, tanzten und küssten uns.

Währenddessen lachten wir viel, erzählen uns Geschichten und unsere Eindrücke des Lebens. Es waren ewige und unvergesslich glückliche Momente des Menschseins, die wir miteinander teilen durften. Ich lehnte mich abends so gerne an seiner Schulter an, wenn wir gemeinsam unter freiem Himmel saßen, und es war warm genug, im Freien zu übernachten. Wir genossen unser Menschenleben in vollen Zügen, die sinnlichen Eindrücke über die Augen, Ohren, die Haut, über Gefühle, Düfte und Farben. Die Wahrnehmungen der Farben der Natur waren überwältigend und einfach nur wunderschön. So hätte es ewig weitergehen können, und auf gewisse Weise tut es das auch, denn diese Momente dehnen sich in die Ewigkeit aus und bleiben unvergesslich und unveränderlich in unserem Herzen und unserer Seele erhalten. In meiner göttlichen Bewusstheit erlebe ich sie immer noch, denn alle Erlebnisse als Maria Magdalena gehören zu meinem gesamten Sein.

Manchmal hatte selbst ich die Wahrnehmung, dass Engel an unserer Seite waren. Ich erfasste sie als besondere Präsenz, die ich besonders abends, wenn alles still war, deutlich fühlen konnte. Wir sprachen eine ganze Weile nie direkt darüber, sondern genossen unser Leben, aber wir wussten beide, dass sie anwesend waren und den Weg mit uns teilten. Sie umgaben uns mit ihrer Aura und trugen auf ihre Weise dazu bei, dass die gemeinsame Zeit nur uns gehörte.

Wir wandelten wie in einem wunderschönen Traum. Immer wieder kam es zu Begegnungen mit Menschen und auch Tieren, und nachdem wir bereits seit vielen Monaten für uns gewesen waren, wurde es wieder Zeit für eine neue Begegnung.

Und so kreuzte eines Tages eine junge Frau unseren gemeinsamen Weg. Sie machte einen gehetzten Eindruck und stolperte aus einem Gebüsch heraus fast direkt vor uns.

Wir waren nur wenige Meter von ihr entfernt, und sie sah uns mit erschrockenem Blick und weit aufgerissenen Augen an. Es schien, als wäre sie geflüchtet, sie war erfüllt von Panik und Furcht. Wir gaben ihr zu verstehen, dass wir ihr nichts tun würden, und hielten inne. Noch einmal schaute sie sich um und brach dann vor uns auf dem Weg zusammen. Sie sackte einfach auf die Knie, weiter reichte ihre Kraft nicht mehr. Zudem machte sie einen unterernährten Eindruck. Die Kleidung war verschmutzt und wirkte ärmlich. Unter den Lagen von Stoff spürten wir eine zitternde, zarte, junge Frau. Wir hoben sie gemeinsam auf und hakten sie unter den Armen ein, um sie zu stützen.

Gemeinsam brachten wir sie abseits vom Weg an einen Lagerplatz. Wir spürten instinktiv, dass unter ihrer Kleidung Wunden verborgen waren. Ich selbst hatte diesbezüglich meine Erfahrungen gemacht, und als ich ihr das Kleid sachte ein wenig von den Schultern zog, blickte ich auf erste Striemen, die sich über den Rücken verteilten.

Erheblich geschlagen und geschunden, kannte sie noch keine Rechte auf ein freies und selbstständiges Leben. Sie war einem Mann zu Diensten, der sie als sein Eigentum behandelte. Dort kannte man keinen Respekt vor einer anderen Person, wenn diese eine Frau war, und sie wurde noch schlechter behandelt als manches Vieh im Stall.

Ihre Wertvorstellungen von sich selbst als Mensch waren bereits zerbrochen, und sie hatte sich auf eine reine Überlebensebene bewegt. Innerlich leer, folgte sie nur noch ihrem Selbsterhaltungstrieb, der sie in einem günstigen Moment in die Flucht getrieben hatte. Aus eigener Kraft wäre sie niemals weggelaufen, das hätte sie nicht gewagt. Es kam ihr der Umstand zugute, dass das Haus ihres Herrn überfallen worden war und es die Diebe auf das Vieh und ein paar Habseligkeiten abgesehen hatten. Das große Durcheinander und das plötzliche gewaltsame Eindringen auf dem Hof hatten sie so erschreckt, dass sie einfach geflohen war. Ihrer gänzlichen inneren Sicherheit bereits vorher beraubt, war das ihre Chance gewesen, zu fliehen und dem Leiden endlich zu entkommen.

Und so fiel sie uns vor die Füße. Es gab keine Verfolger, denn es ging nicht um sie. Ihr Herr hatte sein irdisches Leben an diesem Tag verloren, und nun war sie wieder frei. Ihre Mutter hatte sie bereits mit nur acht Jahren an diesen Mann verkauft. Ein ungepflegter, grober Mann, dem nichts etwas galt. Er lebte nicht in dem Bewusstsein besonderer Werte. Ihm war einzig und allein wichtig, dass jemand sein Haus in Ordnung hielt und ihm jederzeit eine gute Mahlzeit auf den Tisch stellte. Geschah das nicht oder gab es Verzögerungen, reagierte er völlig ungehalten. Er fühlte sich als Herr über die Dinge.

An diesem Tag fand sein Leben ein jähes Ende, und ein anderes Leben wurde wieder frei und begab sich auf einen neuen Pfad.

So lange Jahre hatte sie ihm gedient, und nun war sie plötzlich frei. Ein Schock, den die junge Frau erst einmal verkraften musste. Sie blieb einige Monate an unserer Seite, und in den ersten Wochen war sie nicht in der Lage, zu sprechen. Sie war sehr scheu und vertraute uns zunächst nicht. Zu wenige und zu schlechte Erfahrungen hatte sie mit Menschen gemacht. Sie war weggeben, enttäuscht und misshandelt worden, woher sollte jegliches Vertrauen auch rühren? Vertrauen und eine gerechte Behandlung hatte sie noch nicht kennengelernt.

Jeshua und ich ließen ihr die Zeit, die sie brauchte, reichten ihr die Mahlzeiten und ließen sie spüren, dass wir sie nicht alleine ließen, ohne uns ihr aufzudrängen. Wir gaben ihr genügend Freiraum und Abstand, und doch genügend Nähe und händereichende Gesten, sodass sie allmählich begann, uns zu vertrauen. Ich konnte meine Erfahrungen mit ihr teilen und ihr Vertrauen gewinnen.

Nach mehreren Wochen konnte sie ihr Schweigen überwinden und fragte uns das erste Mal vorsichtig, wo wir uns denn befänden. Wir erklärten ihr die Gegend, doch sie hatte keinerlei Vorstellung oder Wissen über das Land und die verschiedenen Bereiche. Niemand hatte mit ihr je darüber gesprochen, sie hatte nur Tätigkeiten des Hauses gelernt und das Kochen. Sie dachte, mehr wäre nicht für sie vorgesehen.

Unser Herz war zutiefst gerührt, und wir luden sie ein, so lange bei uns zu bleiben, wie sie wollte. Sie hätte auch gar nicht gewusst, wohin sie hätte gehen sollen.

Langsam fing sie an, sich mit uns um das Essen zu kümmern, weil es etwas war, das sie uns wiedergeben konnte. Sie wollte uns etwas zurückgeben, und wir ließen sie gewähren.

Bei uns konnte sie erfahren, dass wir ihr dankbar waren und wertschätzen, was sie für uns tat. Wir sahen, wie diese Anerkennung ihr Herz mit Freude erfüllte und sie aufleben ließ. Sie fasste wieder mehr Lebenswillen und gewann schrittweise ihre Lebensfreude zurück. Tagsüber, wenn Jeshua auszog und uns etwas zu Essen besorgte, unterhielt ich mich mit ihr. Abends begann sie Gespräche mit ihm, und er war stets ganz der Mensch Jeshua in diesem gemeinsamen Beisammensein.

Erst als sie einige Monate später bereit war und ihre inneren Wunden weiter verheilt waren, fand sich für sie der richtige Augenblick, SEINE Präsenz durch Jeshua zu spüren. Er blickte sie mit gütigen Augen an, und seine göttliche Verwirklichung begann sanft durch ihn auszustrahlen.

Auch hier schien die Zeit stillzustehen, und das besondere Leuchten breitete sich aus. Die junge Frau erlebte es fasziniert und war sich zunächst nicht klar, was hier geschah. Auch ohne jegliche Worte fühlte sie sich in dieser Ausstrahlung zutiefst wohl, geborgen und angekommen. Sie spürte erstmals wirklich Halt, und durch die plötzliche Verbindung mit diesem Gefühl geschah eine tiefgreifende Veränderung in ihr. Ihr gesamtes Inneres ordnete sich neu, sie bekam ein Gefühl ihres eigenen Wertes und dass auch ihr Leben eine Rolle auf der Erde spielte und wichtig war. Sie spürte, dass auch sie in der Welt etwas beitragen konnte und diese ohne sie ein Stück ärmer wäre.

Jede Seele hat ihren Platz auf der Erde. Niemand ist zufällig hier. Die Leben sind sorgfältig arrangiert, und jedes Mal erhält die Seele die Chance, sich zu entfalten – zu spüren und auszuleben, was ihre innere Wahrheit ist.

Sie schien in diesem Moment zu reifen und erwachsen zu werden. Alles, was ihr die letzten Jahre ihres Lebens vorenthalten geblieben war, geschah in diesem einen besonderen Moment. Sie begriff, dass ihr Platz wichtig und es an der Zeit war, ihn wirklich einzunehmen und auszufüllen, mit all ihren Qualitäten.

Als ich sie später fragte, wie sie dieses Erlebnis mit Jeshua empfunden hätte, sagte sie mit ruhiger und fester Stimme, dass sie sich noch nie so geliebt und wohlgefühlt hätte. Es war, als hätte sie durch IHN einen Vater gesehen, den sie nie gekannt hatte. Als würde eine höhere, gütige und allumfassende Gestalt die Ausstrahlung eines Vaters für sie annehmen, so, wie es ihre tiefe, unerfüllte Sehnsucht war. Als sie das wahrnahm, veränderte es sie augenblicklich. Die Sehnsucht wurde gestillt, und alles bisher Versäumte erfüllte sich in einem einzigen Moment.

Sie konnte es kaum beschreiben, immer wieder sprach sie vom Vater, einem Vater mit glücklichen, gütigen Augen und einem erfüllenden Lachen im Gesicht.

In diesem Moment existierte Jeshua als Mensch, und seine göttliche Verwirklichung, die er auch war, nahm für die junge Frau die Qualität an, die ihr so sehr gefehlt hatte. Jeshua erlaubte, seine Göttlichkeit offen erstrahlen zu lassen, und die Einheit der göttlichen Quelle konnte unmittelbar durch ihn hindurch wirken und der Frau helfen.

Jeshua war auf allen Ebenen mit diesen Geschehnissen einverstanden, und es war ihm bewusst, denn es war ein Teil seiner Einwilligung seines Dienstes der Liebe auf Erden. Es war sein eigenes höchstes Bewusstsein und gleichzeitig die göttliche Quelle selbst, die der jungen Frau im passenden Moment als ein Vater entgegentrat. Es geschah aus der Ebene der Einheit.

Diese Momente waren in meinen Augen heilig. Erst viel später, als ich selbst meinen Aufstieg erfuhr, konnte ich sie noch tiefgreifender verstehen und nachvollziehen als jemals zuvor.

So zog die junge Frau noch eine Weile mit uns, auch während wir die Landesgrenzen überquerten. Dort begegnete sie einem jungen Mann, der sie auf einem Marktplatz erblickte, und sie erkannte ihren neuen Platz an seiner Seite sofort. Also trennten sich unsere Wege, doch wir wussten, dass wir eine glückliche Frau an einem neuen Platz in ihrem Leben freigaben. Unsere Herzen bleiben immer verbunden.

Heilmeditation: Liebe aus dem hohen Herzensfeld empfangen

Lass alle Alltagsgedanken und Anspannungen los.

Feine Aufmerksamkeit sinkt sanft nach innen.

Vor dir leuchtet ein Weg, umsäumt von weichen Lichtern, die dich einladen, ihm zu folgen.

Der Weg führt dich zu einem einladenden, warmen Wasser.

Du legst deine alten Gewänder ab und steigst hinein.

Es ist ein warmes, angenehmes und beruhigendes Wasser, das deinen Körper umspielt und ihn vollkommen einhüllt.

Die Temperatur des Wassers ist genau richtig, sodass du dich in ihm vollkommen wohlfühlst.

Lass deinen Körper ganz einsinken, du kannst in diesem warmen Wasser mühelos atmen.

Breite deine Arme aus und lass dich treiben.

Eingebettet wie in einen warmen Mutterleib, treibst du schwerelos in dem Wasser, und dein Bick und dein Gefühl richten sich nach oben.

Über dir wird ein großes, wunderschön leuchtendes Herzensfeld sichtbar. Es ist das erhöhte, reine Herzensfeld, das aus den Erdenerfahrungen hervorgegangen ist. Durch die goldene Weisheit der Erfahrungen der Menschheit wurde es bereichert, und von hier aus fließt die verwirklichte reine Liebe zu dir.

In diesem Herzensfeld schwingt kein Leid, sondern nur die reine, positive Essenz und Weisheit der Liebe. Es ist vollkommen rein und klar, und aus ihm fließen reine Qualitäten und Essenzen zu dir.

Eine Facette dieses strahlenden Herzensfelds leuchtet nun auf und berührt dich ganz besonders. Aus ihr fließt nun all die reine mütterliche Liebe zu dir, die du noch benötigst. Sie ist frei von allen irdischen Belastungen und fließt in ihrer reinen, positiven Kraft.

Spüre, wie sie zu dir fließt, und fühle, wie der sanfte Strom dich tief berührt.

Alles, was du benötigst, fließt nun zu dir.

Hab die innere Absicht, dass nun alle mütterliche Liebe mit ihren lichten Informationen tief in dein Sein einströmt und dich auffüllt.

Spüre und empfange.

Pause

Blicke wieder nach oben in das geöffnete Herzensfeld über dir, vielleicht erscheint es dir nun farbiger, weicher, ausgedehnter oder anders als zuvor.

Eine weitere Facette des strahlenden Herzensfelds über dir öffnet sich nun und berührt dich wieder besonders tief. Aus dieser Facette fließt nun die väterliche Liebe zu dir, die du noch benötigst. Sie ist frei von allen irdischen Belastungen und fließt in ihrer reinen, positiven Kraft.

Spüre, wie sie zu dir fließt, und fühle, wie der sanfte Strom sich tief mit dir verbindet.

Hab die innere Absicht, dass nun alle reine väterliche Liebe mit ihren lichten Informationen tief in dein Sein einströmt und dich auffüllt.

Spüre und empfange.

Pause

Nimm erneut das gesamte leuchtende Herzensfeld über dir wahr. Darin ist so viel Liebe enthalten, so viele Facetten aus den unterschiedlichen Begegnungen mit anderen Seelen als Familie, Freunde, Verwandte, Weggefährten und vieles mehr. Nimm das Herzensfeld nun als ein Gesamtes wahr.

In ihm ist auch die Essenz der Liebe enthalten, die die Menschheit durch all die Erfahrungen auf der Erde verwirklichen und verfeinern konnte.

In diesem Herzensfeld schwingt kein Leid, nur reine, positive Essenz der Liebe.

Es sind besonders wertvolle Formen von Liebe entstanden, auch aus den Erfahrungen der Ungleichheit und Bewertungen auf der Erde. Es wurde gelernt, Andersartigkeit zu lieben statt abzulehnen. Vergebung ist hier enthalten, Güte und so viele großartige Facetten eines liebenden Herzens, die erfahren und verwirklicht wurden.

Empfange nun die Essenz der bereits entwickelten reinen, lichten Liebe der Menschheit. Sie tropft wie ein besonderer Nektar zu dir herab und legt sich in jede Zelle. Sie berührt dein Herz, und vielleicht leuchten in deiner Wahrnehmung Gesichter aus früheren Begegnungen auf der Erde auf.

Du bist vielen Menschen auf der Erde begegnet, die dich lieben und die du ebenfalls liebst. In dieser Essenz sind viel Weisheit und viele berührende Bilder enthalten. Die liebenden Gesichter von Mutter und Tochter, die sich begegnen. Der Kuss eines Vaters auf die Stirn seines Sohnes. Die Liebe zu Freunden und Weggefährten. Mitgefühl und Liebe für andere Menschen und Tiere. Vertrauensvolles Loslassen und Herzensweisheit. Vergebung.

Erlaube, dass dich die Essenz der Liebe berührt. Auch sie ist ein Teil von dir, denn auch du hattest viele Leben auf der Erde und hast durch deine besonderen Erfahrungen viele Facetten zu der Essenz der Liebe der Menschheit beigetragen.

Wir lernen und wachsen gemeinsam, die Vielen lernen aus der Erfahrung des einen und der Eine aus der Erfahrung der Vielen. Hier kann sich die Weisheit der Menschheit austauschen.

Die Essenz der Liebe der Menschheit leuchtet und erfüllt dein Sein.

Spüre ihre besondere Qualität.

Spüre das besondere Leuchten und erlaube, dass dein Herz damit schwingt.

Spüre und empfange.

Auch du bist ein Teil von ihnen, auch sie sind ein Teil von dir.

Spüre die guten Gefühle in deinem Körper.

Pause

Du bist eingebettet wie in einen warmen Mutterleib, und das reine Herzensfeld der Menschheit leuchtet über dir. Du hast dich für so viel Liebe geöffnet und sie empfangen. Sie heilt dich und dein Herz. Vielleicht hast du einige Facetten der Liebe in deinem jetzigen Leben noch nicht annehmen können, und so fließen sie nun aus dem hohen Herzensfeld zu dir.

Bitte nun innerlich, dass auch all deine Herzensbruchstücke zu dir zurückfließen. Alle Herzensanteile aus allen Zeiten und Dimensionen.

Spüre und empfange.

Alle positiven Empfindungen blieben bei dir und integrieren sich in dein Sein.

Fühle dich sicher gehalten und getragen.

Lass alle inneren Bilder nun sanft los und kehre mit allen positiven Gefühlen zurück ins Hier und Jetzt.

Kapitel V

Aufbruch aus den göttlichen Lichtreichen

Dein göttlicher Kern wird kreativen Ausdruck hervorbringen, er möchte neue Räume der Entfaltung für dich öffnen. Die Frage ist: Welche Räume möchtest du beschreiten, was wirst du wählen?

Dieser Kern wird dich zu Erfahrungen hinbewegen, die dein Innerstes spiegeln und ausdrücken.

Die göttlichen Lichtreiche II – Aufbruch aus den göttlichen Lichtreichen

Und so reift dein Sein heran. Eingebettet in die Unendlichkeit der innersten Quellreiche, erreichst du eines Tages einen Punkt, der eine neue Reise für dich anstimmt.

Es existiert eine Art Reifepunkt innerhalb einer Seele, der sie veranlasst, die göttlichen Lichtreiche loszulassen und auf eine eigene Erfahrungsreise zu gehen.

Es ist das tiefe Verlangen des göttlichen Kerns, einen Ausdruck hervorzubringen. Die Fähigkeit, das eigene Bewusstsein so sehr in höchster Freude zu kumulieren, dass neue Schöpfung entsteht. Um selbst ein bewusster und eigenverantwortlicher Schöpfer zu sein und den göttlichen Kern als Ausdruck zu verwirklichen, ist es wichtig, eine eigene Entwicklung zu durchleben.

Gott und Göttin geben dich frei. Du bist und bleibst immer der wichtigste Teil von ihnen, auf ewig existiert ein Abdruck von dir in ihnen. Auf der Ebene der Einheit seid ihr stets miteinander vereint. Ihr Bewusstsein, die göttlichen Lichtreiche, sind deine Geburtsstätte, und doch wirst du etwas Eigenes erschaffen und erfahren.

Und so, wie dein Abdruck ewig in ihnen existiert, gibt es gleichzeitig den Impuls in deiner Seele, sich selbst auf die Reise der Erfahrung der Schöpfung zu begeben.

Alle deine Erfahrungen werden Gott und Göttin bereichern, sie werden sie mit dir erleben und fühlen, jeden einzelnen Moment, egal, wo auch immer du bist.

Du vernimmst den liebevollen Klang ihrer Stimmen, der dir so vertraut ist, und sie geben dir das höchste Geschenk, den freien Willen, damit du dich auf deine eigene Weise ungehindert entfalten kannst. Auch du bist göttlich in deinem Kern, und kein göttliches Wesen soll je begrenzt sein.

Deine Reise ist eine Erfahrung der Liebe, der Freiheit und der Grenzenlosigkeit. Sie ist eine immerwährende Ausdehnung deines Seins, denn auch du spürst den immerwährenden, kreativen Impuls in dir und die tiefe Sehnsucht nach Ausdruck und Erweiterung.

Und so verlässt du die innersten Lichtreiche eines Tages. Der innere Impuls wird so stark, dass es unabwendbar ist und eine Art natürlicher Ausschüttung aus den innersten Lichtreichen, aus der Essenz der göttlichen Quelle, bedeutet.

Du hast nichts falsch gemacht, sondern es ist vielmehr ein natürlicher Prozess, dem deine Seele folgt. Dein Abdruck bleibt ewig in der Quelle enthalten, und auch die Verbindung bleibt bestehen.

Nun beginnst du eine Reise in dein eigenes schöpferisches Sein. Viele neue Potenziale erreichen dich, und so befindest du dich nun in einem völlig neuen Zustand. Durch jede einzelne Erfahrung wirst du die göttlichen Qualitäten in immer detaillierteren Facetten erfahren und die Liebe der Quelle immer deutlicher wahrnehmen und begreifen können, bis du, bereichert durch die Erfahrungen deiner Reise, wieder fühlst, dass ihr eins seid.

Der Moment des Verlassens der innersten Lichtreiche ist sehr schwierig zu beschreiben. Dein Bewusstsein kumuliert sich und bricht in den neuen Zustand hervor. Es löst sich, fast wie die kleine Eruption eines Vulkans, aus der Quelle und katapultiert dich in deine Eigenständigkeit. Die wärmende und vertraute Umgebung der inneren Lichtreiche ist mit einem Mal fort. Es entsteht ein erstes und tiefes Gefühl einer plötzlichen Trennung von der Quelle.

Doch du hast nichts falsch gemacht, sondern befindest dich nun in deinem eigenen, unabhängigen Sein. Du erfährst eine neue Ebene deines Bewusstseins.

Hier muss deine Seele zunächst eine neue Orientierung finden, und so suchst du nach anderen, die sich auf demselben Weg befinden. Und du findest sie auch, du begegnest ihnen auf dieser Ebene, und es ist eine sehr freudige Begegnung, die euch prägen und zusammenschweißen wird.

Dein eigentlicher Wesenskern ist das hellste Licht deiner göttlichen Geburt, in den der Impuls des freudigen Ausdrucks und der Selbstverwirklichung eingebettet ist. Der göttliche Kern ist das Zentrum deines wahren Seins. Das ist deine Verbindung zur Quelle und zu deiner eigenen Schöpferkraft. Du kannst den Zugang öffnen und seine Kräfte nutzen oder ihn eine Weile verschlossen halten. Doch reist er stets mit dir. Er bettet sich in dein spirituelles Herzzentrum ein und wird sich in deinen Inkarnationen auf der Erde in die fünfte Herzkammer deines physischen Herzens legen. In der fünften Kammer deines biologischen Herzens existiert ein Abdruck deines vollkommenen, zeitlosen, göttlichen Wesens.

Der tiefe schöpferische Impuls aus deinem göttlichen Kern beginnt nun, immer wieder neue Erfahrungen für dich zu erschaffen, und zunächst ist das verwirrend für dich, denn du weißt noch nichts über seine schöpferische Nutzung. Am Anfang ist es wichtig zu begreifen, dass du ihn durch deine Entscheidung beziehungsweise Wahl und dein Vertrauen nutzen und lenken kannst.

Dein göttlicher Kern wird kreativen Ausdruck hervorbringen, er möchte neue Räume der Entfaltung für dich öffnen. Die Frage ist: Welche Räume möchtest du beschreiten, was wirst du wählen?

Dieser Kern wird dich zu Erfahrungen hinbewegen, die dein Innerstes im Außen spiegeln und ausdrücken.

Im Inneren deines göttlichen Kerns existiert neben den anderen Qualitäten die größte Selbstliebe, die einst das Bewusstsein von Gott und Göttin so sehr verdichtete, dass es dich erschuf. Diese Selbstliebe möchte in dir und durch dich verwirklicht werden, damit du ein vollkommen kraftvoller Schöpfer bist, und so bewegt es dich in Erfahrungen, in denen du die Selbstliebe erkennen kannst. Diese Erfahrungen werden dich anleiten, dich selbst sowie andere Wesen anzunehmen und zu akzeptieren. Sie lehren dich einen weisen Umgang mit Macht und Mitgefühl, führen dich in ein Miteinander und eine tiefe Verbindung zu dir selbst und laden dich ein, dir vollkommen zu vertrauen.

Sie durchfluten und umhüllen dich, und ständig gehen Einladungen der Selbstliebe daraus hervor. Dieser reine Kern kann unendlich viele Facetten hervorbringen, und deine Herzensfacetten, die hieraus entstehen, werden deshalb stets unbegrenzt sein. Ein Herz kann sich immer noch weiter in neue Schöpfungswelten öffnen und ausdehnen. Doch vorerst bringt es dich zu einer Herzensentfaltung, die auf deiner momentanen Reise der Bewusstwerdung auf der Erde verwirklicht werden möchte. Von dort wirst du dich in neue Entwicklungsspiralen hineinbewegen, und der ständigen Herzenserweiterung wird keine Grenze gesetzt sein. In deiner Entwicklung dorthin werden dir im Außen in den verschiedenen Welten unterschiedliche Herausforderungen begegnen.

Jede Ebene der Existenz ist dazu geeignet, eine andere Facette deines Herzens zu vervollkommnen. Auch das Ausleben der völligen Abwesenheit von Liebe und Mitgefühl, wie einige Seelen es gerade tun, gehört zu dem Prozess der Erfahrungen und trägt tatsächlich dazu bei, weitere Herzensfacetten für ihre Ausformung vorzubereiten und zu erkennen. Das Licht wird erst nach einer Erfahrung der Dunkelheit wahrhaftig erkannt.

Die innere Herzensebene

Deine inneren Welten sind vielfältig und bringen äußere Realitäten hervor. Tief in deinem Herzzentrum gibt es einen speziellen Punkt, der nur dir allein vorbehalten ist. Kein anderes Wesen hat hier Zutritt, hier gibt es nur dich und die innigliche Verbindung mit deinem göttlichen Kern.

Spüre, wie unendlich zart es dort ist. Wie fein und zart diese innigichen Ebenen sind, die euch verbinden. Kein Hauch könnte zarter sein.

Hier ist alles, was du bist und was dich ausmacht. Die inneren Herzebenen haben sich im Laufe deiner Reisen und Erfahrungen immer weiterentwickelt. Sie haben sich ausgedehnt und immer wieder neue Erfahrungsräume erschaffen. In ihnen spiegelt sich das göttliche Licht, und dieses Licht reflektierst du nach außen in die Welten.

Das Innerste reflektiert sich nach außen, so sind die Schöpfungswelten aufgebaut, und so erhalten sie sich. Auf diese Weise erlangst du eine Wahrnehmung deiner selbst. Überall, wo du die reine Verbindung zur Quelle und ihr Licht frei und ungehindert fließen lassen kannst, erblickst du lichte Welten, die dich umgeben und durch die du wandeln kannst. In ihnen erlebst du das leuchtende Licht deines Herzens und die Vollkommenheit der göttlichen Ebene.

Verdeckst du das reine Licht, verzerrst du es, vielleicht aus Angst, nicht zu genügen, einsam und verloren zu sein, dich zu öffnen oder die Orientierung zu verlieren. So verzerrst du das reine Licht, und die Dunkelheit der Verzerrung beginnt, sich in deinem Außen zu reflektieren.

Du beginnst eine dunklere Realität zu erleben, in der andere Arten der Erfahrungen möglich werden. Sie ergeben sich aus der Präsenz der Dunkelheit, die nichts anderes ist als deine nicht erkannte und nicht angenommene Göttlichkeit und Herrlichkeit.

Doch egal, wie weit du dich entfernst, dich in diese dunklen Bereiche hineinwagst und was du dort erlebst und ausprobierst: Eines Tages wird der lichte Impuls deines göttlichen Kerns wieder bei dir anklopfen. Er wird dir eine sanfte Einladung senden, umzukehren und nach Hause zu kommen. Irgendetwas wird die zarte, innere Ebene deines Herzens berühren und dir zeigen, dass es noch eine andere, lichte Ebene gibt, die du für den Moment vergessen hattest.

Dieser erste zarte Lichtstrahl leitet dein Erwachen und die Reinigung deines Herzens ein. Das nennt man auf der Erde das Erwachen eines Menschen. Manchmal werden hierfür äußere Ereignisse wie ein Verlust, ein Unfall oder ein anderes aufrüttelndes Lebensereignis kreiert. Ebenso kann es aber über eine Unzufriedenheit mit dem bisherigen Leben und dem Bedürfnis der Suche nach noch etwas Unbekanntem geschehen.

Im Prozess des Erwachens wird der Mensch sein Leben gründlich überprüfen und hinterfragen. Er beginnt, nach Möglichkeiten zur Heilung seiner inneren Verletzungen zu suchen, nach Informationen und nach dem Zugang zu sich selbst. Der Weg zur Rückverbindung mit dem göttlichen Kern wird hierdurch geöffnet, und das Ziel der Suche ist stets der Zugang zur eigenen Göttlichkeit. Eine tiefe Reinigung der inneren Gefühle geschieht, ein Abwerfen von Belastungen und eine schrittweise Hinwendung zu göttlicher Leichtigkeit, Erfüllung und Freude.

Der Impuls des Erwachens wird dich wieder erreichen. Er hat dich längst erreicht. Deine an die Dunkelheit gewöhnten Augen und dein programmierter Geist brauchen eine Zeit der Umstellung, doch einmal gespürt, wird das Licht unaufhörlich heller werden, und nichts kann diesen Prozess mehr umkehren. Du kannst ihn lediglich verlangsamen oder beschleunigen.

Der wahre Navigator ist deine innere Herzebene, die die Ur-Qualitäten aus der göttlichen Quelle trägt. Hier lagert dein wahrer göttlicher Kern der Freude am Ausdruck, hier befindet sich deine innigliche Selbstliebe und deine Begeisterung, das Leben zu spüren und zu erleben.

Ab diesem Punkt deiner Entwicklung beginnt dieser Navigator, dir wieder einen Weg aufzuzeigen und dich sanft anzuleiten. Aus diesem Grund kann sich auch kein Wesen jemals auf ewig verirren. Egal, wie lange es benötigt, alles kehrt irgendwann unwiderruflich nach Hause, zu sich selbst zurück. Alles kehrt zurück zum Licht der inneren Hinwendung, zum wahren göttlichen Selbst.

Geschieht diese innere Hinwendung, kommen zunächst alte Wunden wieder in die Bewusstheit, und oft wird erst dann der wirkliche Schmerz wahrgenommen, der vorher gut verdrängt und verschlossen war. Es kann zu Beginn durchaus eine harte Phase der Umorientierung sein, denn alle Gefühle möchten angenommen und von ihren Negierungen und Belastungen befreit werden. Es ist ein allmählicher Prozess, denn der Schmerz sitzt oft tief.

Schrittweise entdeckst du deine eigenen Qualitäten und erhältst eine Orientierung zurück zur Quelle.

In diesem Prozess öffnet sich dein Herz immer mehr, die verschiedenen Facetten in ihm werden aktiviert und beginnen, eine neue Realität zu erzeugen. Dein Herz strahlt einen Radius leuchtender Bewusstheit aus, und die äußerlich erlebte Realität beginnt auf dieses Herzenslicht zu reagieren und es widerzuspiegeln. Dein Außen beginnt, sich gemäß deinem sich öffnenden Herzen immer harmonischer, freier und liebevoller zu gestalten. Dein göttliches Zuhause, das gut in deinem Inneren verborgen war, zeigt sich und wird in der irdischen Realität für dich erlebbar.

Dann kommst du eines Tages an einen Punkt, an dem dein Leben schön und harmonisch geworden ist. Ein Punkt, an dem du dein Leben angenommen hast und es gerne lebst, selbst wenn es noch nicht vollkommen erscheint.

Vielleicht wirst du eine Weile auf dieser schönen Ebene des Lebens verweilen, bevor du deiner weiteren Entwicklung folgst, das ist deine freie Wahl. Die Lebensbereiche sind sehr stimmig und erfüllend, doch vielleicht spürst du, dass es immer noch etwas gibt, das nicht in Ordnung ist und dich weiter vorantreibt. Es zieht dich in das Gefühl deiner tiefen Selbstliebe, Innenwendung und Vereinigung mit dir selbst zurück, denn das war von Anfang an dein wahres Ziel.

Das ist das Ziel der Seele auf ihren Reisen. Eine Selbstentdeckung, Selbstvervollkommnung und das Erlernen, den göttlichen Kern und die darin enthaltenen Qualitäten auszudrücken und in einer äußeren Realität zu erleben.

Du reifst zu deinem göttlichen Ausdruck heran, und dein Herz wächst mit dir. Immer feiner wird der innere und äußere Radius deines Herzens. Seine Strahlen berühren immer subtilere Bereiche der äußeren Realität und bei deinen Mitmenschen.

Dein Herzzentrum dehnt sich immer weiter aus, und du nimmst auch die feinsten Nuancen von Liebe, Selbstliebe und Mitgefühl wahr. Alles in deinem Außen bekommt diesen samtenen Schimmer.

Wenn du einen Stein betrachtest, wirst du seine wahre göttliche Essenz spüren. Betrachtest du eine Pflanze, einen Menschen oder ein Tier, wirst du fühlen und erkennen, dass auch in ihnen die reine göttliche Essenz schwingt.

Egal, was dein Auge erblickt, dein Herz fühlt es, und dann bist du wahrhaftig bereit, einen weiteren großen Schritt deiner Wiedervereinigung zu gehen.

In diesem weiteren Schritt wird sich deine Herzfrequenz noch einmal erhöhen. Es ist, als ob sich alle Ebenen deines Herzens vollkommen harmonisch ausrichten und dann gemeinsam auf die inneren Quellebenen zeigen. Du strahlst jetzt eine Frequenz aus, auf die die inneren Quellebenen unmittelbar reagieren. Sie erkennen sie, denn du hast es geschafft, diese Quellfrequenz durch deine Herzensöffnung in deiner irdischen Realität zu fühlen und zu halten. Es ist wie ein Schlüssel, der nun in ein Schloss passt. Wie mit einem Klick der Übereinstimmung finden nun beide zusammen, und die Wahrnehmung des Äußeren fließt nach innen. Es ist, als ob du die gesamte Welt deiner Wirklichkeit in deinem Innersten aufnimmst.

Sie war schon immer dort, du hattest lediglich eine andere Wahrnehmung davon. Dein innerer Fokus hatte sich fast gänzlich nach außen verlagert und lange Zeit die äußeren Realitäten als scheinbar unveränderliche Zustände akzeptiert und sich mit ihnen identifiziert.

Der Fokus deines Bewusstseins lässt das Außen nun los, fließt nach innen und erkennt dein göttliches Wesen. Nun kehrt sich die Ausrichtung wieder um, so, wie es eigentlich sein sollte. Alle deine Anteile, die du bist, deine Gefühle und Gedanken, fließen mit einem Strom in dich, es gibt nichts mehr, was außerhalb von dir zu sein scheint. Du betrachtest die äußere Welt durch deine menschlichen Augen, doch gleichzeitig fühlst du sie auch intensiv in dir. Sie erscheint nicht länger getrennt, und du erkennst, dass du sie selbst erzeugen und verändern kannst.

Immer noch kannst du die Dinge im Außen sehen, berühren, anderen Menschen begegnen, so, wie vorher auch. Du existierst immer noch in einem menschlichen Körper auf der Erde. Doch es gibt nun einen großen Unterschied. Nun fühlst du all die Lebendigkeit in dir, all die Liebe. Du spürst auch die Lebendigkeit und Schönheit der äußeren Welt in dir. Sie berührt dich und du sie. Du fühlst dich vollkommen vereint, behütet, sicher und geliebt. Die äußerlich erlebte Realität befindet sich nun im Einklang mit deinem göttlichen Kern und spiegelt seine Qualitäten wider. Es gibt nichts mehr, was noch fehlt. Alles ist in dir. Du hast die menschliche Ebene gemeistert und deinen Aufstieg erlebt.

In all deinen Leben hast du eine Vielfalt von Potenzialen erlebt und entfaltet, die in dein inneres Herz eingebettet waren. Sie waren bereits in deiner ursprünglichen göttlichen Essenz enthalten und kehrten sich von innen nach außen, als du dich vom Innersten der göttlichen Quelle loslöstest.

Als deine Loslösung von der Vater-Mutter-Quelle erfolgte, damit du in deine Selbstständigkeit gelangen konntest, erfolgte eine Art Umstülpung deines Seins. Alles, was während deines Seins in den göttlichen Lichtreichen wie selbstverständlich innerhalb deines Seins war, das Licht, mit dem du vollkommen vereint warst, kehrte sich plötzlich nach außen und erschuf Welten, die du sehen, fühlen, riechen und anfassen konntest. So vieles hast du in diesen Welten erlebt. Du bist in den unendlichen Kosmos eingetreten, hast begonnen, die kosmische Weite zu erfahren und später die Inkarnationen in den Galaxien und auf den Planeten.

Und nun bist du auf der Erde, in dem dichtesten aller Zustände der bisherigen Existenz. Hier konnte sich eine noch größere Tiefe deines Herzens offenbaren. Hier wirst du die letzten Hürden und deine Gefühle meistern, um alles in dir wieder zu vereinen. Du nimmst den Zustand der göttlichen Lichtreiche in deinem Inneren auf und existierst fortan in ihm. Doch bist du frei. Du bist nicht länger an die Vater-Mutter-Quelle gebunden, sondern spürst deine eigenen Lichtreiche in dir. Es ist der Prozess des eigenständigen Schöpfers.

Alle Freuden der Lichtreiche sind in und bei dir, und deine äußere Realität beginnt nun, diesen glückseligen und erfüllten Zustand zu spiegeln.

Du hast es geschafft. Mit dir vereint in tiefster Selbstliebe. Es fließt ein ständiger Austausch zwischen deinen inneren Lichtreichen und den Lichtreichen der Vater-Mutter Quelle. Ihr habt euch voneinander gelöst, ohne wirklich getrennt zu sein. Es ist, als ob du einen Mutterleib verlassen hättest. Du bist nun entwickelt genug, du brauchst ihn nicht mehr. Deine Reise hat dir die Erkenntnis deines eigenen inneren Universums geschenkt.

Die göttlichen Lichtreiche sind in dir.

Die Dunkelheit

Viele Seelen waren so häufig inkarniert und haben so sehr nach der inneren Quelle im Außen gesucht, dass sie auf einige Verletzungen und Ablenkungen gestoßen sind. In der tiefsten Dunkelheit haben die Seelen die Augen vor ihren eigentlichen göttlichen Qualitäten verschlossen. Sie empfinden sich nicht mehr als liebevolles, freies, unabhängiges, kraftvolles und lebensfrohes Wesen, sondern – im Gegenteil – als kraftlos, ungeliebt, unwert, abgeschnitten, ausgesondert und benutzt. Die eigentlichen Qualitäten werden nicht mehr erkannt, und so legt sich ein dunkler Schleier des Vergessens auf das Sein. Das Licht des Bewusstseins und der Qualitäten ist abwesend, der neue Fokus liegt auf dessen Abwesenheit.

Wird die eigene Göttlichkeit nicht wahrgenommen, fehlt das Licht der Bewusstheit, und die Schleier der Trennung und der Negativität, die die Seele dann umhüllen, erscheinen dunkel. Die eigene innere Quelle, aus der alles Licht, Energie, alle Liebe und Versorgung fließt, wird nicht mehr erkannt und kann nicht mehr genutzt werden. Die innere Quelle der Kraft versiegt scheinbar, der wahre göttliche Kern ist von schweren, undurchdringlich erscheinenden Lagen von Dunkelheit, Verletzung und Verwirrung bedeckt.

Nach einer schmerzhaften Enttäuschung kann sich ein Mensch bewusst entschließen, niemandem mehr zu vertrauen. Nach dem Verlust eines geliebten Menschen kann man sich entscheiden, sich nicht mehr für Nähe zu öffnen. Die positiven Qualitäten können bewusst wie auch unbewusst aus einem unverarbeiteten Geschehnis heraus abgelehnt werden. Alle diese bewussten und unbewussten Entscheidungen führen zu einem entsprechenden Erleben in der äußeren Realität und erzeugen immer dichtere Schleier von Leid und Trennung.

In den Dunkelwelten triffst du auf Seelen, die sich hier ebenfalls reflektieren, und gemeinsam können Erfahrungen der dunklen

Ebene erschaffen werden. Dunkle Gedanken kommen auf und hüllen die Gefühle in Nebel und Schatten. Eine Schattenwelt entsteht, die nun kaum noch wahrhaftige Freude enthält, sondern vielmehr Gram, Kummer und Sorgen. Sie ist vollgestopft mit Ängsten, die sich an jeder Ecke bestätigen. Du kannst diese Dunkelwelten in verschiedenen feinstofflichen Bereichen der Schöpfung erfahren, natürlich auch auf der Erde. Die Erde bietet wundervollen lichten wie auch dunklen, leidvollen Erfahrungen gleichermaßen Raum.

In diesen Zustand können sich manche Seelen sehr weit hineinverirren, fast unmöglich erscheint es, das Licht wiederzuentdecken. Doch ist auch dieses nur eine Erfahrung mit begrenzter Dauer, denn ein dauerhafter Zustand von Dunkelheit ist nicht die ewige Wahrheit. Es sind Exkursionen der Erfahrung, manchmal langwierig und sehr schwierig, aber niemals dauerhaft. Eines Tages nimmt auch diese Seele den Ruf des göttlichen Kerns wieder wahr und leitet ihre Rückverbindung ein. Der lichte Quell im Inneren des Herzens kann niemals gänzlich erlöschen. Eines Tages wird er auch durch die größte Dunkelheit wieder hindurchscheinen und eine Umkehr einleiten.

Geschichte der Maria Magdalena: Der verlorene Sohn

Ihr könnt euch die Hände reichen und gemeinsam etwas erreichen.

Oder ihr könnt euch gegeneinander wenden und eine Chance verpassen.

☆☆

Es kam der Tag, an dem Jeshua den Fuß eines Jungen berührte, der auf einer Steinmauer saß. Der Junge war sieben Jahre alt, und seine Tränen hatten kleine Furchen auf seine staubigen Wangen gezeichnet. Er saß allein in der Mittagssonne auf einer aus losen Steinen geschichteten Mauer, sein Knöchel war geschwollen, und er wirkte einsam, ratlos und verloren.

Wir hielten bei ihm an und Jeshua nahm sofort seinen Fuß in seine sanften Hände. Er schaute den Jungen mit warmen Augen an, und das reichte schon, um ihn zu beruhigen.

„Was tust du hier auf der Mauer?“, fragte Jeshua. „Wo hast du dich so verletzt?“

Der Junge antwortete schüchtern, dass er sich nicht mehr heim trauen würde. Er sei auf der Weide gestolpert, als er die Ziegen seines Vaters gehütet habe, und sein Vater sei sehr streng zu ihm und würde stets gute Leistung verlangen. Es sei jedoch sehr schwierig für ihn, all die Ziegen alleine zu hüten. Manchmal liefen sie einfach davon, und er wäre oft nicht schnell genug, um sie wieder einzufangen. So sehr er sich auch bemühte, die Ziegen entwischten ihm einfach und versteckten sich in der Umgebung. Nur mit viel Mühe und Not konnte er sie manchmal wieder zusammenbringen.

Obwohl er sich so sehr anstrengte, war es nie genug. Oft schalt ihn sein Vater, bezeichnete ihn als nutzlos und als Scham und Schande der Familie.

Doch er bemühte sich so sehr, damit sein Vater eines Tages vielleicht auch auf ihn stolz sein könnte. Es war spürbar, dass sein kleines Herz dabei immer mehr den Mut verlor und langsam brach.

Auch dieses Mal war er wieder den Ziegen hinterhergelaufen und dabei über einen Stein gestolpert. Obwohl der Stein nicht gerade klein war, hatte er ihn doch übersehen. So sehr war sein Blick einzig auf die Ziege ausgerichtet, der er hinterherlief.

Er begann wieder zu weinen. „Mein Vater wird mit mir schimpfen. Ich habe es einfach nicht geschafft. Ich kann es einfach nicht. Für meinen Vater bin ich so unwürdig. Vielleicht muss ich die Familie bald verlassen, weil ich sie nicht unterstützen kann. Jetzt bin ich auch noch verletzt und mache allen noch mehr Kummer." Die Tränen strömten nur so über seine Wangen, und sein kleines Herz war völlig verzweifelt.

„Komm, ich helfe dir", sagte Jeshua. „Ich helfe dir bei den Schmerzen, doch bringe ich deinen Knöchel noch nicht wieder ganz in Ordnung." Er nahm behutsam den Knöchel in seine Hände und ließ die Wärme seines Herzens und seiner Göttlichkeit einfließen.

Ich konnte spüren, wie das Herz des Jungen ebenfalls dadurch berührt wurde, und einige kleine Herzenssplitter setzten sich wieder zusammen. Das verzweifelte Herz, das sich so sehr nach der Liebe und Anerkennung seines Vaters sehnte, bekam endlich sanfte Unterstützung und Ermutigung.

Die Tränen versiegten, und der Junge fühlte sich besser. Jeshua hob ihn vorsichtig von der Mauer herunter und nahm ihn an die Hand. Die Schmerzen waren deutlich besser, doch der Junge humpelte noch, sodass seine Verletzung zunächst sichtbar blieb.

„Wo ist eure Hütte? Wir gehen jetzt gemeinsam zu dir nach Hause."

Der Junge wirkte sichtlich erleichtert angesichts der Unterstützung.

„Verrätst du mich bei meinem Vater?“ fragte er Jeshua mit besorgtem Blick.

„Nein“, erwiderte Jeshua, „ich möchte mit deinem Vater lediglich über die Ziegen sprechen. Hab keine Angst. Er wird mich schon verstehen.“

So gingen wir eine halbe Stunde des Weges entlang, bis sich vor uns der Blick auf eine kleine, einfache Hütte am Rande einer Wiese öffnete. Die Hütte war von abgezäunten Ställen umgeben, in denen Federvieh wohnte. Ein kleiner Stall für die Ziegen gliederte sich an. Alles wirkte sehr klein, aber ordentlich und aufgeräumt.

Es schien, als wäre niemand da. Außerhalb der Hütte hielt sich niemand auf.

Wir klopften an die Tür, und die Mutter des kleinen Jungen öffnete sie uns. Sie sah ihren Sohn besorgt an.

„Was ist geschehen, und wer sind deine Begleiter?“, fragte sie gleich. „Ist dir schon wieder etwas passiert, du weißt doch, dass sich dein Vater grämt und aufregt. Wo sind die Ziegen?“

Jeshua begrüßte die Frau ruhig und mit gütigem Blick und bat um Einlass.

„Wir haben deinen Jungen einsam auf einer Mauer gefunden. Er ist so verzweifelt, dass ihm ein paar Ziegen entlaufen sind, und so beschlossen wir, ihm zu helfen und ihn nach Hause zu bringen.“

„Vielen Dank, doch wo sind die Ziegen? Wir brauchen sie. Sie sind unsere Versorgung, mein Mann wird fürchterlich wütend sein.“

Die Mutter des Jungen schien bedrückt und dachte an die Reaktion ihres Mannes. Auch sie litt unter der Behandlung ihres kleinen Jungen, das sah man ihr an.

„Genau darüber möchte ich mit ihm sprechen“, entgegnete Jeshua ruhig.

Wie selbstverständlich, aber dennoch in angemessener Achtsamkeit, setzte er sich auf einen Stuhl und lehnte sich zurück. „Wir warten."

Die Frau bot uns Wasser und etwas Brot an, und so warteten wir, bis gegen Sonnenuntergang der Vater des Jungen erschien.

Er war eine große, stattliche Erscheinung. Sicherlich ein ehrfurchterbietendes Bild für einen kleinen, schmalen Jungen. Die Augen des Jungen leuchteten den Vater an. Er freute sich so sehr, ihn zu sehen, und gleichzeitig wurde ihm angst und bange, denn er konnte kein erfreuliches Ergebnis mit nach Hause bringen.

„Wo sind die Ziegen?", war die ersten Worte, die der Mann in den Raum warf. Hart und unerbittlich kam der Satz hervor. Zwar stach ihm der geschwollene Knöchel seines Jungen entgegen, doch würdigte er ihn keines Kommentars.

„Du kleiner... was hast du wieder getan? Du bist schuld, wenn wir keine Milch und kein Fleisch mehr haben."

Jeshua erhob sich ruhig und stellte sich an die Seite des Jungen. Er richtete seinen Ausdruck nun ganz in sein menschliches Sein und wurde auf eine Art und Weise wütend, in der seine klaren Worte das Ego des Vaters deutlich erreichten.

„Schäm dich, das ist dein Fleisch und Blut, und doch kannst du seinen Anblick kaum ertragen. Es ist gar nicht er, auf den du wütend bist. Du lässt deinen kleinen Jungen leiden, weil auch du gelitten hast. Als du noch klein warst, hast du genauso verzweifelt geweint wie dein Sohn jetzt.

Damals hast du es in deinem Herzen verschlossen. Du wolltest deinem Vater deine Verzweiflung nicht zeigen, damit er dich nicht noch mehr verachten würde. Erinnerst du dich nicht mehr an deine inniglichen Schwüre, so etwas nie wieder ertragen zu wollen? Du hast dein Elternhaus früh verlassen, um deine eigene Familie zu gründen und hast eine wundervolle Frau gefunden. Und du hast wundervolle Söhne, doch keiner von ihnen ist dir so ähnlich wie dieser hier.

Sieh ihn genau an, sieh in seine Augen, denn genau dort spiegelt sich deine eigene Verzweiflung. Er ist genauso schmächtig und klein, wie du es damals warst. Und du warst in diesem Alter nicht besonders geschickt, denn auch du warst ein kleiner Junge. Verletze ihn, und du verletzt in Wahrheit dich selbst. Was sind ein paar Ziegen im Vergleich zum Wohlergehen deines eigenen Fleisches und Blutes. Wie versteinert ist dein Herz?"

Der Mann war erstaunt. Damit hatte er nicht gerechnet, und er stand starr in der Tür. Man konnte spüren, wie sich etwas tief in ihm regte. Seine Wut stieg nun ganz empor, und er erkannte, dass es die Wut auf die schlechte Behandlung seines eigenen Vaters war und nicht die auf seinen Sohn. Er selbst hatte sich, als er klein gewesen war, als Versager und Schwächling gefühlt. Der Verachtung des eigenen Vaters ausgesetzt, hatte er sein Herz schon früh verschlossen. Nun sah er nicht mehr seinen Sohn, sondern sich selbst auf dem Stuhl sitzen.

In diesem Moment öffnete Jeshua seine göttliche Präsenz, und ER begann, eine besondere Herzenswärme unsichtbar, doch spürbar in den Raum zu strahlen. Alle Herzen erweichten, und ein Erkennen fand stat. Der Junge verstand, der Vater verstand.

„Dein Sohn liebt dich so sehr", sagte Jeshua. „Er wird gut für dich sorgen und ist bereit, dich zu unterstützen. Was ist dir lieber, eine Ziege mehr im Stall oder ein Sohn, der dich verlässt und nicht mehr zurückkehrt?

Ihr könnt euch die Hände reichen und gemeinsam etwas erreichen. Oder ihr könnt euch gegeneinander wenden und eine Chance verpassen.

Auch du hast deinen eigenen Vater aus deinem Herzen verbannt, konntest nicht verzeihen und bist nie wieder heimgekehrt. Dein Vater hat dich wirklich verloren. Es ist nicht nötig, das zu wiederholen. Du hast die Möglichkeit, eine glückliche Familie zu haben.

Für eine entlaufene Ziege können auch zwei neue den Weg zu dir finden. Wenn dein Herz für dich und deine Familie geöffnet ist, wird es auch Gerechtigkeit und Ausgleich zu dir bringen. Du wirst nichts verlieren, nur gewinnen.

Entläuft dir eine Ziege, weil dein kleiner Junge noch nicht die Arbeit eines Erwachsenen verrichten kann, sei gütig und liebe ihn, und es wird dir vergolten. Ist dein Herz offen, wird auch die Güte des Herzens des göttlichen Vaters zu dir strahlen und dich und deine Familie genügend versorgen."

In den Augen des Vaters standen Tränen. Alte Traurigkeit erlöste sich, und er konnte seinen Sohn wieder als den kleinen Jungen sehen, der hier alles für seinen geliebten Vater tat. Er blieb noch einen Moment wie angewurzelt in der Tür stehen und umarmte dann seinen einsamen Sohn.

„Es tut mir leid", sagte er. „Ich war blind, doch jetzt weiß ich wieder, was wichtig ist. Du bist so wichtig, und bald wirst du größer sein und genauso geschickt wie deine Brüder, denn du bist mein Fleisch und Blut."

Und so ging es für alle gut aus. Der kleine Junge hatte sein liebevolles Zuhause wiedergefunden und war wieder im Herzen seines Vaters aufgenommen.

Auch die Ziegen hatten sich inzwischen vor der Tür eingefunden, denn sie waren der Leuchtspur des Herzens gefolgt, und ihr Wunsch nach ihrem Stall und Futter zeigte ihnen den Weg nach Hause.

Der Knöchel des Jungen heilte schnell, und von nun an konnte er die Ziegen freudig und zuversichtlich hüten, denn sie liefen ihm nicht mehr davon.

Heilmeditation: Dem Fluss des Lebens vertrauen

Hingabe ist ein weicher Strom in dir. Sie ist die Fähigkeit, dir und deiner inneren Navigation so sehr zu vertrauen, dass du dich vollkommen mit dem Leben fließen lassen kannst. Du lässt dich vom Strom deines Lebens tragen, in dem tiefen Wissen, dass alles in Ordnung und für dich gesorgt ist. Denn wenn du voller Vertrauen mit dir selbst verbunden bist, dich selbst fühlst und annimmst, werden automatisch die lichten Funken deines inneren Herzens nach außen reflektiert.

Es existiert dann kein bedrohliches oder gefährliches Außen mehr für dich. Alles, was du erlebst, erscheint sicher und liebevoll. Du bist zur rechten Zeit am richtigen Ort. Dieser Zustand basiert auf Vertrauen. Und nur in wahrem Vertrauen ist tatsächliche Hingabe möglich.

Wir nehmen dich an die Hand und versuchen, dir über die Worte ein Gefühl für den sanften Strom des Vertrauen und der Hingabe zu vermitteln.

Der Fluss des Lebens ist vergleichbar mit einem Wasser, das durch ein Flussbett fließt. Es trifft dort auf verschiedene Steine, doch das Wasser bewertet sie nicht als Hindernisse, sondern fließt mit Leichtigkeit über sie hinweg.

Und so betrachten wir die Begegnung des Wassers mit einem dieser Steine. Das Wasser berührt diesen Stein, und dieser weiß, dass ihm nichts geschehen kann. Denn das Wasser ist so unendlich sanft, es fließt über ihn hinweg, vielleicht nimmt es hier und da ein kleines Teilchen von ihm mit fort, aber das ist in Ordnung. Es ist der natürliche Wandel, der dort geschieht, ganz ohne Schmerz. Das Wasser formt den Stein immer wieder neu, denn nichts verbleibt ewig in demselben Zustand. Das Leben würde schal, es würde wie in einer dumpfen Pfütze einfach stehen bleiben.

Das Wasser fließt beständig und erneuert sich dabei. Es fließt, es verdunstet und steigt als Nebel auf, es kondensiert, regnet wie-

der herab und sinkt tief in die Erdschichten hinab. Dann fließt es gereinigt aus einer neuen Quelle wieder hervor.

So ist es in Ordnung, und der Stein vertraut dem Wasser. Und auch das Wasser vertraut dem Stein. Es gibt sich vollkommen hin. Das Wasser setzt keinerlei Widerstände gegen den Stein. Es versucht nicht, ihm auszuweichen, sondern voller Vertrauen lässt es sich auf den Stein zufließen und umfließt ihn dabei ganz von selbst. Es errichten sich keine Sperren im Wasser, kein Sträuben, keine Angst oder Gegenwehr. Das Wasser lässt sich einfach fließen.

Durch die Begegnung mit dem Stein entstehen vielleicht Strudel im Wasser oder kleine Stromschnellen. Aber das ist in Ordnung. Für das Wasser ist dieser Wandel in Ordnung. Es weiß, dass es durch den Stein nicht verletzt werden kann und gibt sich einfach hin. Es lässt sich fließen.

Spüre die Sanftheit dieses Flusses. Auf diese sanfte Weise möchte auch der Strom deines Lebens durch dich fließen. Der Fluss deines Lebens möchte weich und sanft durch dich fließen.

Stell dir vor, du stellst dich in ihn hinein und lässt ihn einfach fließen. Ganz sanft und weich. Du hast keine Angst, dass er auf dich zufließt.

Berühre mit deinen inneren Händen das Wasser des Flusses deines Lebens. Gib dich vertrauensvoll hin und lass ihn fließen.

Spüre und vertraue.

Pause

Auch der Stein vertraut dem Wasser. Er lässt sich berühren und erlaubt eine Veränderung durch das Wasser. So, wie das Wasser seine Strudel als Veränderung durch das Umfließen des Steins erlebt, erlebt auch der Stein eine Wandlung seiner Gestalt. Das Wasser formt ihn sanft und liebevoll immer wieder neu. Und der Stein vertraut und gibt sich ohne Gegenwehr dem Wasser hin. Denn alles, was geschieht, ist in Ordnung und dient der Lebendigkeit des Seins.

Und so kannst auch du dich vertrauensvoll wieder dem Fluss deines Lebens hingeben. Lehne das Leben nicht ab aus Angst, was es dir präsentieren könnte. Freue dich auf jeden Moment und betrachte ihn immer wieder neu. Die Ängste verringern sich, du nimmst dich und dein Leben an und kannst dich immer leichter fließen lassen. Mit jedem Erlebnis des Moments erschaffst du mehr Vertrauen, das deine Wurzeln und dein Sein wieder durchströmt. Dein Bauch füllt sich mit warmen Vertrauen, und du erlebst den wahren Moment.

Spüre, wie dich ein Gefühl des Vertrauens durchströmt.

Pause

Der Fluss deines Lebens ist sanft und weich, und du kannst dir vertrauen. Er bringt die Geschenke des Lebens zu dir, und du darfst sie annehmen. Nimm wahr, dass alle Möglichkeiten mit dem Fluss deines Lebens zu dir fließen. Weiche nicht aus, aus Angst, was wohl kommen möge.

Sei einfach, gerade jetzt, im Fluss deines Lebens präsent und betrachte die Möglichkeiten, die in ihm fließen. Sie leuchten als farbige Lichter und möchten dich mit wundervollen Erlebnissen und Begegnungen beschenken.

Betrachte sie und berühre sie mit deinen inneren Händen. Spüre die Liebe und Freude, die in ihnen schwingt.

Pause

Du fließt mit deinem Leben ohne Gegenwehr, und es wird sich verändern und immer mehr den wahren Kern deines Herzens spiegeln.

Vertraue und fließe mit dem Fluss deines Lebens.

Kapitel VI

Die Reise der Seele in die manifesten Schöpfungswelten

Und so ist das Hervortreten aus der Quelle in deinen Ursprung ein zutiefst freudiges Ereignis, denn es geschieht auf einem Höhepunkt deines Wunsches der Selbstentfaltung in deinem Sein.

Deine Loslösung von der Quelle ist ein sehr ekstatischer Moment und gleichzeitig ein Sprung in ein völlig unbekanntes Reich.

Die Ur-Trennung – Das Loslassen der Quelle

Wir sind hier, wir berühren dein Sein. Sanft werden alte Schleier beiseitegelegt und geben deinen Blick frei. Hast du nicht in all deinen Leben in Wahrheit immer nach deiner Erfüllung gesucht? Du möchtest lernen, die göttlichen Lichtreiche, dessen Qualitäten du tief verborgen im Kern deines göttlichen Seins mitgenommen hast, zu verwirklichen und sie in deiner erlebten Realität erscheinen zu lassen.

Doch so anders als in den göttlichen Lichtreichen waren die Bedingungen in der „manifesten Schöpfungswelt", der „Ausschüttungswelt", in der du dich nun nach der Loslösung von der innersten Quelle wiedergefunden hast. Du musstest dich zunächst vollkommen neu orientieren, und es waren nicht viele Seelen dort, die den Weg schon ein Stück vorausgegangen waren. Nachdem sie die innersten Quellebenen verlassen hatten und sich nun in einem völlig veränderten Bewusstseinszustand erfuhren, machten sich einige mutige Seelen sogleich auf den Weg der Erkundung.

Es war keine Quelle mehr spürbar, die Halt und Geborgenheit gab. Es war wie eine Ausschüttung in eine zunächst chaotisch erscheinende Ebene, in der alles Gewohnte und Bekannte verschwunden schien. Dein Innerstes hatte sich praktisch nach außen gekehrt. Du gingst durch eine innere und äußere Veränderung, die dich in sämtliche Teilchen deines Seins aufzuspalten schien.

An diesem Punkt geschah der tiefste Schmerz der ursprünglichen Trennung von der göttlichen Quelle. Du fühltest dich regelrecht zersplittert.

Es entstanden unterschiedliche Empfindungen der Ur-Trennung in den verschiedenen Seelen. Bei manchen Seelen überwog der Eindruck von Einsamkeit, bei anderen Hilflosigkeit oder auch Verlorenheit, Verwirrung, Überforderung, und es kam ein Gefühl auf, vielleicht etwas falsch gemacht zu haben. Wieder andere hatten den Eindruck, nicht gut genug zu sein oder entwickelten Ängste vor einer vermeintlichen Bedeutungslosigkeit. Die Seelen vergaßen, dass ihre Loslösung eigentlich ein ganz natürlicher Prozess war, und manche meinten, sie wären vielleicht aus eigener Schuld verstoßen worden.

Die Erfahrung der Ur-Trennung durch das Verlassen der göttlichen Lichtreiche rief neben dem Eindruck der Zersplitterung noch viele andere unterschiedliche Empfindungen und Ängste hervor. Doch es war keine Zerrissenheit, die hier erfolgte, sondern vielmehr ein neues Wahrnehmen all der Potenziale, die zuvor in deinem Sein eingebettet waren und nun in eine äußere Realität oder Reflexion hineingegeben wurden.

Als du noch ganz in die göttlichen Lichtreiche eingebettet warst, existierten dort auch die unendlichen Potenziale. Sie waren dort eher wie ein Teil deines Wesens und noch nicht getrennt von dir. Du konntest sie nicht auf dieselbe Art und Weise erleben, wie du es jetzt in einer Verkörperung vermagst. Um dieses Erleben möglich zu machen, erfolgte mit deiner Loslösung von den innersten Lichtreichen eine Art Umstülpung deines Bewusstseinszustands. Es schien, als sei alles Innere jetzt nach außen gekehrt. Deine Position wechselte vom reinen Sein zum direkt Erleben.

Du spürtest eine Art Verlassen der Quelle, doch was du in Wahrheit erlebtest, war eine Reflektion der innersten Quellebenen nach außen, sodass du die Potenziale nun in einem Körper betreten, erleben und auf einzigartige Weise erkunden konntest.

Alles, was vorher in einem komprimierten Zustand vorhanden war, expandierte nun weit um dich herum und begann Räume und Welten zu erschaffen, und dein Bewusstsein formte sie mit. Dein Bewusstsein öffnete Räume, die du für dich und andere erfahrbar machen konntest. Du begannst sie zu erleben und in diesen neuen Welten zu sein.

Reise in den Kosmos – Die Ebene der Gedanken

Und so ist das Hervortreten aus der Quelle in deinen Ursprung ein freudiges Ereignis, denn es geschieht auf einem Höhepunkt deines Wunsches der Selbstentfaltung in deinem Sein. Deine Loslösung von der Quelle war ein sehr ekstatischer Moment und gleichzeitig ein Sprung in ein völlig unbekanntes Reich.

Du hattest keinerlei Vorstellung, wie es sich anfühlen würde, wenn sich alles, was du vorher in dir wahrnehmen konntest, nun plötzlich nach außen kehrt. Wie würde es sein, all die möglichen Potenziale nun als vermeintlich außerhalb von dir selbst zu erfahren?

Die noch ungeformten und unerfahrenen Potenziale stellten sich zunächst als weiter, scheinbar leerer Raum dar. Und doch war er keinesfalls unerfüllt. Er war auch nicht wirklich leer, sondern angefüllt mit Möglichkeiten, die noch entdeckt und erlebt werden wollten.

Trotz alledem war es ein erster Schock für die Seele, die Quelle praktisch als außerhalb von sich selbst zu erfahren. Zunächst orientierungslos und vermeintlich getrennt, entstand der Schock der Ur-Trennung, der in jeder Seele einen tiefen Eindruck hinterließ.

So gab es einige Seelen, die zunächst in diesem Schock erstarrten, und andere, die noch die unbändige Freude an Erfahrungen in ihrem göttlichen Kern spürten und die es zu einem Erforschen des neuen Raums hinzog.

Zuvor eingebettet in die völlige Einheit der Lichtreiche, in der alles stets erfüllt war, begannen sich nun auf dieser neuen Ebene so etwas wie erste Gedanken zu formen. Hier waren alle Potenziale zwar vorhanden, aber zunächst noch unerfüllt. Sie waren noch nicht geöffnet, noch nicht erlebt. Und so bedurfte es Wellen von reiner Absicht, um die Potenziale zu öffnen und sie in dem neuen Raum zu erleben.

Aus diesen Wellen erster Absicht kristallisierte sich etwas heraus, das wir heute Gedanken nennen würden. Diese ersten hochschwingenden Ebenen der Gedanken sind jedoch ganz anders als momentan auf der Erde, sie sind sehr hoch und fein in ihrer Frequenz. Sie kennen keine Manipulation, denn auf dieser Ebene dienen sie rein dem schöpferischen Prinzip.

In diesem weiten Raum war Energie vorhanden, sie konnte durch die Absicht des Bewusstseins gelenkt werden, um Schöpfungen zu manifestieren.

Die Energie entstand ebenfalls auf dem Höhepunkt der Verdichtung des göttlichen Bewusstseins, an dem auch die Seelen in den neuen Raum hineingegeben wurden. Sie entstand während der Ausschüttung der Seelen in dem zunächst leer erscheinenden Raum und existierte fortan ebenfalls in ihm.

Es existierten nun die Seelen in dem neuen Raum, mit all den Potenzialen und Energien. Ein Beginn, um neue Welten zu erschaffen und der Seele in ihnen einen Ausdruck zu geben.

So erschuf sich eine erste Ebene des Ausdrucks, die wir hier die kosmische Ebene der Existenz nennen möchten. Sie ist zunächst eher formlos, alles schwingt auf einer sehr hohen, fein und schnell vibrierenden Frequenz. Alle Schwingung vibriert noch fast so fein und schnell wie die innersten Quellimpulse, die sich in den göttlichen Kern der Seelen eingebettet haben.

Auf der kosmischen Ebene existieren hohe, paradiesische Himmelswelten, die hier ausgeformt wurden. Sie sind durchdrungen von feinster Lichtenergie. Hier wurden unter anderem auch Erfahrungen der Seele mit Klängen und Farben gesammelt. Die ersten Dimensionen hier bestanden aus zarten, himmlischen Klängen, feinen Farben und feinstofflichen Formen, so zart wie der Hauch eines Schleiers.

Und auf dieser Ebene formten sich nun erste Vibrationen von Gedanken, denn die innere Absicht der Seele kam auf diese Weise in eine Ausdrucksform.

Die Gedankenschwingungen waren zutiefst mit dem göttlichen Kern, der späteren Ebene des Herzens, verbunden, und beide wirkten unablässig zusammen. Zusammen ergaben sie eine Absicht, die die Energien zu bewegen begann, die ihnen eine Richtung und eine Bestimmung gab. Aus dieser Absicht und Wahl der Seelen entstanden Welten der Liebe, nah verbunden mit der Göttlichkeit.

Entstehung der Seelenverbände

Zunächst blickten die Seelen, die aus der Quelle hervorgetreten waren, in den unendlich erscheinenden Kosmos hinein. Hier waren zunächst keine bestimmten Formen zu erkennen. Alles erschien formlos. Es fehlte zunächst die Orientierung, die die Seelen in diesem Raum erst wiedererlangen mussten.

Noch formlos glitt das Bewusstsein der Seelen durch die Weite des Kosmos. Es waren noch keine Planeten, Galaxien oder Formen sichtbar, denn sie waren noch nicht erschaffen. Ihr göttliches Potenzial war vorhanden, doch waren sie noch nicht verwirklicht.

Die Seelen erkundeten die Weite des Seins, es war ein sanftes Gleiten durch eine Ebene reiner Existenz. Eine erste Wahrnehmung der eigenen Existenz entstand. Die Seelen erkundeten die Weite des Seins und des Kosmos.

Auf dieser Ebene hast du dich zunächst allein gefühlt. Nichts außer dir schien hier und die tiefe Geborgenheit innerhalb der göttlichen Quelle abhandengekommen zu sein. Doch außer dir fanden sich hier auch viele andere Seelen wieder, denn du bist nicht allein aus der Quelle hervorgegangen.

Es war eine riesige Seelengruppe, die in einer Emanation aus der göttlichen Quelle hervortrat, weil es an der Zeit war und sie den Impuls der eigenen Entfaltung zur völligen Reife gebracht hatten. Und du bist eine dieser Seelen.

Während du dich nach dem Loslassen der Quelle nun zunächst in diesem weiten Raum des Kosmos wiederfandst, erlebtest du die Begegnung mit einer anderen Seele, die ebenfalls hier verweilte. Als du dich ein wenig von dem Schock der Trennung und der Loslösung von der Quelle erholt hattest, wurdest du fähig, andere Seelen in diesem Raum wahrzunehmen. Du erfuhrst eine erste intensive Begegnung.

Innere Freude und Erleichterung regten sich, denn du warst nun nicht mehr allein. Eine andere Seele kreuzte deinen Weg, und eure beiden Existenzen begegneten sich auf eine bisher noch nicht erlebte Weise. Du erlebtest zum ersten Mal eine Begegnung mit einer anderen Seele in einem völlig neuen Bewusstseinszustand.

Es wurde möglich zu erfahren, wie sich eine Verbindung von nur zwei Seelen anfühlte und wie sie sich entwickeln könnte, denn innerhalb der göttlichen Lichtreiche warst du in einem ständigen Zustand der vollkommenen Verbundenheit mit allem. Es konnte keine Separation auf dieselbe Weise erlebt werden wie hier. So war das ein besonderer Moment, und du machtest die Erfahrung, dass es sich anders anfühlte als jemals zuvor.

In dem Moment eurer Begegnung geschah etwas Wunderschönes: Zwei Seelen berührten sich und erschufen gemeinsam ein ganz neues Feld.

Zu zweit fühlte es sich anders an als allein, ein anderes Erleben wurde möglich. Und bald kam noch eine Seele hinzu und eine weitere. Mit jedem Neuankömmling veränderte sich die Energie der Gruppe und des Erlebens. So bildeten sich nach und nach Verbände von Seelen, die meistens in dieser Konstellation dann auch zusammen blieben. Alle gaben sich gegenseitig Halt und Orientierung in diesem ungewohnten neuen Zustand.

Die große Seelengruppe, die sich zuvor in einer Emanation aus der göttlichen Quelle gelöst hatte, teilte sich nun in kleinere Gruppen auf, die wir hier Seelenverbände nennen möchten.

Der innere Klang

Tief in eurem Herzen konntet ihr Klänge spüren, die ihr innerhalb eures Wesenskerns mitgenommen hattet. Jeder göttliche Kern einer Seele enthielt einen anderen Klang. Obgleich alle in derselben Quelle geboren und aus ihr hervorgegangen, trugt ihr doch eine unvergleichliche Individualität von Beginn an in euch, und so sang jeder göttliche Kern seinen ganz eigenen wunderschönen Gesang der Göttlichkeit.

Diese Klänge öffneten Frequenzbänder im endlos erscheinenden Raum. Dort, wo es vorher wie eine unendliche Schwärze des Nichts erschien, an einem Punkt, an dem noch nichts eine Form angenommen hatte, wurden nun erste Arten von Ebenen sichtbar. Sie leuchteten wie helle Korridore in der angenehmen, warmen Dunkelheit. Der Klang brachte Farben hervor, und die Seelen erschufen Ebenen, die nun erste Farben und wolkenartige Strukturen erhielten.

Es war eine besondere Erfahrung der Farbe und der ersten feinen Formen. Ihr erlebtet, wie sich die Farben anfühlten und wie es war, darin zu baden.

Ihr wart vollkommen durchdrungen vom Klang, und es war zunächst fast der einzige Inhalt eures Seins. Zudem erfuhrt ihr durch die Verbindung mit anderen Seelen, wie ihr weitere Arten von Dimensionen erschaffen konntet. Zwei oder mehrere Seelen in einer Gruppe brachten andere Farben und Kompositionen hervor als eine einzelne Seele.

Der Klang eures Herzenskerns wurde um euch herum sicht- und erlebbar. Die feinsten Melodien tanzten in euch und schwebten durch den Raum. Der eigene göttliche Klang begegnete den wundervollen Klängen anderer Seelen. Die Melodie mehrerer Seelen zusammen wurde wie eine wunderschöne Symphonie erlebt. Eine gemeinschaftliche Komposition entstand, und jede Zusammenstellung war eine neue Überraschung. Niemand wusste, wie das Ergebnis aussehen würde, bis es einfach erlebt wurde.

Mit voranschreitender Erfahrung entstanden Landschaften aus Klängen und Farben. Reine Klangwelten wurden erschaffen, reine Farbwelten und ebenso gelungene Kompositionen aus beiden Bestandteilen.

Die Klangwelten gestalteten sich wie wunderschöne Landschaften. Manche Klänge erschufen Anhöhen, andere wiederum Ausformungen wie Täler. Auf den Klangflächen tanzten Rhythmen und belebten die Flächen wie Blumen eine Wiese. Dein Wesen konnte hier hindurchgleiten, die Klangformen beobachten, und ebenso wurdest du vollständig von Klängen durchdrungen. Du konntest auswählen, welcher Klangteppich dich durchströmen sollte und so sehr damit verschmelzen, dass du dich selbst als Klang erlebtest. Dein ganzes Wesen schwang mit den Klangvibrationen und schwebte im Raum.

Jede Art der Entfaltung war die Öffnung eines Potenzials aus deinem göttlichen Kern, und mit jeder neuen Erfahrung öffneten sich neue Potenziale. Ihr bekamt Freude am Erschaffen der neuen Welten, und so entwickeltet ihr euch.

Welten aus Farben

Unglaublich schöne und berauschende Welten aus Farben entstanden. Farben und Klänge waren euch von Beginn an sehr nah, denn sie vermögen es, direkt den göttlichen Kern zu berühren. Deinem tiefsten göttlichen Wesen sind Klang und Farbe sehr nah.

Die Farbwelten sind schwierig zu beschreiben, sie kreieren keine flächigen Landschaften wie die Klänge, sondern eher vielschichtige Räume mit unterschiedlichen Dimensionen.

Jede Farbfacette öffnet hinter sich zahlreiche Schattierungen, wovon jede einzelne eine eigene Dimension darstellt. Die Klänge enthalten auch verschiedene Ebenen, doch haben sie eher die Tendenz, sich auszubreiten und neue Klangteppiche zu weben. Sie breiten sich in alle nur erdenklichen Richtungen aus.

Bei den Farben öffnen sich die Welten eher in die Tiefe des Raums, wenn wir es so beschreiben möchten. Die Seelen erschufen unglaublich filigrane Gebilde aus Farben. Es waren meisterliche Kompositionen, in die man praktisch hineingehen und sie wie eine Geschichte oder Reise erleben konnte.

Viele eurer berühmten Maler haben einen Zugang zu diesen Welten mit auf die Erde gebracht. Sie erträumten ihre Besuche in den reinen Farbebenen und versuchten, Teile ihrer Inhalte auf die irdischen Leinwände zu malen. Das war oft ein sehr heikles und schwieriges Unterfangen, denn diese ursprüngliche Ebene des Seins ist eurem Bewusstsein zwar sehr vertraut, aber gleichzeitig auch anders als euer derzeit auf die Erde fokussiertes Bewusstsein.

Manche dieser Maler befanden sich auf einem sehr schmalen Grat zwischen innerer Balance und Verrücktheit, denn ihr von der Erdschwingung befangenes Bewusstsein musste die großen Unterschiede zwischen den beiden Welten bewältigen. Es war sehr schwierig, diese Zugänge mit dem menschlichen Bewusstsein kompatibel zu leben.

Die Farbwelten können am ehesten als sehr berauschend beschrieben werden, denn man kann sich ohne gute Zentrierung regelrecht in ihnen verlieren. Sie erscheinen sehr verlockend und regen an, immer wieder neue Potenziale und Welten zu öffnen. Klänge haben eine ausgleichende Wirkung, sie erschaffen eher eine Basis zur weiteren Entfaltung.

Ebenso wie mit einem Klang, kann man auch mit einer Farbe verschmelzen und ganz in ihr aufgehen. Jede Farbe vermittelt ein anderes Gefühl und regt verschiedene Potenziale an. Man kann in ihnen verweilen und wieder vollkommen neue Wege beschreiten.

Alle Entfaltungen auf der ursprünglichen kosmischen Ebene geschehen fließend. Es geschieht in wenigen Momenten, und doch in einem sehr langen Zeitraum der Erfahrung. An dieser Stelle gibt es noch keine Zeit wie im irdischen Rahmen, sondern vielmehr eine Abfolge von Erleben, die dennoch in eine Gleichzeitigkeit eingebettet ist.

Die Seelen können sich in diesem Zustand vorwärts, rückwärts und in alle anderen Richtungen frei bewegen. Befindet man sich in diesen Kreationen im Kosmos, kann man sich frei darin fließen lassen, ihren Aufbau und ihre Veränderung erleben und ebenso durch eine Absicht wieder zu einem bestimmten Punkt der Entstehung und des Verlaufs zurückkehren. Alle Bewegungen und Richtungen sind möglich.

Hohe Lichtwelten im Kosmos – Die Ur-Planeten

Zu irgendeinem Zeitpunkt der Entwicklung wurden die Absichten der Seelen konkreter. Das Bewusstsein begann, Strukturen von größerer Verdichtung zu erschaffen. Man könnte es am ehesten damit vergleichen, dass die Absichten zielgerichteter wurden und mehr Energie kumulierten.

Irgendwann wurde ein Punkt erreicht, an dem eine solche Verdichtung geschah, dass sich eine Art stabiler Raum bildete. In diesem stabilen Raum entstanden erste konkretere Formen von einem Zuhause, die wir hier Ur-Planeten nennen möchten. Auf ihrer Basis entwickelten sich später die Galaxien mit ihren einzelnen Planeten und Sternen.

Die Ur-Planeten sind riesige ausgedehnte Lichtwelten. Sie existieren auf einem ursprünglichen Frequenzband im Universum und gehören zur feinstofflichen Welt. Dort existieren die Seelen in einem engelhaften Zustand. Die Ur-Planeten sind hohe Lichtwelten und eine Art Verbindungspunkt zwischen den innersten Lichtreichen der Quelle und den sich unterhalb dieser Frequenzen ausformenden Schöpfungswelten. Von da an ist eine große Erfahrungsspanne bis zur Erschaffung fester Materie vergangen. Man könnte sagen, dass die feste Materie das eher jüngere Ergebnis der Schöpfung innerhalb des Universums ist.

Formen sind sowohl in den feinstofflichen Bereichen existent, wie sich auch Formen aus fester Materie bilden können. Wenn du in das von der Erde aus gewohnte Universum blickst, siehst du viele Planeten und Sterne, und diese sind allesamt materielle Ausformungen. Deine physischen Augen können sie sehen, denn dein biologischer Körper schwingt ebenfalls auf der Ebene der Materie.

Doch ebenso gibt es viele Formen und Orte, die nur auf den feinstofflichen Ebenen der Schöpfung existieren und nur für deine meditative Wahrnehmung sichtbar werden. Es gibt unzählige Seelen, die in feinstofflich schwingenden Körpern inkarniert sind und für dein physisches Auge im Allgemeinen unsichtbar bleiben, da sie auf einer anderen Ebene des Seins schwingen.

Deine physischen Augen erblicken auch kein materiell ausgeformtes Leben auf anderen Planeten in der Nähe der Erde. Sehr viele dieser Planeten sind von Seelen bevölkert, jedoch sind diese in feinstofflichen Körpern inkarniert.

Die feinstofflichen Ebenen ihrer Welten sind ebenfalls verschieden zu den für dich sichtbaren Planetenkörper im Universum. Dort existiert viel mehr Leben als in den materiellen Welten. Die feinstoffliche Schöpfung ist um ein Vielfaches größer als die feststoffliche.

Da Zeit und Raum auch nur ein Produkt deiner Wahrnehmung und abhängig von deinem Fokus sind, teilen sich zudem viele Seelen praktisch denselben Raum. Sie existieren auf verschiedenen Frequenzbändern in der Schöpfung. Diese Frequenzbänder teilen sich denselben Raum und ermöglichen gleichzeitig auf jedem einzelnen Band einen völlig anderen Lebensraum. Es ist mit euren verschiedenen Radiowellen vergleichbar.

Wenn du gelernt hast, deine medialen Empfangskanäle auf ein bestimmtes Frequenzband, wie die Existenzebene der Naturwesen oder auch die galaktische Ebene, einzustimmen, kannst du einen bewussten Kontakt zu dieser Welt herstellen und dich mit den dort lebenden Wesen austauschen.

Medial trainierte Menschen können ihr Bewusstsein viel weiter ausdehnen als ein untrainierter Mensch und auf diese Weise einige oder auch viele dieser unterschiedlichen Frequenzbänder mit den darauf schwingenden Ausdrucksformen der Seelen wahrnehmen.

Jeder Mensch hat zudem andere, spezielle Zugänge, die durch eigene Inkarnationen in den jeweiligen Welten und natürlich auch durch Übung verstärkt werden können. Die Seelen waren in den unterschiedlichen Planetensystemen inkarniert oder auch in den Ebenen der Naturwesen. Manche Menschen haben sich einen guten Zugang zu diesen Inkarnationen erhalten, wodurch es ihnen leichter fällt, diese Welten wahrzunehmen.

So sind manche sehr gut darin, das Leben auf der Venus wahrzunehmen, andere das auf dem Saturn, wieder andere die hohen engelhaften Existenzebenen der Seelen, weitere die Welten der Naturwesen und vieles mehr. Einige Menschen habe ihre medialen Zugänge bereits in Vorleben trainiert und viele Leben in Priesterämtern, als Heiler, Orakel, Seher oder Berater verbracht.

Alle Menschen sind zu natürlichen medialen Wahrnehmungen über innere Bilder, Botschaften, Wissen oder Gefühle fähig. Doch meistens sind sie ungeübt und haben sich in ihrem jetzigen Leben noch nicht damit beschäftigt.

Ist der Mensch wieder dazu bereit, wird der Wunsch nach Medialität wieder an die Oberfläche des Bewusstseins kommen und sich erfüllen lassen.

Viele der feststofflichen Planeten des Universums beherbergen ein feinstoffliches Frequenzband von Leben, und so sind sie auf eine andere Weise bevölkert, als du vielleicht erwartet hast. Auch auf der Erde gibt es eine riesige Anzahl liebevoller Wesen, die in einem unsichtbaren feinstofflichen Frequenzbereich auf eurer Erde existieren und die natürlichen Kreisläufe der Natur auf der Erde unterstützen.

Es sind eure Naturwesen, die Elfen, Faune, Feen, Einhörner, Zwerge, Gnome, Trolle, Nymphen, Sylphen, wie auch viele euch noch unbekannte Arten. Auch Engelwesen in Form von Landschafts-Devas betreuen die Natur. Sie allesamt existieren in feinstofflichen Körpern und bleiben ebenfalls für das menschliche Auge verborgen. Dennoch sind sie existent und teilen sich die Erde mit euch. Ohne sie könnte sich die Natur auf der Erde an dem momentanen Entwicklungspunkt nicht entfalten und euch mit Nahrung, Sauerstoff und Wasser versorgen.

Es ist wichtig, dass dieses in das Bewusstsein der Menschen zurückkehrt und sich das Ausbeuten und der Missbrauch der Tiere und der Natur durch den Menschen in ein achtsames und liebevolles Miteinander wandeln kann, so, wie es in den Anfängen der Menschheitsgeschichte der Fall war.

Die Naturwesen sind sich dessen bewusst und warten geduldig und voller Liebe im Herzen darauf, dass sich die Menschen wieder für sie öffnen. Sie begleiten und unterstützen alle Vorgänge in der Natur.

Diese zauberhaften Seelen können euch Menschen wahrnehmen und sehen, doch umgekehrt ist das eher seltener der Fall. Ein Mensch kann die Existenzebene der Naturwesen durch sein Einfühlungsvermögen spüren oder sie auf eine mediale Art in Form von inneren Bildern und Botschaften wahrnehmen. Es wird jedoch noch Entwicklung und Bewusstseinserhöhung benötigen, bevor ihr sie wieder mit euren physischen Augen erblicken könnt.

Die ersten Ur-Planeten boten und bieten ein schönes Zuhause. Alles hier ist licht und ursprünglich. Sie sind erfüllt vom reinen göttlichen Klang, der immer neue Formen und Farben hervorbringt. Die Seelen haben sich hier als Seelenverbände gruppiert und die Ur-Planeten als ihr neues Zuhause erschaffen.

Es gab und gibt viele Ur-Planeten in den höchsten Lichtwelten. Die Seelenverbände erschufen sich einen Anlaufpunkt, an dem sie sich orientieren, andere Seelen treffen und sich mit ihnen austauschen konnten. Interessen formten sich heraus, gemeinsame Schöpfungen wurden ausprobiert und umgesetzt.

Es gibt dort keine festen Häuser wie im irdischen Sinn, aber durchaus ähnliche energetische Gebilde, die die Seelen für sich selbst erschufen, um sich geborgen zu fühlen. Es sind mehr oder weniger große Konstruktionen aus Farben, aus sanft schwebenden und wogenden Strukturen und Klängen. Manche stellen sich in einer Art Wellenform dar und andere in Formen, die eher verschlungenen Pfaden gleichen. Manche sind kugelrund, andere flach und kreisförmig, mehr oder weniger bunt. Jede Seele kreierte es sich so, wie sie sich wohl und am besten aufgehoben fühlte.

Mit der Zeit wurden auch gemeinschaftliche Plätze auf den Ur-Planeten erschaffen. Das eigene Zuhause konnte konstant in einer Form erhalten bleiben wie auch nach Belieben verändert werden.

Die Gemeinschaftsplätze unterlagen mit der fortschreitenden Erfahrung eher stabileren Ausformungen. Sie wurden nicht mehr so oft verändert, es wurde vielmehr eine Vielzahl erschaffen, um allen Wünschen und Vorstellungen Ausdruck zu geben. Beständige Gemeinschaftsplätze entstanden, die von allen Seelen besucht werden konnten. Man könnte es ein wenig mit den Parkanlagen in den irdischen Städten vergleichen, die für alle Stadtbewohner und auch für Besucher von außerhalb zugänglich sind.

Und so erkundeten die Seelen diese erste kosmische Ebene nach ihrem Verlassen der göttlichen Quelle in den äußeren Schöpfungswelten.

Wir haben die ersten Ausformungen der hohen Lichtwelten Ur-Planeten genannt, damit es in deiner Vorstellung besser wahrgenommen werden kann. In der Tat sind diese Ur-Planeten die Vorläufer der späteren Galaxien und Planetenausformungen. Sie sind eine Kreation des Bewusstseins, entstanden durch den Wunsch, sich zu zentrieren und eine Art Bezugspunkt in der noch unerforschten Ausdehnung des Kosmos zu erhalten.

Der warme, dunkle Raum, der sich nach dem Austritt aus der Quelle eröffnete, ist kein Nichts, er ist vielmehr eine äußere Ausdrucksform der noch nicht entfalteten Potenziale. Seine Dunkelheit ist wärmend und einladend und ein Ausdruck der ruhenden Potenziale. Die Potenziale der göttlichen Quelle spiegeln sich auf allen Ebenen der Existenz wider, und die Seelen leben in den sich immer weiter ausdehnenden Schöpfungsräumen. Somit existiert kein Wesen jemals wirklich außerhalb der göttlichen Quelle.

Durch die Ur-Trennung können die unendlichen Potenziale der göttlichen Quelle auf einzigartige Weise erlebt werden. Diese Erfahrungen tragen dazu bei, sich der eigenen inneren Quelle, des göttlichen Kerns, bewusst zu werden, ihn zu nutzen und auf diese

Weise selbst zu einem bewussten Schöpfer zu werden.

Die göttliche Quelle existiert weiter im göttlichen Kern des Menschen, wie auch auf allen äußerlich erschaffenen Ebenen und in allen Dimensionen. Sie bleibt immer Bezugspunkt und konstante Wirklichkeit.

Was sich durch die Ausschüttung aus der Quelle tatsächlich verändert, ist deine gesamte Wahrnehmung, auch die der Potenziale. Erst durch diese Ausschüttung wird es dir möglich, dein eigenes Sein und die Schöpfungsmöglichkeiten am eigenen Leib zu erfahren. Erst hier können Schöpfungen und Beziehungen zu anderen Seelen in einer Wahrnehmung von Abfolgen in allen Einzelheiten erlebt werden.

Deine Individualität wird dir bereits bei deiner Geburt in der göttlichen Quelle geschenkt. Im weiteren Schritt des Verlassens der innersten Quellreiche, der Ur-Trennung, verändert sich deine Wahrnehmung, und du kannst erstmals Schöpfungswelten als außerhalb von dir existierend wahrnehmen.

Ein kleines Menschenkind sollte nicht ständig an der haltenden Hand der Eltern geführt werden, sonst würde es niemals selbst laufen lernen, und so ist es auch mit der Loslösung der Seelen von der Quelle. Deine Seele bleibt immer ein Teil der göttlichen Vater-Mutter-Quelle, und gleichzeitig kannst du selbst erschaffene Leben erfahren. Die Quelle hat jeder Seele dafür jegliche Freiheit und Erlaubnis geschenkt. Hier herrscht keine Einschränkung.

Die Ur-Planeten sind höchste Lichtwelten, sehr fließend und fein in ihrem Zustand. Sie sind eine Art erste Kumulation von Bewusstsein in einem neuen, äußeren Raum. Die hier erlebten Zustände sind den innersten Lichtreichen der Quelle am nächsten. Alle Seelen existieren hier in ihrem ursprünglichen engelhaften Zustand. Die hohen Lichtwelten sind paradiesisch schön und schwingen in völliger Harmonie.

Auf deinem Weg der Rückverbindung zur göttlichen Quelle kommst du an ihnen vorbei, und sie werden sich für dich verändern, denn auch dein Bewusstsein hat sich auf deiner Reise verändert. Du wirst hier andere Seelen inspirieren können, wenn du es wünschst, und dir werden viel mehr Möglichkeiten als jemals zuvor offenstehen, denn du hast dein Bewusstsein um ein Vielfaches erweitert.

In den hohen Lichtwelten der Ur-Planeten existieren noch keine speziellen Körperformen, hier befindest du dich in einem reinen Ausdruck deiner Seele, ohne bindende Formen. Du kannst hier in einer Form sein oder auch nicht.

In dem ursprünglichen Zustand deiner Seele bist du selbst ein Engelwesen, und auf der Ebene dieser hohen Lichtwelten existieren noch keine Formen der Inkarnation. Diese geschehen erst in den verdichteten Schöpfungen der Galaxien. Erst hier wurden fein- oder feststoffliche Körperformen erschaffen, mit denen sich die Seele nur durch den Prozess einer Inkarnation wirklich vollständig verbinden konnte.

Du kannst in deinem jetzigen Leben auf der Erde über die Öffnung deiner höheren Chakrenebenen dein Bewusstsein wieder in diese hohen Schöpfungsräume ausdehnen und Einblicke in die kosmischen Lichtwelten oder die galaktischen Ebenen erfahren. Hier findest du Zugang zu deinen sämtlichen Existenzen auf diesen Ebenen. Sie sind multidimensional und jenseits der Zeit.

Im Zuge deines Aufstiegsprozesses werden sich die Bewusstseinsebenen der höheren Chakren und auch deiner Erdchakren schrittweise wieder integrieren, und du kannst dir ihrer wieder bewusst werden.

Dein bisher höchst übergeordnetes Chakra ist der Quellpunkt der ekstatischen Ausschüttung in deine eigene Schöpferkraft. Hierüber bist du mit der innersten göttlichen Quelle verbunden. Du existierst in ihr und durch sie, jedoch mit deinem Aufstieg als ein selbstbewusster Schöpfer. Du bist gleichzeitig innen wie außen. Von diesem Moment an stehen dir alle Richtungen offen, du bist frei und unabhängig.

Geschichte der Maria Magdalena: Jeshua und die Tierwelt

Das göttliche Auge sah keinerlei Fehler in den Landschaften, Menschen oder Tieren.

Alles wurde als vollkommen erkannt, egal, welcher Natur es auch war.

Auch wenn der Mensch die Landschaft als karg beschreiben würde, so erstrahlte sie in SEINER Präsenz doch in einem vollkommenen Licht, das ALLES beinhaltete.

Und so kamen wir eines Tages an einen kleinen Brunnen, und ich liebte das Wasser. Jegliches Wasser hatte für mich schon immer eine große Bedeutung, denn es entspricht dem Fluss der Welten. Es beschreibt den Fluss der Seele und des Lebens, schenkt Leben auf diesem Planeten und ist ein wundervolles Element. Wasser war in meinem Leben als Maria Magdalena in Form eines kleinen Flusses eine ganze Weile mein bester Freund, und so bedeuteten auch Brunnen und Quellen für mich immer ein Stück Geborgenheit, Freude und Erquickung.

Jeshua erfrischte sich mit mir zusammen an diesem Brunnen. Er empfand stets eine große Verbundenheit mit den Dingen, die von den Menschen oft als unwichtig und selbstverständlich empfunden wurden. Er wusste, dass der Brunnen keineswegs selbstverständlich war, und seine tiefe Dankbarkeit reichte bis auf die Ebene seiner göttlichen Essenz. In seiner Ausstrahlung wurde spürbar, dass er im Kontakt mit dem Wasser eine starke Verbindung mit der göttlichen Quelle spürte und sich in einer tiefen Dankbarkeit befand.

Er musste nicht bewusst dankbar sein. Die Dankbarkeit erscheint von selbst, wenn man die Verbindung zu der wahren Essenz der Dinge wieder zu spüren beginnt. Sie ist eher eine große Freude, die Wunder der Schöpfung erleben zu können.

Mich berührte das immer wieder sehr. Ich entfaltete mein Meisterselbst erst einige Zeit später und war in meinem menschlichen Bewusstsein immer wieder bewegt und zutiefst berührt, diese besondere Ausstrahlung und Verbindung zur Quelle durch Jeshua spüren zu können.

Es gab mir so viel, ihn einfach dabei zu beobachten, wie achtsam und dankbar er das Wasser genoss und wie starke Gefühle tiefer Liebe wie bunte Schmetterlinge seinem Herzen entsprangen, sodass es die ganze Umgebung erfüllte und berührte. Die Schmetterlinge der reinen Seelengefühle tanzten und glitzerten in diesem vollkommenen Moment. Er war in diesem Augenblick eins mit dem Moment, mit dem Hier und Jetzt, und strahlte die göttliche Verbindung vollkommen aus. Es war, als könnte man durch ihn direkt in die göttliche Quelle blicken. Alles war erfüllt und durchströmt von dem EINEN Bewusstsein und Licht. Wahrhaftig heilige und besondere Momente.

Wenn es so stark spürbar war, erschienen mir die Momente sehr langezogen, wie eine verlangsamte Zeit. Der eine Moment dehnte sich aus und beinhaltete seinen ganz eigenen, göttlichen Zauber. Eine eigene Welt öffnete sich um IHN herum, und doch war sie viel realer als die bis dahin erlebte irdische Realität.

Wenn ER sich auf diese Weise ganz in seine göttliche Verwirklichung öffnete, erfuhr die Umgebung durch SEINE Ausstrahlung eine Veränderung voller Wunder. Im Vergleich zu der irdischen Realität erhob sich der Augenblick sofort auf eine höhere Ebene der Existenz. Die Landschaften, die ER berührte, bekamen einen märchenhaften, leuchtenden Ausdruck.

Man fühlte die wahre göttliche Schönheit der Landschaft, ihre Vollkommenheit, als würde man durch die Augen der göttlichen

Quelle selbst blicken. Hier erfuhr sich der Mensch Jeshua in vollkommener Verbindung mit der Quelle in einem vollkommenen Ausdruck seiner Göttlichkeit, und hier erfuhr sich auch die Quelle selbst durch den Menschen Jeshua.

Beide waren füreinander geöffnet und verbunden, vollkommen eins, und doch behielt die Seele ihre Individualität. Ein Zustand, wie ihn nur ein göttlich verwirklichter Mensch erleben kann. Hier existierte keinerlei Bewertung, sondern nur allerhöchste Schönheit.

Das göttliche Auge sah keine Fehler in den Landschaften, Menschen oder Tieren. Alles wurde als vollkommen erkannt, egal, welcher Natur es war. Auch wenn der Mensch die Landschaft als karg beschreiben würde, so erstrahlte sie in SEINER Präsenz doch in einem strahlenden Licht, das ALLES beinhaltete. Sie erschien nicht mehr karg, sondern in der Kargheit wurde eine ganz eigene Harmonie und Ordnung offenbar, die sogar einigen Pflanzen und Tieren einen Lebensraum gab. Dieser Zustand ist sehr schwer zu beschreiben, doch wenn man ihn selbst erfahren und fühlen kann, ist es unbeschreibliche Erfüllung und höchstes Glück.

Wie beschreibt man die göttliche Vollkommenheit eines Moments? Man kann sich annähern, doch du kannst die Erfahrung nur selbst fühlen und erleben. Erst dann weißt du wirklich, was es bedeutet.

Vielleicht kannst du dich über den Bewusstseinsraum dieser Zeilen mit hineinfühlen. Erlaube, allen auftauchenden, inneren Assoziationen und Gefühlen, da zu sein. Fühle und erlebe es mit.

Die Lichtverhältnisse veränderten sich, alles um ihn herum erschien strahlender, leuchtender und intensiver. Es war ein Tanz der Gefühle, die sich in die Göttlichkeit hinein öffneten und eine ungeahnte Intensität erfuhren. Tiefe Liebe und Begeisterung für die Schöpfung waren spürbar, und alle Pflanzen und Tiere erschienen in einem erhöhten Bewusstsein. Die erhöhte Schwingung war wie eine leichte Vibration in der Luft. Alles schwang in hoher Intensität.

Es war spürbar, dass alle Wesen zusammengehören und auf der Ebene ihrer Essenz miteinander verbunden sind. Es gab Gefühle von tiefer Gemeinschaft, Liebe, Erfüllung und Glückseligkeit in einer fast unbeschreiblichen Intensität.

In solchen Momenten tanzten meine Gefühle in höchster Freude, Erfüllung und Ausgewogenheit, ließen aber gleichzeitig eine Tiefe und Weite zu, die mit Worten kaum zu beschreiben sind. Meine Gefühle waren ausbalanciert und doch so intensiv, dass mein menschliches Selbst vorerst nur einen kleinen Teil davon aufnehmen und zulassen konnte, sonst hätte mich diese Begeisterung und Erfüllung förmlich in alle Winde zerspringen lassen.

Ich sah die Szenerie von außen, fühlte sie sehr intensiv, aber ich verschmolz nicht vollständig mit ihr, denn ich konnte damals die göttliche Verkörperung noch nicht ganz in meinen Körper und in mein Bewusstsein aufnehmen. Aus eigener Kraft, ohne Jeshua, hätte ich ein solches Erlebnis zu diesem Zeitpunkt noch nicht für mich erzeugen können.

Ein Teil von mir schwang mit diesem Erlebnis, denn in einem jedem Menschen liegt das Potenzial der göttlichen Verwirklichung. Alle haben diese Möglichkeit, nur haben sie sie bisher noch nicht angenommen.

So blieb ich Beobachter, konnte aber dennoch alles mitfühlen und auf diese Weise einen Teil davon miterleben. Ich war selbst noch nicht in dieser Verwirklichung, doch bekam ich einen intensiven Geschmack davon.

An diesem Tag an dem Brunnen bewegte sich ein kleiner Frosch auf Jeshua zu. Offenbar angezogen durch die besondere Ausstrahlung, die in der Luft lag, hüpfte er mutig und neugierig auf ihn zu. Unbefangen und voller Vertrauen näherte er sich und setzte sich zu ihm auf den Rand des Brunnens. Jeshua bemerkte ihn und sah ihn an, erfüllt von tiefer Herzensliebe.

ER blickte ihn an, als gäbe es keinerlei Unterschied zwischen ihnen, und das war die Wahrheit. ER nahm die Seele und den reinen göttlichen Kern des Frosches wahr und wusste, dass er sich nicht von der göttlichen Essenz der anderen Tiere oder Menschen unterschied. Auch dieser Frosch trug seinen ganz eigenen göttlichen Kern im Herzen, seine reine Essenz und Wahrheit. Auch er war ein Teil der Quelle, und auf dieser Ebene der Einheit gab es keinen Unterschied zwischen ihm und Jeshua. Sie beide erschienen in unterschiedlichen Körpern, doch im Kern der inneren Essenz gab es keinen Unterschied. Deshalb hatte der Frosch keine Angst vor ihm, obwohl es für die Frösche jener Zeit meistens besser war, sich von den Menschen fernzuhalten.

Mein Herz hätte in solchen Momenten entzweispringen können vor Rührung und dem Erkennen der Wahrheit. Auch ich konnte in jenem Augenblick fühlen, dass es die Wahrheit war. Zwar war ich noch nicht in der Lage, sie eigenständig zu erkennen, doch in SEINER Präsenz konnte ich es ganz leicht. Das Feld, das er ausstrahlte, die besondere Verbindung, in der er sich befand, war so offenbar, dass andere Menschen, die ihn in solchen Momenten umgaben, auch diese Wahrheit erkennen konnten. Was für ein gesegneter Augenblick. Ein Geschenk für jeden, der die tiefere Wahrheit der Existenz auf diese Weise fühlen und erleben darf.

So standen sie sich gegenüber. Auge in Auge. Herz in Herz. Seele in Seele. Eins in diesem besonderen Moment, eins in dem Erkennen, aus der Essenz derselben Quelle zu stammen, jedes Wesen auf seiner individuellen und besonderen Reise. Und hier begegneten sie sich, und es veränderte beide.

Der menschliche Teil in Jeshua öffnete sich dem Göttlichen, und auch der Frosch erkannte eine tiefere Wahrheit über sich selbst. Er war sich seiner selbst regelrecht bewusster geworden. Die Seelen gehen ihre Erfahrungswege, sie werden geprägt und verändert durch die unterschiedlichen Erlebnisse. Sie leben die Potenziale, und das verändert sie. Es bringt die in den göttlichen Kern eingebetteten göttlichen Qualitäten in die Verwirklichung, und darum geht es in allen Ausdrucksformen. Durch jede einzelne

Erfahrung erkennen und verwirklichen wir die Liebe der göttlichen Quelle immer mehr.

Auch die Seele des Frosches hatte bereits andere Leben und wird noch weitere Leben haben. Er hat sich später auch als Mensch inkarniert, ebenso, wie sehr viele Menschen auch tierische Leben haben und hatten.

Alles sind verschiedene Ausdrucksformen, durch die wir wachsen und die göttlichen Potenziale auf immer neue Weise erfahren und auskosten. Es ist nicht ganz richtig zu sagen, unser göttlicher Kern würde dadurch facettenreicher, es ist vielmehr so, dass die Potenziale, die dort schon immer eingebettet waren, nun ausgelebt werden. Da unsere göttliche Essenz aus der unendlichen göttlichen Quelle stammt, sind auch die unendlichen Potenziale der Quelle ein Teil unserer Essenz. Durch die erlebte Erfahrung der Potenziale geschieht es, dass daraus wiederum neue Möglichkeiten geboren werden. Es ist eine unendliche Ausdehnung und Schöpfung. Die göttlichen Qualitäten entfalten sich immer mehr und können immer vollständiger erkannt werden.

Und die Begegnungen mit den Tieren gingen weiter. Jeshua hatte nicht nur viele Begegnungen mit unterschiedlichen Menschen, sondern auch mit Tieren jeglicher Art. Niemals wäre er auf die Idee gekommen, sie anhand ihrer Größe oder Art zu beurteilen, denn sie alle tragen einen göttlichen Kern in sich. Durch die Begegnungen mit Jeshua wurden sich einige ihrer selbst bewusster und trugen dieses Bewusstsein weiter in die nachfolgenden Generationen.

Tiere spüren eine besondere Freundschaft zu den Menschen. Sie sind tief in ihren Herzen verbunden, schwingen in Liebe auf diesem Planeten, erhalten ihre Arten und betrachten die Menschen ohne Bewertung und mit ausgeglichenem Herzen.

Seit den Begegnungen mit Jeshua, so kann man sagen, wagten sie einen Schritt mehr auf die Menschen zu. Die Tendenz, dass sich einige Seelen als Haustiere inkarnierten, nahm stark zu, denn die

Verbindung zwischen den Menschen und Tieren auf der Erde war intensiver geworden. Das hatte durchaus eine große Bedeutung, und die Menschen haben es besonders auch den Seelen ihrer Haustiere zu verdanken, dass sich die äußeren Grenzen der Bewertungen zwischen den Seelen immer mehr aufheben. Die körperlichen Formen sind unterschiedlich, doch ihr göttlicher Kern ist in derselben Reinheit, Unschuld und Göttlichkeit wie der unsere.

In der damaligen Zeit waren Tiere nicht bei vielen Menschen besonders geschätzt. Sie wurden als Nahrungsquelle oder als Opfertiere benutzt, und nicht alle Menschen gaben ihnen einen Platz in ihrem Herzen und ein gutes Zuhause. Die Tiere galten als selbstverständlich, auch derart, dass man sie benutzen durfte, wie es einem gefiel. Die meisten Menschen wären nicht auf die Idee gekommen und hätten es als frevelnd empfunden, zu wissen, dass die Seelen der Tiere auch menschliche Inkarnationen haben könnten und umgekehrt. Die Tiere wurden größtenteils als Nutztiere empfunden und manche Arten sogar verteufelt. Man fürchtete sie als Unglücksbringer oder schrieb ihnen Attribute von Schmutz und Krankheiten zu.

Hunde waren damals als Haustiere nicht so beliebt wie in der heutigen Zeit. Dieser Umstand ist eine der vielen Folgen der Herzensöffnungen und Bewusstseinserweiterungen, die Jeshua auf dem Planeten hinterließ.

Er begann, die Herzen wieder füreinander zu öffnen und die Bewusstheit desselben göttlichen Ursprungs der Seelen, der verschiedenen Arten und Rassen, einzubringen. Es gab durchaus Menschen, die Hunde als treue Begleiter in ihre Nähe nahmen, doch wurden auch viele Hunde schlecht behandelt, blutig geschlagen, gejagt und als niedere Kreatur misshandelt.

Viele solcher misshandelten Kreaturen begegneten Jeshua. Eine Weile war es, als würde er die Begegnungen mit ihnen förmlich anziehen. Oft kamen uns sogar mehrmals täglich geschundene, blutende und zerzauste Hunde entgegen. Die Begegnungen mit ihnen waren sehr berührend. Stets kümmerte sich Jeshua um sie, berührte sie und öffnete sein wohltuendes, menschliches Herzensfeld weit für sie.

Sobald ein Blick oder Berührungskontakt entstand, strahlte ER durch Jeshua hindurch und erkannte die Hunde bis in ihr tiefes, wahres Wesen. In diesen Augenblicken geschah sofortige Erlösung, ein Erkennen des wahren Selbst und damit eine Anhebung der Selbstbewusstheit der Hunde und vieles mehr. Die Wunder, die in jenen Begegnungen geschahen, waren so intensiv, dass nicht einmal Vergebung notwendig war.

Gerade die Tiere konnten mit ihrer liebevollen Grundhaltung die Präsenz von IHM so direkt annehmen, dass ein tiefes Erkennen ihres wahren göttlichen Kerns unmittelbar erfolgte. In jenem Zustand war keine Vergebung mehr nötig, denn es war bereits alles erkannt, geheilt und vergeben. Die Vergebung der Misshandlungen und die Ereignisse spielten keine Rolle mehr, denn Befreiung hatte unmittelbar stattgefunden.

Die Seelen der Tiere hatten sich selbst bis in die tiefste Essenz erkannt und erinnert. Sie begriffen, dass sie sich nicht länger für die Menschen aufopfern mussten und in ihrer göttlichen Essenz nicht weniger wert waren. Ihnen wurde bewusst, dass sie eine Erfahrung machten, so, wie die Seelen der Menschen. Des Weiteren erkannten sie, dass sich die Herzen durch die Begegnungen unterschiedlich ausformen und entwickeln würden und es darum ging, das eigene Sein vollkommen anzunehmen und auszudrücken. In dem Moment waren sie frei.

Viele dieser gesegneten Seelen entschlossen sich später freiwillig, wieder als Haustiere zu inkarnieren und so den Menschen die besondere Verbindung zwischen den Herzen und auch das Erkennen des eigenen Selbst näherzubringen. Es ist ein gesegneter Dienst des Herzens und geschieht aus tiefer Liebe. Sie bilden bis heute eine wichtige Brücke zwischen den Herzen der Menschheit und allen anderen, auf der Erde lebenden Kreaturen.

Heilmeditation: Sein im Hier und Jetzt

Nun möchte ich dich auf eine Reise in den Moment des Hier und Jetzt einladen.

Tauche ein in den wundervollen Moment des Hier und Jetzt. Er ist ein Geschenk deines Herzens und deiner Bewusstheit. Deine Bewusstheit und Achtsamkeit schenken dir das Gewahrsein des Jetzt-Moments.

Während du diese Zeilen liest, kannst du allen inneren Bildern und Assoziationen Raum geben.

Erlaube dir, das, was du liest, in dir zu spüren. Das ist der Schlüssel, damit die Energie und das Bewusstsein der Heilmeditationen dich heilend erreichen können und sich etwas für dich verändern kann.

Lass dich nach innen sinken. Spüre ein Gefühl von Geborgenheit und Halt in dir. Du kannst dich innerlich in eine wohlig warme Decke hüllen und dich sicher fühlen.

Vor dir eröffnet sich nun ein Weg.

Es ist der Weg deines Lebens und deiner Erfahrungen, der dich einlädt, dich an das Gefühl des Jetzt-Moments zu erinnern.

Nimm zunächst den Weg wahr und fühle in ihn hinein. Wie zeigt er sich dir? Vielleicht ist er einladend und sonnig, oder aber dicht bewachsen und zunächst nicht einladend. Das spielt jetzt keine Rolle. Nimm einfach wahr, wie er jetzt gerade ist.

Spüre und nimm ihn wahr.

Pause

Oft setzen sich die Menschen Ziele, die noch in weiter Ferne liegen. Sie haben bestimmte Vorstellungen, wie ihr Leben verlaufen soll, und sind enttäuscht, wenn es nicht genauso eintrifft. Manchmal haben sie Erwartungen, deren Eintreffen jedoch nicht hilfreich für sie wäre.

Deine Seele wird immer versuchen, dich über die Rückverbindung zu deinem göttlichen Kern zu deiner Erfüllung zu führen. Manchmal wäre es hinderlich für deinen Weg, wenn Dinge so einträfen, wie dein Verstand sie sich gerade vorstellt. Das würde dir eventuell wichtige Erfahrungen vorenthalten, die du brauchst, um wirkliche Erfüllung zu erleben.

Fühle an diesem Punkt eine sanfte Liebe in deinem Herzen. Deine Seele zeigt sich dir über deine Herzensgefühle. Alles, was du im Herzen an Liebe und Freude fühlst, entspringt deiner Seele und zeigt dir, dass du auf dem richtigen Weg bist.

Nimm das Gefühl mit auf den Weg, dass du deine Herzensliebe und Freude im Leben erfahren darfst und schöne Erfahrungen dein Leben bereichern dürfen. Halte es für möglich.

Fühle die sanfte Liebe und Freude in deinem Herzen und lass dich davon erfüllen. Deine Seele freut sich auf die Entdeckung des Lebens, auf die farbige Vielfalt und die möglichen Erfahrungen auf deinem Weg.

Pause

Die sanfte Liebe und Freude deines Herzens tragen dich und hüllen dich vollkommen ein. Sie durchfließen dich und schwingen durch deinen ganzen Körper.

Du darfst fühlen, dass deine Seele dich über deine Herzensgefühle in ein erfülltes Leben führen möchte und viele Segnungen und Geschenke zu dir fließen möchten.

Mit diesem guten Gefühl schreite nun auf deinem Weg voran und genieße ihn ganz bewusst. Gehe jeden Schritt erst einmal langsam und achtsam.

Spüre und fühle.

Pause

Lass den Glauben los, dass du ein großes Ziel erreichen musst, das vielleicht in weiter Ferne liegt. Lenke deinen Fokus bewusst nur auf den Schritt, den du jetzt gerade auf deinem inneren Weg gehst.

Nimm wahr, was sich jetzt links und rechts deines Weges zeigt.

Genieße den Platz, an dem du dich gerade jetzt befindest. Wie sieht es dort aus? Scheint die Sonne, ist es warm oder frisch?

Spüre und genieße.

Pause

Alles, was in weiter Ferne auf deinem Weg liegt, ist noch nicht geschehen, es wurde noch nicht bewusst von dir erfahren.

Das, was jetzt unmittelbar vor dir liegt, ist deine Gegenwart, der Moment des Jetzt. Dein ganzes Sein und Leben existieren in Wahrheit immer nur im Jetzt. Der jetzige Moment ist ein Gefühl in dir. Es ist das Gefühl, vollkommen präsent zu sein.

Dein Bewusstsein öffnet sich in diesem Moment, und alle Erlebnisse fließen durch diesen Moment zu dir.

Diese Meditation möchte dir helfen, das zu verstehen und zu fühlen. Werde dir dessen bewusst und bleibe mit deinem Gefühl in dem Jetzt-Moment.

Pause

Fühle, dass du selbst entscheiden kannst, eine Weile an demselben Fleck zu bleiben oder auch weiterzugehen.

Nimm wahr, dass du selbst entscheiden kannst, in die Zukunft zu flüchten oder in der Vergangenheit zu verharren.

Dein Leben findet jetzt statt. Du kannst selbst entscheiden, wohin du dein Bewusstsein ausrichtest.

Erkenne, dass du den Fokus deines Bewusstseins selbst lenken kannst.

Halte nicht an alten Erlebnissen fest. Du hast aus ihnen gelernt und kannst etwas vollkommen Neues erschaffen. Jeder Schritt auf deinem Weg offenbart dir neue Möglichkeiten.

Du kannst keine falschen Entscheidungen treffen, du gehst und erlebst einfach deinen Weg. Ganz bewusst.

Berühre die Pflanzen und Orte am Rand deines Weges mit deinen inneren Händen. Sie sind jetzt da.

Du kannst deine Präsenz nur im Jetzt-Moment bewusst fühlen. Im Moment des Jetzt kannst du alles intensiv fühlen.

Gehe den nächsten Schritt auf deinem Weg und bleibe dabei in dem Gefühl des Jetzt-Moments.

Pause

Nun nimm zusätzlich deine äußere Realität wahr. Wo befindest du dich jetzt gerade? Sitzt du auf einem Stuhl oder einer Liege, um dieses Buch zu lesen? Fühle bewusst, dass deine Unterlage dich wunderbar trägt und dir Halt gibt. Nimm deinen Körper bewusst wahr und spüre, wie sich der Kontakt des Körpers zu deiner Unterlage anfühlt. Vielleicht steht ein Getränk neben dir. Schmecke es ganz bewusst. Spüre die Temperatur deiner Umgebung und nimm ihren Duft wahr.

Pause

Wenn du dich auf diese Weise für dein Leben öffnen kannst, wird sich auch dein Herz weiter öffnen. Du wirst achtsamer und bewusster. Neue Gefühlsebenen können sich dir offenbaren.

Mit etwas Übung wirst du die Momente deines Lebens immer intensiver auskosten können.

Ist es nicht wundervoll, im Wasser zu schwimmen? Es intensiv zu spüren, sich von ihm tragen und umspülen zu lassen? Wenn du schwimmen gehst, denke nicht an die Erledigungen von morgen, sondern genieße den Moment, den du gerade im Wasser verbringst. Spüre, wie sich das Wasser auf deiner Haut anfühlt. Nimm die Gefühle wahr, die die Temperatur, das Wasser, die Düfte und die Landschaft um dich herum auslösen.

Nimm den Jetzt-Moment achtsam wahr und erlebe ihn. Du kannst deine bewusste Präsenz im Jetzt-Moment üben und auf alle Tätigkeiten und Ruhezeiten übertragen.

Der Jetzt-Moment ist dein wahres Lebensgefühl. Du kannst es verpassen, wenn deine Gedanken zu oft in der Vergangenheit oder der Zukunft verhaftet sind.

Gerade jetzt kannst du dich entscheiden, in den wundervollen Moment deines Lebens einzutauchen, der dir gerade geschenkt wird. Nur hier kannst du wirklich deine ganze Präsenz wahrnehmen.

Für mich war und ist eine spezielle Frage, die mir die Geistige Welt vor einigen Jahren an die Hand legte, eine sehr wichtige, tägliche Hilfe für eine erfüllte Lebensgestaltung. Sie lautet: Wie kann ich mein Leben heute liebevoll und freudig gestalten?

Diese Frage bringt dich in Kontakt mit dem Moment des Hier und Jetzt und gibt deinen Bedürfnissen Aufmerksamkeit.

Genau jetzt kannst du dafür sorgen, dass es dir heute gut geht. Das kann in kleinen Details beginnen. Mit einer leckeren Tasse Tee und einem liebevoll gestalteten Moment. Einen schönen Moment mit jemandem teilen. Einen Spaziergang und die Schönheit der Natur genießen. Schwimmen gehen und das Wasser fühlen. Barfuß auf einer Wiese laufen und angenehme Düfte bewusst genießen. Alles beginnt mit einem liebevollen und freudigen Moment.

Öffne dich dafür, immer mehr Momente in deinem Leben ganz bewusst wahrzunehmen.

Öffne deine göttlichen Sinne und lass sie deine menschlichen Sinne erweitern.

Genieße und fühle dein Leben genau jetzt. Gehe deine Schritte immer im Moment, und schon diese Verlagerung deines Fokus in das Hier und Jetzt beginnt dein Leben kraftvoll zu verändern.

Genau hier kommst du in den harmonischen Fluss deines Lebens, der dich zur richtigen Zeit am richtigen Ort sein lässt.

Du bist frei, zu entscheiden.

Du bist der Schöpfer deines Lebens.

Kapitel VII

Der Weg der Seelen in die Galaxien

Werde dir deiner Göttlichkeit bewusst.

Eine große Liebe schwingt durch den Raum. Sie durchdringt den Raum und deine Seele. Sie durchdringt die Galaxien, die Planeten und Sterne. Sie durchdringt alle Universen.

Diese Liebe lässt dich die Quelle in dir spüren. Diese Liebe ist deine innere Schwerkraft. In ihr bist du zu Hause, und sie zentriert dich. Die Liebe führt dich zurück zu deinem göttlichen Kern und öffnet ihn.

Betrachte die Schöpfung und dich selbst mit Liebe.

Entstehung der Galaxien

Auf den hohen Lichtebenen der Ur-Planeten hatten sich die Seelen eine erste Ebene von Ausdruck und darin eine Zentrierung und ein Zuhause erschaffen. Sie entstand aus den Frequenzen der Absichten der Seelen, die nun eine neue Orientierung durch die ersten Erfahrungen gewonnen hatten. Die Absichten verdichteten sich, und die Schöpfungen wurden immer konkreter ausgeformt. Und diese Verdichtung schritt weiter fort.

Auf jedem der Ur-Planeten hatte sich eine größere Gruppe von Seelen – der Seelenverband – zusammengefunden. Die Seelenverbände waren, vielmehr sind Gruppen von Engeln, denn die Seelen existieren auf der kosmischen Ebene noch in ihrem engelhaften göttlichen Sein.

Die Seelen fühlten sich aufgrund ähnlicher Frequenzen ihres inneren Herzenskerns voneinander angezogen. Das war keine zufällige Entscheidung, sondern die spezielle Ähnlichkeit der inneren Kernfrequenzen zog sie zueinander hin. Manche Herzenskerne schwingen in ähnlicherer Frequenz als andere.

Die Seelen werden auf verschiedenen Höhepunkten des göttlichen Bewusstseins geboren. Jeder dieser Höhepunkte bringt Seelen hervor, die wir hier als eine Seelengruppe bezeichnen möchten. Auf den unterschiedlichen Wellen der göttlichen Ekstase entstehen somit verschiedene Seelengruppen, die sich besonders voneinander angezogen fühlen und sich diese ähnliche Frequenz teilen.

Nachdem eine Seelengruppe herangereift ist und die Seelen bereit sind, auf ihre eigene Erfahrungsreise zu gehen, verlassen sie in dem Prozess der Ur-Trennung das Bewusstsein ihrer unmittelbaren Einbettung in die innersten Lichtreiche der Quelle und begeben sich auf eine Reise durch die äußeren Schöpfungswelten.

Innerhalb der göttlichen Lichtreiche befinden sich die Seelen noch in einem mit sich und der göttlichen Quelle vollkommen vereinten Bewusstseinszustand.

Wenn sich die Seelen nach dem Lösen von der Quelle im weiten Raum des Kosmos wiederfinden, findet eine erste Form der Trennung zwischen Gedanken und Gefühlen statt. Dieser Vorgang beginnt auf der kosmischen Ebene und setzt sich in den erfahrenen Lebensgeschichten, auf der Erlebensreise durch die Schöpfungswelten der Galaxien fort.

Im Laufe ihrer Entwicklung werden sich die Seelen immer verschiedener Potenziale und Vorlieben bewusst und suchen nach weiteren Räumen der Ausdrucksmöglichkeiten. Die hohen Lichtwelten der Ur-Planeten wurden erweitert und verfeinert. Die ersten Formen verdichteten sich, die Absichtsfrequenzen, aus denen sich die Gedanken formten, wurden konkreter.

Und so gingen aus den Lichtkumulationen der Ur-Planeten die Galaxien hervor. Sie sind eine dichtere Ausdrucksweise des Potenzials der Ur-Planeten. Durch all das wirkte stets der reine göttliche Wille der Liebe.

Aus den großen Seelenverbänden der verschiedenen Ur-Planeten formten sich mit der Zeit kleinere Untergruppen, die Seelenfamilien, die sich aufgrund ihrer ähnlichen Kernfrequenzen wie in spezialisierten Interessensgemeinschaften zusammenschlossen. Jeder Seele und Seelenfamilie verlangte es nach immer differenzierteren Orten, um ihrem Ausdruck Raum zu geben. So entstand eine immer größere Vielfalt.

Nach einer Weile erschufen die Seelenverbände und Seelenfamilien energetische Felder und Bänder aus den göttlichen Potenzialen, die den Galaxien eine Form gaben und aus deren Frequenzen die Planeten und Sterne der jeweiligen Galaxie entstanden.

Jede Galaxie mit ihren Planeten und Sternen wurde durch die spezielle Ausdruckskraft der jeweiligen Seelenverbände und Seelenfamilien mitgeformt. So entstanden unterschiedliche Planeten mit verschiedenen Energiegefügen und Bedingungen. Es sind lebendige, farbige Welten der Seelenwünsche, die sich auf der feinstofflichen Ebene sowie in der Materie verfestigt haben.

Kannst du dir vorstellen, dass auch die Galaxien die reine, göttliche Liebe widerspiegeln? Die Galaxien sind meistens ring- oder spiralförmig aufgebaut und in ihrer Energie wie behütende Mütter und Väter, die ihre Kinder, die Planeten und Sterne, in sich tragen.

Innerhalb der Galaxien sollten die Planeten und Sterne eine sichere Einbettung erfahren, sodass die einzelnen Planetensysteme miteinander kommunizieren konnten.

Durch die Galaxie ergibt sich eine sichere Basis, in der sich ihre Himmelskörper und das Leben auf ihnen sicher und behütet entfalten können.

Die Energie einer Galaxie ist komplex aufgebaut und beinhaltet verschiedene Dimensionen, die die einzelnen Planetenkörper koordinieren und platzieren. Hier können verschiedene Lebensformen erschaffen und erfahren werden. Alle körperlichen Formen, die die Seelen auf den Planeten und Sternen annehmen, sind unterschiedlich, die wenigsten befinden sich in einer materiellen Form. Die Anzahl des feinstofflichen Ausdrucks ist wesentlich größer.

Die Seelen, die sich aus den Seelenverbänden heraus zu kleineren Seelenfamilien zusammengefunden hatten, begannen, die verschiedenen Galaxien zu beleben und zu besiedeln.

Die gesamten Potenziale der Galaxien waren bereits in das Universum eingebettet und stammten aus der göttlichen Quelle, jedoch war es den Seelen frei überlassen, wie die genauere Gestaltung aussehen und auf welche Weise die Potenziale genutzt werden sollten.

Die Existenzformen der Seelen waren auf der Ebene der Ur-Planeten noch frei und offen, sodass sich ihr Bewusstsein auf die Galaxie oder einen Planeten konzentrieren und zugleich jederzeit wieder zu ihrem entsprechenden Ur-Planeten zurückkehren konnte. Alle Bewegungen auf dieser hohen Bewusstseinsebene enthielten keinerlei Einschränkungen, und es gab noch keine Formen von Inkarnationen, die eine Seele an einen Körper oder die Regeln einer Galaxie gebunden hätten.

Erst als die Energien und Absichten immer dichter wurden und konkretere Welten wie die Galaxien erschufen, bedurfte es einiger Regeln, um die verschiedenen Lebensformen dort zu ermöglichen und miteinander zu koordinieren. Auf der Bewusstseinsebene der Galaxien wurde der Prozess der Inkarnationen erschaffen, um eine Seele vollständig mit den verschiedenen Körperformen verbinden zu können. Erst hier wurden Bindungen an Körperformen erzeugt und Vorgaben erschaffen, die die Seelen in einen Inkarnationszyklus in den jeweiligen Galaxien binden konnten, bis ihr Bewusstsein sie wieder loslassen würde.

Um jeden einzelnen Planeten ist ein spezielles Energiegitter mit verschiedenen Dimensionen angelegt, das von großen, weisen Seelen gehalten und geleitet wird. Jeder Planet wird betreut, und es wird dafür gesorgt, dass er sein Potenzial in Harmonie entfalten kann. Für jede Galaxie gibt es einen Bauplan oder eine Art Entwurf.

Stell dir das nicht zu technisch oder mathematisch vor, denn die schöpferische Kraft ist jeder Seele auf natürliche Weise zu eigen. Deine Seele weiß, wie sie durch ihr Bewusstsein Energien lenken und Dinge in die Entstehung bringen kann. Sie geht sehr spielerisch und kreativ mit den Potenzialen um, und du kannst sie in ihrer Kreativität eher mit einem fröhlich malenden Kind als mit einem angestrengt denkenden Mathematiker vergleichen.

Die Seelen wählen ein Potenzial aus und entscheiden sich für eine Art der Erfahrung, die sie innerhalb der Galaxie verwirklichen möchten. Ihr Bewusstsein wählt, und dadurch werden innerhalb des Potenzials verschiedene Energiepunkte für sie sicht- und spürbar. Der Fokus des Bewusstseins wird weiter auf diese speziellen Punkte gelenkt, und sie enthalten die Formen, Farben und Dimensionen, die zu dem Potenzial der Galaxie gehören. So wird das Potenzial immer weiter entfaltet.

Es werden verschiedene Dimensionsebenen innerhalb der Galaxie geöffnet, die später Raum für bestimmte Erfahrungen bieten. Die Dimensionen sind wie ein Ordnungssystem der verschiedenen Möglichkeiten innerhalb der Galaxie.

So ist jede Galaxie ein Wunderwerk der Schöpfung. Hochkomplex für den menschlichen Verstand, doch aus der Seelenperspektive betrachtet zeigen sich die Galaxien in einer atemberaubenden Einfachheit und Schönheit. Sie sind Ausdruck eines wundervollen Potenzials der Schöpfung, und das Wichtigste für dich ist an dieser Stelle, diese Einfachheit und Liebe darin zu spüren. Die Dinge sind nicht so schwierig, wie sie dir dein Verstand auf der Erde erscheinen lässt.

Gerade über die Wahrnehmung der Einfachheit und Schönheit dieser Dinge kommst du in Kontakt mit deinem göttlichen Kern und deiner wahren Schöpferkraft. Du kannst nur über deine Herzensgefühle und dein Bewusstsein diese Wahrheiten erkennen. Deine Wahrnehmung öffnet sich über dein Gefühl, und du kannst deinen Gefühlen und inneren Bildern vollständig vertrauen.

Die Galaxien wurden mit größter Sorgfalt und Liebe erschaffen. Die Gravitationskräfte, die in ihnen wirken, sind ein Ausdruck ihrer Entstehung. Durch diese Kraft bewegen sich die Energien und formen das Potenzial einer Galaxie aus einer reinen, göttlichen Bewusstseinsebene in einen äußeren Raum. Sie ist ein Ausdruck von Schöpfung und ein Anzeichen dafür, dass ein Potenzial durch das Bewusstsein der Seelen entfaltet und gelebt wird.

Alle Galaxien sind mit großer schöpferischer Liebe entstanden und geben den verschiedenen Seelen genügend Raum für ihren speziellen Ausdruck. Jede Galaxie ist von einer Ausstrahlung großer Liebe umgeben, die dafür sorgt, dass sie sicher im Universum gehalten ist.

Wir laden dich zu einem erweiterten Blick auf eine Galaxie ein. Schau mit uns gemeinsam in das weite Universum. Dort existieren zahlreiche Galaxien mit verschiedenen Planeten und Sternen, die dir entgegenleuchten. Die Tiefe des Universums ist erfüllt von ihrem strahlenden Glanz und ihren Farben. Wähle einer dieser leuchtenden Galaxien aus und nimm die Liebe wahr, die sie umgibt. Jede Galaxie ist ein wahrgewordenes Potenzial aus den innersten göttlichen Lichtreichen. Sie alle schwingen harmonisch in diesem Universum wie die Organe in einem Körper.

Alles entfaltet sich fortwährend aus dem liebenden Ausdruck heraus und bietet den Seelen einen Rahmen für Ausdruck und Erfahrung. Das ist die wahre Schönheit der Schöpfung. Alles dient der höchsten Begeisterung, Liebe und Freude am Ausdruck der Seelen und der göttlichen Quelle selbst.

In allem schwingt die göttliche Liebe der Ur-Quelle. In jedem einzelnen Potenzial, in jedem Materieteilchen. In allem. Und ihr Menschen seid hier, um das zu erkennen und zu erleben.

Werde dir deiner Göttlichkeit bewusst.

Eine große Liebe schwingt durch den Raum. Sie durchdringt den Raum und deine Seele. Sie durchdringt die Galaxien, die Planeten und Sterne. Sie durchdringt alle Universen. Diese Liebe lässt dich die Quelle in dir spüren. Diese Liebe ist deine innere Schwerkraft. In ihr bist du zu Hause, und sie zentriert dich. Die Liebe führt dich zurück zu deinem göttlichen Kern und öffnet ihn.

Betrachte die Schöpfung und dich selbst mit Liebe.

Trennung von Gedanken und Gefühlen

Auf der Ebene der Ur-Planeten existieren die Seelen noch in einem vereinten Zustand ihres Bewusstseins mit ihren Gefühlen und Gedanken. Die ersten Gedankenebenen sind sehr fein und ein erster geformter Ausdruck der hochschwingenden, göttlichen Absicht.

Die reine göttliche Absicht, wie sie in der Quelle und in allem existiert, ist immer von völliger Liebe und Mitgefühl durchdrungen. Sie ist fein, achtsam und würde niemals etwas zum Schaden anderer erschaffen. Im reinen göttlichen Bewusstsein ist keinerlei Art von möglicher Schädigung anderer vorhanden, denn hier existiert alles im Bewusstsein der Einheit, in einem Zustand höchster Liebe, Selbstliebe und Erfüllung. Eine Schädigung oder Ablehnung anderer stellt stets eine Selbstverletzung dar, da alle Seelen Teil der göttlichen Quelle sind.

Erst in den späteren Ausschüttungswelten der Schöpfung konnten Erfahrungen gemacht werden, anderen zu schaden, denn hier befindet sich das Bewusstsein nicht mehr in seinem reinsten göttlichen Zustand. Das Bewusstsein differenziert sich immer mehr und beginnt, die verschiedenen Ebenen und Potenziale, die im Inneren der Quelle in einer Gleichzeitigkeit und Verbundenheit existierten, getrennt voneinander wahrzunehmen. Erst hier können Erfahrungen einer Schöpfung gemacht werden, die eine Seele als außerhalb von sich wahrnehmen kann. Es können Gegensätze von Erfahrungen wie Liebe und die Abwesenheit von Liebe gemacht werden, von Freiheit und Unfreiheit und vielem mehr. Die Seelen lernen, ihren eigenen göttlichen Zustand zu verwirklichen und ihre eigenen Schöpfungen zum höchsten Wohl des Ganzen zu vollbringen.

Auf der kosmischen Ebene der Ur-Planeten existiert noch kein Bewusstsein, das anderen Seelen absichtlich Schaden zufügen könnte. Hier haben erste Erfahrungen der Manipulation einer anderen Seele lediglich aus Neugierde des Erforschens heraus begonnen und nicht aus einem Bewusstsein der Schädigung. Dennoch sind sie geschehen.

Alles, was hier an Manipulationen seinen Anfang hatte und von der manipulierten Seele nicht erkannt und losgelassen werden konnte, wurde von ihr in die Existenzebenen der unterschiedlichen Welten mitgenommen und weiter ausgelebt. Auf diese Weise entstanden mit der Zeit immer mehr Begrenzungen und manipulierte Zustände in den Seelen. Glauben sie an diese Konzepte, können sie lange Zeit daran gebunden bleiben. Doch ebenso hat jede Seele die Möglichkeit, ihren Bewusstseinsfokus wieder auf die eigene Göttlichkeit, Liebe, Freiheit und Grenzenlosigkeit zu richten, um sich selbst zu befreien.

Auf der kosmischen Ebene entstanden erste Veränderungen in den Absichtsfrequenzen der Seelen. Die Absichten wurden konkreter und verdichteten die Frequenzen der Gedanken. Erst hier war es möglich, die Ebene der Gedanken und Herzensgefühle vollkommen voneinander zu trennen und separat zu erfahren. Doch getrennt voneinander konnten sie nicht mehr auf der höchsten göttlichen Ebene der Liebe zusammenwirken. Gedanken und Absichten ohne Liebe sind fähig, zu manipulieren und zu zerstören. Es öffneten sich Türen für weitere Manipulationen und Begrenzungen, und doch waren auch diese Erfahrungen für die Weisheit der Seelen wichtig.

Auf der hohen Ebene der Ur-Planeten gehen die Seelen liebevoll miteinander um, sie sind wie neugierige Kinder, die alles ausprobieren möchten, noch unwissend, dass diese Dinge, wenn sie nicht erkannt werden und fester Bestandteil des Bewusstseins bleiben, zu Begrenzungen in der Erfahrung der weiteren Welten führen können.

Der ursprüngliche Grund für die Begrenzungen und Verletzungen der Seelen ist die Erfahrung der Ur-Trennung, die erste Tendenzen dazu setzte. Werden sie nicht erlöst, setzen sie sich in den Leben der Seele, in den verschiedenen Welten weiter fort. So haben einige der negativen Zustände und Emotionen, die die Seelen auf der Erde erleben können, ihren Ursprung auf der Ebene der Ur-Trennung auf den kosmischen, den galaktischen oder den außerplanetaren Ebenen der Existenz gefunden.

Die Aufgabe der Seele ist es, in jedem Moment ihre wahrhaftige Freiheit und Göttlichkeit zu erkennen und sich aus den Panzern des unwahren Gefängnisses der Begrenzungen wieder zu lösen.

Der göttliche Plan

Der schöpferische Impuls deines göttlichen Kerns lädt dich ein, die unendlichen Potenziale der Welten zu erkunden. Gleichzeitig ist die Reise der Verwirklichung deiner Seele auch eine Wahl deines freien Willens, der dir alle Gestaltungsmöglichkeiten erlaubt.

Die Potenziale selbst stammen immer aus dem Innersten der göttlichen Quelle, richten sich dadurch stets nach ihrem liebenden Willen aus und schwingen in der göttlichen Harmonie und dem göttlichen Plan, der sich in jedem Moment entfaltet.

Der göttliche Plan ist allumfassend und nichts anderes als der liebende Wille der Quelle nach dem Ausdruck all ihrer Potenziale. Als Teile der Quelle sind die Seelen in der Lage, die Potenziale zu öffnen und sie zu erfahren. Die von ihnen erlangte Weisheit bereichert die Seelen sowie die Quelle selbst.

Der göttliche Plan manifestiert sich in jeglichem Ausdruck, denn die göttliche Quelle ist stets größer als jeder einzelne ihrer Teile, die Seelen.

Die Seelen sind mit dem freien Willen ausgestattet, die unendlichen Potenziale in allen nur erdenklichen Weisen zu entfalten und unterschiedliche Erfahrungen zu kreieren. Das ist die größtmögliche Freiheit, und sie geschieht innerhalb des göttlichen Plans. Der göttliche Plan und Wille sind reinste Liebe.

Jede Seele ist frei, selbst ein bewusster Schöpfer zu sein, und gleichzeitig wird sie sich immer in der Liebe der einen göttlichen Quelle bewegen, aus der sie hervorgegangen ist.

Das ist die göttliche Harmonie und Ordnung, und so wird jede Seele unendlich geliebt und geht niemals verloren.

Leben auf den Planeten – Erinnerung an die Sterneninkarnationen

Von einer größeren Perspektive aus betrachtet, entstanden mit den Planeten und Sternen wunderschöne farbige Lichter im endlosen Raum des Universums, die sich weiter entfalteten.

Zu Beginn war jeder dieser Himmelskörper ein Potenzial aus Licht und Information. Dadurch, dass nun mehrere Seelen ihren Fokus auf dieses Potenzial richteten und ihrem tiefen göttlichen Wunsch Raum gaben, öffnete sich das Potenzial eines neuen Planeten oder Sterns. Die Seelen wirkten gemeinsam und verwirklichten ihren göttlichen Traum. Im äußeren Raum entfaltete sich der Lichtpunkt des Potenzials, aus dem heraus eine Bewegung entstand.

Die Absicht der Seelen und die Ausrichtung ihres Fokus auf den neuen Ort der Entfaltung erschuf eine Dynamik, und die Energien begannen, sich nach dieser Bewegung auszurichten. Sie ordneten sich auf bestimmte Weise an und bildeten einen neuen Himmelskörper im Universum. Die Materie folgte den Energien und erschuf einen neuen Planetenkörper.

Manche Seelen wünschten sich, Begegnungen mit anderen Seelen unter bestimmten Bedingungen zu erfahren, wiederum andere die Erforschung verschiedener Elemente und erschufen dementsprechend ihre Welten. Auf den meisten Planeten existierte zunächst kein besonders großer Artenreichtum, in den meisten Fällen war die Erfahrung auf wenige Arten und bestimmte Umstände beschränkt.

Es gibt Wasserwelten, die eine umfassende Erfahrung des Elements Wasser zur Verfügung stellen. Andere Planeten sind als Ort für die Erfahrung der Lebensgemeinschaft als Paar oder Gruppe entstanden. Dann gibt es Welten des reinen Ausdrucks der Weiblichkeit oder der Männlichkeit.

Erfahrungsschwerpunkte wie Liebe, Freiheit, Freude, Leichtigkeit, Gemeinschaftssinn, Partnerschaft, Harmonie, Kreativität und vieles mehr können in Inkarnationen auf den unterschiedlichen Planeten erlebt werden.

Es existieren Planeten mit Naturwesen, ähnlich denen der Erde, die sich gänzlich mit den Energiekreisläufen der Pflanzen beschäftigen. Ebenso gibt es reine Wüstenplaneten mit darauf abgestimmten Lebensformen. Der Vielfalt sind kaum Grenzen gesetzt.

Auf einem der Planeten im Siriussystem existieren die Seelen in feinstofflichen Körpern als Formwandler, und viele bereiten sich hier auf ihre Erdenleben vor. Sie haben die Möglichkeit, ihren Planeten als Wasserwesen mit Flossen und Kiemen, als Landwesen mit Gliedmaßen wie ein Mensch und in der dritten Form als Lebewesen mit Flügeln zu erfahren. Auf diesem Planeten existieren die Elemente Luft, Erde, Wasser und Äther, und die Landschaften sind in Waldgebiete, Wiesen und Seenlandschaften unterteilt. Die Bewohner vermögen ihre Form zu wechseln, je nachdem, mit welchem der Elemente sie gerade in Berührung kommen. Dadurch sind sie in der Lage, jedes der Elemente selbstständig zu erkunden und zu bewohnen.

Es ist ein erhabenes Gefühl, in dem einen Moment in einem nixenähnlichen Körper durch die Gewässer zu gleiten, nur um im nächsten Moment majestätische Flügel auszubreiten und sich anmutig in die Lüfte zu erheben.

Es existieren nur wenige weiße, turmähnliche Gebäude, die den Seelen als Treffpunkt dienen. Die feinstofflichen Körper passen sich je nach Wunsch der Seelen dem jeweiligen Element an und können es auf schwimmende, laufende oder fliegende Weise erfahren.

Im Universum existieren unzählige weitere Planeten mit unterschiedlichen Möglichkeiten an Ausdrucksweisen. Die meisten schwingen im rein feinstofflichen Bereich der Existenz, da es hier bisher mehr Möglichkeiten gibt und die Energien viel leichter zu bewegen sind als in einem feststofflichen Ausdruck wie auf der Erde. Die Existenz in feinstofflichen Körpern ist leichter als in einem festen Körper. Die Seelen brauchen nicht immer einen großen Grad an Bewusstheit und Entwicklung, um einen feinstofflichen Körper in der Balance halten zu können. Die feinstofflichen Körperformen haben zudem meistens weitaus größere Lebensspannen. Sie altern nicht unbedingt in der Form, wie es die Menschen kennen. Doch auch die menschlichen Körper müssen nicht altern. Im Zuge des Aufstiegsprozesses werden sich auch diese Begrenzungen und Manipulationen aus der Biologie der Körper wieder erlösen können. In den feinstofflichen Welten ist das leichter, und der Fokus des Bewusstseins wird hier nicht so stark durch Leiden des Körpers abgelenkt wie auf der Erde.

Es gibt unzählige Körperformen, wie es auch unzählige Planeten gibt. Auch diese Formen sind bereits in den göttlichen Potenzialen angelegt, doch sie können von den Seelen bewusst ausgewählt und in die Entfaltung gebracht werden. Das ist nicht immer ganz leicht und braucht oft einige Übung, bevor eine bestimmte Körperform tatsächlich auf einem Planeten angenommen werden kann. Die Seelen müssen erst einmal lernen, ihr Bewusstsein in dieser speziellen Form zu halten, ähnlich, wie die Menschen sich erst an das ständige Leben in einem Kostüm oder Taucheranzug gewöhnen müssten.

In den Welten der Ausdrucksformen werden die göttlichen Sinne erweitert und verfeinert. Die göttlichen Sinne sind sich immer weiter entwickelnde Perspektiven und Gefühle, durch die eine Seele die erschaffene Realität wahrnehmen kann. Sie ermöglichen immer neue Blickwinkel auf die Facetten der Schöpfung, dehnen sich mit der Entwicklung multidimensional aus und erweitern sich durch jede verkörperte Erfahrung mehr.

Wenn du dich beispielsweise auf einem Planeten der Leichtigkeit als ein zartes, transparentes und schwebendes Wesen inkarnierst, wäre deine Seele eine Weile damit beschäftigt, alle Eigenschaften, die dieses Leben und dieser Körper mit sich bringen, anzunehmen. Die große Leichtigkeit mag ungewohnt sein, ebenso die Tatsache, dass der Köper wenig fest ist und eher die Beschaffenheit eines Nebelschleiers hat. Dieses Wesen ernährt sich von feinen Energievibrationen. Die Seele müsste erst lernen, innerhalb des speziellen Energiegefüges des Planeten und des dazugehörigen Körpers zurechtzukommen. Ist er aber einmal verwirklicht, könntest du großartige Erfahrungen der Leichtigkeit machen. Du würdest wie ein zarter Schleier über zarte Landschaften schweben, und es würde spezielle Gefühle erzeugen, wenn dein Körper durch die Elemente dieses Planeten gleiten, sich mit bestimmten Energien verbinden, sie aufnehmen, essen oder einatmen würde. Spezielle Facetten von Begegnung würden erfahren, wenn du in einem solchen Körper auf ein anderes Wesen dieser Art treffen würdest. Dieses Leben würde eine intensive Erfahrung der Leichtigkeit kreieren und deiner Seele dazu verhelfen, sich der Leichtigkeit in diesen Facetten bewusst zu werden.

Einmal mit der Leichtigkeit verbunden, würdest du die gesamte Schöpfung aus einer durch diese Qualität erweiterten Perspektive heraus betrachten und erleben können.

So bereichert jede Erfahrung deine Seele und erweitert deine Wahrnehmung der Schöpfung. Sie erlaubt dir, immer mehr Facetten deines göttlichen Wesens zu entfalten und zu erleben, und es dehnt dich multidimensional in die Schöpfung aus. Du erlebst die unendlichen Facetten der göttlichen Quelle und erkennst die Liebe der Quelle durch dein sich beständig ausdehnendes Bewusstsein immer umfassender.

Es gibt einen Planeten, auf dem wundervolle Schmetterlingswesen existieren. Sie haben die Größe der größten irdischen Schmetterlinge, besitzen wundervolle, farbig leuchtende Flügel, und in der Mitte ihres raupenförmigen Körpers erhebt sich zart ein menschenähnliches Gesicht. Dieses Gesicht hat sehr feine Konturen. Es besitzt Punkte als Augen, eine zarte Nase und einen schmalen Mund. Der gesamte Raupenkörper ist von einem samtigen Flaum bedeckt wie bei den irdischen Schmetterlingen, und links und rechts neben dem kleinen Gesicht schließen sich menschenähnliche Ohren an.

Diese wundervollen Wesen leben in Gruppen von etwa fünfzehn bis zwanzig Wesen zusammen. Ihr Leben ist der Erfahrung gewidmet, mit den Strahlen der aufgehenden Sonne ihres Planeten zu tanzen und die Gemeinschaft ihrer Gruppe zu erleben. Die Oberfläche ihres Planeten beherbergt Dschungellandschaften und neben den Schmetterlingswesen nur noch zwei weitere Arten. Eine davon lebt am Boden und ist den Katzen sehr ähnlich, eine weitere lebt wie Fische in den zahlreichen Gewässern des Planeten. Diese Fische sind sehr bunt und springen wie fliegende Fische immer wieder aus den Gewässern heraus, um sich voller Freude wieder in ihr Element zurückfallen zu lassen. Sie tun es einfach aus purer Freude an der Bewegung. Alle drei Arten ernähren sich rein pflanzlich. Sie erleben eine verkörperte Erfahrung von tanzender Bewegung und erweitern damit ihre göttlichen Facetten der Anmut.

So erleben die Seelen durch alle ihre Inkarnationen und Erfahrungen eine ständige Erweiterung ihrer göttlichen Perspektiven und Gefühle. Sie waren schon immer im göttlichen Kern enthalten, jedoch wurden sie von der Seele vor der verkörperten Erfahrung noch nicht bewusst erlebt. Auf diese Weise offenbart sich der einzelnen Seele die göttliche All-Einheit.

Auf den Planeten können sowohl Erfahrungen des Friedens, wie auch des Krieges gemacht werden. Alle Erfahrungen sind in den äußeren Schöpfungswelten möglich. Es gab Zeiten einiger heftiger Kriege zwischen den verschiedenen Planeten. Kriege, die mit Waffen aus Klang begannen wurden, Kriege der völligen Vernichtung oder der Unterdrückung anderer Rassen. Alle Erfahrungen von Licht und Dunkelheit sind möglich, so, wie ihr sie auch auf der Erde kennt.

Einige der schwierigen Erderfahrungen sind lediglich eine Fortsetzung des Sternenkarmas, nur unter anderen planetaren Bedingungen. In anderen Welten ist es manchmal leichter, eine

Lösung zu erkennen und den Bewusstseinsfokus zu verändern als in den Welten, in denen der ursprüngliche Konflikt entstanden ist.

Viele Planetenwelten sind sehr einfach aufgebaut. Sie beinhalten nur wenige Arten von Pflanzen und anderen Lebewesen und ermöglichen Erfahrungen, die auf wenige bestimmte Themen reduziert sind.

So ist auf vielen der Planeten das Leben sehr viel einfacher und weniger herausfordernd wie auf der Erde, denn hier seid ihr mit vielen Erfahrungsmöglichkeiten und einem recht komplexen Lebensaufbau konfrontiert. Jedoch ist die Erde mit ihrem unglaublichen Reichtum an Arten und den vielen Farben ihrer Vielfalt unvergleichlich schön und einzigartig in diesem Universum. Ein wahrhaftig besonderer Ort, der in dem Schmelztiegel der Vielfalt besondere Facetten in den Seelen hervorbringt.

Unzählige Beschreibungen der verschiedenen Lebensformen auf anderen Planeten ließen sich hier anschließen, denn es gibt sehr viele verschiedene Welten. Erlaube dir eigene Assoziationen, während du diese Zeilen liest. Während sich hier der Bewusstseinsraum der außerplanetaren Inkarnationen öffnet, tauchen vielleicht innere Bilder und Teile der Erinnerung in dir auf. Vielleicht spricht dich manche Beschreibung besonders an, und du bekommst das Gefühl, es schon einmal erlebt zu haben. Vertraue deinen Wahrnehmungen und Gefühlen, denn auf diese Weise zeigen sich dir deine Erinnerungen.

Auch du warst bereits in unzähligen Welten inkarniert, auch du trägst die Erinnerungen an deine Sterneninkarnationen in dir. Alle auch noch so bruchstückhaften Bilder sind richtig. Gib allem Raum, was hier an die Oberfläche deines Bewusstseins gelangen möchte. Erlaube, dass sich im Laufe der Zeit immer mehr Erinnerungen bei dir einstellen, und du wirst das eine oder andere Bild für dich vervollständigen können.

Geschichte der Maria Magdalena: Das verletzte Bein

In dem Moment der Begegnung öffnete sich die Göttlichkeit des kranken Menschen, sodass ER sie erblicken konnte. ER blickte in den tiefsten Kern, und mit gegenseitigem Einverständnis holte er die Gesundheit daraus wieder hervor. Es klingt wie ein alchemistisches Wunder und ist von der Ebene des körperlichen Bewusstseins auf der Erde kaum nachzuvollziehen. Das Wunder geschah auf der göttlichen Ebene und legte sich in den Körper.

Die Sonne schien frühmorgens in unser Zimmer, und wir erwachten vergnügt, um einen neuen Tag zu begrüßen. Unser Sein war getragen von Leichtigkeit, wir waren erfüllt von Lebensfreude, sahen uns an und freuten uns auf den Tag.

Wir lachten mit der Sonne, unsere Herzen waren voller Dankbarkeit, und wir erlebten uns wie glückliche Kinder in der göttlichen Schöpfung, deren Farbigkeit und Besonderheit wir mit jedem neuen Tag weiter entdecken durften. Die göttliche Quelle trug uns, wir fühlten uns vollkommen sicher, und unsere Herzen quollen über vor Freude, Liebe und Dankbarkeit.

Wir waren bei einer netten Familie untergekommen und hatten für einige Wochen ein wundervolles Zimmer ganz für uns. Das Zimmer hatte direkten Blick in den Garten, und wir erkundeten tagsüber die nähere Umgebung. Das Haus lag am Rande eines kleinen Dorfes, und man nahm uns überaus freundlich auf.

Wir waren eins mit uns und auch mit unserer Umgebung. Sie erschien so vertraut, als wären wir hier aufgewachsen. Auf unserer Stufe der Bewusstheit und Verbundenheit erschien uns jeder Ort wie unser Zuhause und offenbarte uns stets die tiefsten Qualitäten eines liebevollen und sicheren Zuhauses.

Schnell waren wir Teil der Dorfgemeinschaft, saßen zusammen und redeten viel miteinander. Die anderen Dorfbewohner luden uns in ihre Häuser zum Essen ein, und da wir fester Bestandteil der Gemeinschaft waren, kam es, dass am zweiten Tag ein Fest veranstaltet wurde. Dieses Fest war ein wichtiger Zeitpunkt des Jahres, an dem alle Dorfbewohner beisammensaßen und sich Zeit zum gemeinsamen Austausch und Feiern nahmen. Die Familien waren beieinander, die Stimmung war liebevoll und gelöst.

Jeder im Dorf tat sein Werk, ging seiner Tagesaufgabe nach, um die Familie zu nähren und den Lebensort in Ordnung zu halten. Familiensinn war hier sehr groß geschrieben. Man achtete aufeinander und kümmerte sich stets um Nachbarn und Freunde. Hier stand niemand in des anderen Schuld oder gab zu viel, es war stets ein fließender Austausch, und alle standen sich sehr nahe.

Wir empfanden uns als ein lebendiger Teil davon. Unsere Offenheit erlaubte uns, sofort liebevoll aufgenommen zu werden. Wir fühlten uns als vollwertiger Teil der Gemeinschaft, und so wurden wir auch behandelt.

So saßen wir gemeinsam an einem großen Tisch, und schräg gegenüber nahm ein bescheidener Mann Platz. Er war von schlanker, mittelgroßer Statur. Sein Gesicht verriet, dass er bereits viel erlebt hatte, doch trug er es mit Achtung, Gelassenheit und Würde. Ein sanftes Lächeln umspielte sein Gesicht, und seine Ausstrahlung war mild und warm. Er hatte viel zu erzählen, doch noch viel mehr lauschte er den Geschichten der anderen. Seine eigenen Lasten stellte er eher in den Hintergrund und gab jenen den Vortritt, die mehr unter ihren Belastungen litten.

So lauschte er eher den Vorträgen der anderen, als seinem eigenen körperlichen Gebrechen Raum zu geben. Er zog sein linkes Bein sichtbar hinter sich her. Es war teilweise gelähmt, und das Gehen fiel ihm schwer. Dadurch war er körperlich eingeschränkt und übte Hilfstätigkeiten bei verschiedenen Leuten des Dorfes aus. Er konnte Dinge heben und auf Karren laden, wodurch er Möglichkeiten entdeckt hatte, etwas zu bewegen, auch ohne sein linkes Bein dabei zu beanspruchen. Nie beklagte er sich, sondern trug sein Schicksal und machte das Beste daraus.

„Wo hast du dich derart verletzt?“, fragte Jeshua ihn beim Mahl des Abends. ER kannte bereits die ganze Geschichte, doch als Jeshua mit seiner menschlichen Erfahrung fragte er einfach nach und eröffnete dadurch den Kontakt.

„Ich habe das Bein in einem Kampf fast verloren“, antwortete der Mann zurückhaltend. „Jemand verletzte mich mit seiner Waffe und durchtrennte das Bein sehr tief. Seitdem kann ich es nicht mehr bewegen, es hat sich versteift, und ich ziehe es hinter mir her. Ich beklage mich nicht, denn der Herr nährt mich doch auf verschiedene Weise. Er ließ mir die Hände und das rechte Bein, sodass ich immer noch Tätigkeiten ausführen kann. Es hindert mich nichts, mein Tagewerk zu verrichten.“

„Wünscht du dir ein gesundes Bein?“, fragte Jeshua ihn weiter.

„Ich habe lange nicht darüber nachgedacht“, antwortete der Mann. „Es ist nicht unbedingt ein Wunsch von mir, denn ich kann auch so wunderbar leben.“

Jeshua erkannte, dass der Mann einen wirklich tiefen inneren Frieden in seinem Leid gewonnen und den besten Umgang damit gefunden hatte. Er hatte jede Menge Kraft und Zuversicht aus der Situation erworben, und keinerlei Spur von Leid zeichnete sein Gesicht. Sein Lächeln war stets ausgeglichen, zufrieden und milde. Der Mann empfand und erlebte kein Leiden unter seinem verletzten Bein. Und so können Wunder geschehen, denn dieser Mann war wirklich bereit.

Es war ein leichtes für IHN, seinen göttlichen Bauplan mit dem Potenzial für ein gesundes Bein zu aktivieren und ihm wieder zu einem beweglichen Bein zu verhelfen.

„Begleitest du mich auf einen kleinen Spaziergang zu dem großen Baum des Dorfes?“, fragte Jeshua ihn weiter, und der Mann willigte ein. Mit einem Becher Wein begaben sie sich gemeinsam unter das riesige Blätterdach des größten Baumes im Dorf.

Ich beobachtete sie von meinem Platz aus. Jeshua berührte die Schulter des Mannes und trat einen Schritt zurück. Ich konnte spüren, dass ER direkt in die weite Göttlichkeit des Mannes blickte. Dort war er fähig, das Licht für ein vollkommen gesundes Bein zu entdecken, denn es war als eine Möglichkeit in seinem göttlichen Kern vorhanden. Der Mann hatte aus der Herausforderung gelernt und die Aufgabe gemeistert. Er war nicht im Leid versunken, sondern hatte große Stärke daraus gewonnen.

ER vollbrachte die Wunder. IHM war es möglich, die lichte Vorlage für das gesunde Bein zu erkennen und hervorzuholen. Das goldene Licht legte sich wie eine neue, gesunde Vorlage über das gelähmte Bein und belebte es neu. Die Nerven und Muskeln richteten sich danach aus, und bereits nach wenigen Minuten konnte der Mann sein Bein wieder bewegen. So war ich Zeuge einer körperlichen Heilung, die ER vollbrachte. Es geschah in einem vollkommen göttlichen Bewusstsein, das die Richtigkeit erkannte und verwirklichte. Es wurden diejenigen zur Heilung gesandt, die bereit waren und es zuließen.

Andere stellten sich später als lebendige Beispiele zur Verfügung, um weiteren Menschen Hoffnung zu geben und die Weisheit der Lehre zu offenbaren, die ER gab. In dem Moment der Begegnung öffnete sich die Göttlichkeit des kranken Menschen, sodass ER sie erblicken konnte. ER blickte in den tiefsten Kern, und mit gegenseitigem Einverständnis holte er die Gesundheit daraus wieder hervor.

Es klingt wie ein alchemistisches Wunder und ist von der Ebene des körperlichen Bewusstseins auf der Erde kaum nachzuvollziehen. Das Wunder geschah auf göttlicher Ebene und legte sich in den Körper.

Dankbarkeit erfüllte den Raum, und in dem Moment, als das Wunder von dem Mann angenommen wurde, geschah ein tiefer göttlicher Kontakt, tiefe Übereinstimmung. Die eine göttliche Präsenz blickte in eine andere. Ein heiliger Moment, in dem die Göttlichkeit sich vollkommen erkannte und ehrte. Für diesen Moment war der Raum erfüllt von einer besonders tiefen Liebe und Freude.

Sanft und andächtig wurde sie wahrgenommen. Es erschien wie die tiefste Ebene, auf der man sich nur begegnen kann.

Jedes dieser Wunder war eingebettet in diese göttliche Ausstrahlung.

Achtung und Liebe erfüllten den Raum und tauchten ihn in ein sanftes, glückliches Licht.

Heilmeditation: Selbstliebe

Lass dich in dein Inneres hineinsinken.

Fühle das sanfte, warme Vertrauen in deinem Bauch, das dich einlädt, in dir anzukommen. Du kannst dir selbst und deinem Leben vertrauen.

Lass deine Aufmerksamkeit aus deinen Füßen in den unteren Teil deines Energiefelds fließen. Dort reichen die Ebenen deiner Erdchakren wie starke Wurzeln in die Tiefe. Sie dehnen sich weit und tief in die Erde aus.

Stell dir vor, die Erde ist durchsichtig, und du kannst die Schichten sehen, durch die deine Wurzeln sich ausdehnen.

Spüre den untersten Punkt deines Energiefelds. Dehne deine Aufmerksamkeit weit nach unten in dein Energiefeld aus. Spüre den Halt dort und ein Gefühl der Sicherheit in dir.

Pause

Nimmt deinen Platz ganz ein und sei präsent. Du bist sicher gehalten und getragen. Fühle die Liebe und Sicherheit in dir. Spüre, dass du den Halt in dir selbst findest.

Richte deine Aufmerksamkeit nun auf den wundervollen Raum deines Herzens.

Dein inneres Herzensreich leuchtet und strahlt. So viel Liebe ist hier für dich.

Stell dir vor, dass tief in deinem Herzen dein göttlicher Kern als ein wunderschönes Licht erstrahlt. Er ist der Funke deines wahren göttlichen Seins.

Berühre ihn mit deinen inneren Händen, um ihn noch intensiver zu fühlen. Lass seine Ausstrahlung auf dich wirken.

Dein göttlicher Kern enthält tiefe Liebe und Selbstliebe.

Spüre sie.

Sie ist ein sanftes, angenehmes Gefühl in deinem Herzen.

Pause

Schreibe mit goldenen Buchstaben „Ich liebe mich" in dein Herz und spüre die sanfte, wohlige Schwingung dieses Satzes.

Erlaube, dass dieses wohlige und weiche Gefühl sanft durch dein Herz schwingt. Es dehnt sich immer mehr aus und schwingt durch deinen ganzen Körper.

Spüre und lass es fließen.

Pause

Deine Selbstliebe ist ein Gefühl und unabhängig von Äußerlichkeiten. Selbstliebe kann eine große Herausforderung im Leben sein, denn viele Menschen knüpfen die Selbstliebe an Bedingungen. Auf diese Weise können sie nicht zulassen, in der Selbstliebe zu sein. Sie denken, sie könnten sich selbst nur lieben, wenn sie etwas Bestimmtes erreicht hätten, ein Ziel, ein Ideal. Doch das ist nicht die Wahrheit. Die Selbstliebe ist völlig frei von Bedingungen oder Äußerlichkeiten. Sie ist ein Gefühl, ein Zustand, der dich ganz erfüllen kann.

Schließe deine Augen und fühle das sanfte Gefühl der Selbstliebe in deinem Herzen. Egal, an welchem Punkt deines Lebens du dich gerade befindest und ob du zufrieden mit dir und deinem Leben bist. Löse diese Bedingungen von deiner Selbstliebe. Lege all das jetzt beiseite und fühle einfach das sanfte Gefühl der Liebe in deinem Herzen.

Deine Selbstliebe ist frei von Zeit und Raum. Sie ist jenseits aller Bewertungen und Bedingungen. Sie ist in dir und immer da. Du kannst dich ganz leicht wieder mit ihr verbinden, einfach indem du sie fühlst. Sie wird dich durchströmen, deine Ausstrahlung mit Liebe erfüllen und dir helfen, dein Leben in einen liebevollen und freudigen Raum des Erlebens zu verwandeln.

Du bist auf einem Höhepunkt der Liebe und Begeisterung aus der göttlichen Quelle geboren. Die Liebe ist ein natürlicher Teil deines Seins. Sie ist sanft, wärmend, einladend und wohlig.

Spüre sie und lass sie fließen.

Erlaube, dass sie weit über dein Herz hinaus leuchtet und deinen ganzen Körper mit ihrem sanften Strom erfüllt. Einladend weich durchfließt sie dich, und du darfst es geschehen lassen.

Spüre und lass sie fließen. Du bist sanft und sicher gehalten.

Pause

Lade nun Menschen ein, an die du Teile deines Herzens in diesem oder deinen vergangenen Leben abgegeben hast, zu dir zu kommen.

Vielleicht hast du dein Herz freigiebig verschenkt, und ein Teil deines Herzensgefühls ist tatsächlich bei einem anderen Menschen verblieben.

Vielleicht ist dein Herz auch von anderen Menschen verletzt oder sogar gebrochen worden. Oft geben die Menschen Teile ihrer Energien oder ihres Selbst an andere Seelen ab. Sie gehören jedoch zu ihnen und sind wichtig, um ihr Sein zu heilen und wieder zu vervollständigen.

Nimm alle Seelen wahr, die jetzt zu dir kommen. Fühle, ob es wenige oder viele sind. Vielleicht leuchten sogar Umrisse von Personen oder Gesichter vor dir auf.

Nimm sie wahr und bitte sie aus deinem Herzen heraus, dir nun alle Teile deines Herzens und alle Herzensbruchstücke zurückzugeben.

Lass geschehen.

Spüre, wie alle Teile in einem sanften Strom zu dir zurückfließen und dir zurückgegeben werden.

Spüre und empfange und bedanke dich anschließend.

Pause

Du bist über das sanfte Gefühl der Liebe tief mit deinem Herzen verbunden. Dein Herz enthält so viel Weisheit und kann dich freudig und liebevoll durch dein Leben leiten.

Bitte dein Herz nun innerlich, dir ein Geschenk zu überreichen, das dich jetzt inspiriert und dir weiterhilft. Du kannst auch eine

Frage zu einem Thema stellen und das Geschenk als Antwort und Inspiration zu einer Lösung erhalten.

Fühle in dein Herz und nimm das Geschenk zu dir.

Betrachte das Geschenk, das nun in deinen inneren Händen liegt.

Nimm es wahr und frage nach seiner Bedeutung.

Spüre seine Ausstrahlung und lass sie durch dich strömen.

Spüre und empfange.

Pause

Selbstliebe ist keine Form von Egoismus und schließt niemals andere aus. Sie lässt dich erkennen, dass du dich nicht für andere aufzuopfern brauchst, sondern dich selbst mit all der Liebe versorgen darfst, die du benötigst. Dein Geben und Nehmen bleibt mit der Selbstliebe in Balance. Sie ist ein wichtiger Zustand, der dir ermöglicht, dein Leben in einen liebevollen und freudigen Raum des Erlebens zu verwandeln. Erst wenn ihr zulassen könnt, Liebe in und für euch zu fühlen, seid ihr auch fähig, andere wirklich lieben zu können, ohne sie festzuhalten oder verletzt zu werden.

Du kannst das Gefühl der Selbstliebe jederzeit in dir aufrufen, denn du weißt jetzt, wie es sich anfühlt. Es ist hilfreich, dies öfters täglich zu üben. Es reicht bereits aus, wenn du es für einige Sekunden oder vielleicht eine Minute fühlst.

Bade in dem Gefühl deiner Selbstliebe, so oft du kannst. Auf diese Weise kann sie zu einem integrierten Zustand werden, und du wirst mit der Zeit feststellen, dass du dich mühelos den ganzen Tag von deiner Selbstliebe erfüllt fühlen kannst. Sie wird durch dich leuchten und auch andere Menschen berühren können.

Du kannst eine lebendige, einladende Inspiration für andere sein, ihr Herz wieder zu öffnen.

Kapitel VIII

Die Erschaffung der Erde

Die Erde sollte ein äußerer Ausdruck der innersten Perle des Herzens, dem göttlichen Kern sein.

In ihrem Licht sollte sich die Vielfalt der Lichtreiche aus dem Innersten der Herzen spiegeln. In ihren Ausdruck und ihre Erschaffung wurden größtmögliche Liebe und göttliche Begeisterung gegeben.

Die tiefste Herzensausrichtung sollte hier hervorkommen, um die Tür zu einer neuen Schöpfungsebene zu öffnen.

Das ist das göttliche Potenzial der Erde.

Und alles war stets durchflossen vom höheren Willen der Liebe der göttlichen Quelle.

Das Potenzial der Erde

Je konkreter sich die Formen in den Galaxien und auf den Planeten ausbildeten, desto mehr verdichtete sich auf einer bestimmten Ebene die Bewegung der Energie. Die Frequenz der Energien wurde immer träger, da sie durch die Differenzierung der Welten eine immer größere Dichte erfuhr. Das Bewusstsein hatte sich in der Erschaffung der Welten wie an den Rand der bisherigen Schöpfungsmöglichkeiten in diesem Universum bewegt.

Hohe, weise Seelen wussten, dass hier eine noch unbekannte Tür geöffnet werden wollte, um eine weitere Ausdehnung der schöpferischen Kreativität zu ermöglichen. Die Kreation auf die gewohnte Art und Weise hatte hier ihren bisherigen Höhepunkt erreicht. Eine neue Art des Erschaffens, neue Schöpfungsräume und Möglichkeiten, ein neuer Fluss wollten kreiert werden.

Die neue Tür war zwar als Potenzial spürbar, jedoch wusste niemand, wie sie geöffnet werden konnte oder was dahinterlag.

Es war, als hätte man die bisherige Schöpfung in diesem Universum an ihren äußersten Rand ausgedehnt, und nun entstand das Bedürfnis für eine neue Ebene, um darüber hinaus weitere Potenziale entfalten zu können.

Um wieder in Übereistimmung mit dem inneren Quellkern zu kommen und die inneren Lichtreiche weiter frei entfalten zu können, war es nötig, eine andere Richtung einzuschlagen.

So kamen die weisesten Seelen des Kosmos zusammen und gründeten einen Rat, der nach neuen Möglichkeiten suchen sollte. Aus jedem der großen Seelenverbände kamen die weisesten Vertreter zusammen und spielten verschiedene Möglichkeiten durch.

Energien wurden fusioniert und wieder dividiert, doch konnte keine Lösung erkannt werden, weil sich alle Versuche auf der Basis der äußeren Schöpfungsebenen befanden. Allmählich wurde klar, dass die Lösung mit dem innersten Quellkern verbunden sein musste und nur in seiner Frequenz zu finden war.

Es wurde nach einer Möglichkeit gesucht, die innigliche, göttliche Begeisterung und Liebe des Herzenskerns zu entfalten und auszudehnen, um zu erkennen, wie seine Fusion aufgebaut ist. Welten und Räume wurden kreiert, und aus ihnen ergab sich die Erschaffung der Erde.

Die Erde sollte ein äußerer Ausdruck der innersten Perle des Herzens, dem göttlichen Kern, sein. In ihrem Licht sollte sich die Vielfalt der Lichtreiche aus dem Innersten der Herzen spiegeln. In ihren Ausdruck und ihre Erschaffung wurden größtmögliche Liebe und göttliche Begeisterung gegeben. Sie sollte ein Interagieren verschiedener Spezies und Energien ermöglichen, um eine neue Lösung zu erschaffen.

Und so ergab sich die komprimierteste Form von allen. Es wurde versucht, einen Schmelztiegel zu kreieren, der durch die Verschiedenheit des Ausdrucks in der Lage war, eine Art Siedepunkt von Bewusstsein und Herzensöffnung zu erschaffen, um eine neue Möglichkeit hervorzubringen.

Die tiefste Herzensausrichtung sollte hier hervorkommen, um die Tür zu einer neuen Schöpfungsebene zu öffnen.

Dies ist das göttliche Potenzial der Erde.

Und alles war stets durchflossen vom höheren Willen der Liebe der göttlichen Quelle.

Mu – Die Planungsebene der Erde

Zu Beginn der Entstehung der Erde legten die weisesten und größten Engel der großen Seelenverbände ihr Bewusstsein und ihre Energien zusammen, und es wurden einige Wenige ausgewählt, die in der Lage waren, die Blaupause der Erde im Universum zu halten.

So war die Erde zunächst ein energetisches Konstrukt. Um ihr ursprüngliches Lichtpotenzial herum wurden Energieschichten erzeugt. In einem Strudel verdichteten sie sich zu Materie und formten den Planeten über eine gasförmige in eine flüssige und dann in eine feste Form hinein.

Noch bevor sich die Materie verdichtete, wurde eine feinstoffliche Blaupause des Planeten erschaffen, die im Erdmantel liegt und bis heute existiert. Sie enthält den Bauplan der Erde, und durch sie kamen die ersten Seelen. Diese besuchten die Erde vor ihrer materiellen Ausformung. Sie betreuten die feinstofflichen Ebenen der Planung und wirkten in ihnen.

Zu diesem Zeitpunkt gab es auf der Erde noch keine Inkarnationen in feststoffliche Körper. Die ersten Seelen kamen in ihrer ursprünglichen engelhaften Form. Erst später wurden erste Körperformen entwickelt. Die Seelen benötigten eine sehr lange Anpassungszeit, um ihr Bewusstsein überhaupt in den feststofflichen Körpern verankern und halten zu können. Es war nicht leicht, ein weites, ausgedehntes Bewusstsein mit der komprimierten Dichte eines biologischen Körpers zu verbinden.

Die Aufgaben der nun hereinkommenden Seelen waren unterschiedlich verteilt. So koordinierten einige Seelen die Energien, entwickelten die Blaupause der Erde, während sich andere damit befassten, das Angesicht des Planeten zu planen und zu entwerfen. Es gab mannigfache Aufgaben in dieser ersten Entstehungszeit, und die Seelen nahmen sie freudig an, ganz nach ihren jeweiligen Qualitäten.

Auf dieser feinstofflichen Ebene der Existenz wurde der Plan der späteren Landmassen auf der Erde entworfen, und so entstand zunächst ein einziger riesiger Urkontinent, eingebettet in die Wassermassen des Planeten.

Es gab viele Entwürfe und Verwerfungen, und es verging einige Zeit, bis der Aufbau der Landmassen so weit ausgereift war, dass er in seine feste Form hineinfand.

Vielleicht gehört auch deine Seele zu den ursprünglichen Planern der Erde. Viele von ihnen waren später in Lemuria und auch in Atlantis inkarniert, ebenso in vielen der weiteren Hochkulturen, und begleiteten die Entwicklung der Erde in den verschiedenen Inkarnationen über die ganze Zeit hinweg.

Sie inkarnierten auf ihrem eigenen Entwurf, und viele weitere Seelen kamen nach und nach hinzu. Diese reine Planungsebene der Erde namens Mu beherbergte eine Gemeinschaft von Seelen, und diese betreuten die Manifestation der ersten festen Landmassen und Körperformen.

Das Leben wurde behutsam eingebettet. Erst als die Landmassen existierten und ein Ort für das Leben erschaffen war, wurden erste Samen für die Entfaltung der Arten eingebettet. Es entstanden immer wieder neue Arten, und sie gingen nicht alle unbedingt aus einer linear verfolgbaren Kette der natürlichen Evolution auf der Erde hervor. Man ließ dem Leben seinen Lauf. Es fand die Möglichkeit der Entwicklung aus sich selbst heraus, und zusätzlich wurden von verschiedenen Planeten immer wieder Impulse und Vorlagen für neue, unterschiedliche Arten eingebettet. So entstand im Laufe der Zeit ein unglaublicher Artenreichtum, wie ihn bisher noch kein anderer Planet trägt. Die Vorlagen verschiedener Spezies fanden ihren Weg aus den Galaxien zur Erde, ebenso, wie sich manche Arten aus einer evolutionären Folge auf der Erde entwickelten.

Auf der Erde sollte möglichst viel Bewegung und Begegnung stattfinden. Das Leben sollte sich evolutionär wie auch sprunghaft erfahren können.

Und im Innersten der Erde schlug das Herz der Seele: Gaia, deren Aufgabe es war, den Gesteinsmassen Leben einzuhauchen und die Fauna und Flora zu betreuen und zu halten.

Sie sollte Impulsgeber für die innersten Herzensimpulse sein, und so wurde sie als eine große Seele unter vielen ausgewählt, die eine besonders intensive Verbindung zu ihrem innersten göttlichen Herzenskern in sich trug. In ihr war das innere Feuer der göttlichen Leidenschaft deutlich spürbar, sie teilte diese schöpferische Begeisterung mit dem Planeten und hauchte sie ihm ein.

Das ist eine unbändige Schöpferkraft, die neuem Leben und neuer Entwicklung Raum gibt. Und in immer neuem Ausdruck ihres Innersten gab sie all dem Leben auf der Erde Raum und Heim. Die Natur selbst ist Ausdruck ihrer inniglichen Schöpferkraft und Liebe.

Möglichst viele Seelen sollten nun auf der Erde lernen, um einen solchen Zugang zu ihrem innersten Herzenskern zu verwirklichen, wie Gaia ihn in sich trug. Denn die Vermutung war, dass, wenn sich in den Herzenskernen wieder genügen Intensität freigesetzt hätte, dies eine Tür zu neuen Schöpfungsmöglichkeiten öffnen würde.

Doch bevor die Seelen in diesen Zustand reifen würden, sollte sich ein, nach irdischer Zeit gemessener, sehr langer Weg der Entwicklung ergeben. Doch Raum und Zeit sind eine Illusion, wie wir bereits erwähnten. Die lineare Zeit ist die Wahrnehmung eines begrenzten Bewusstseins.

Bereits auf den ersten ursprünglichen Kontinenten wie Lemuria und Atlantis waren weise Seelen inkarniert, die durch die Zeiten blickten und vom Beginn der Erde an die Vollendung ihres Potenzials schauen konnten. Weise Meister in Lemuria wie auch in Atlantis betreuten den Weg und erblickten eine Zeit, die wir Zukunft nennen würden. Ihr Bewusstsein ist allgegenwärtig. Sie betreuen die Erde und die darauf lebenden Seelen in ihren Erfahrungen. Und die Seelen erleben die einzelnen Schritte ihres Entwicklungswegs.

Der Entwicklungsweg auf der Erde ermöglichte ein Verstehen des Verhaltens von Energien und deren Auswirkungen durch den Rahmen der linearen Zeit. Die Abläufe auf der Erde sind durch die Zeit in Schritten nachvollziehbar. So war es für das Verständnis der Seelen sehr wichtig zu erleben, welche Auswirkungen geschehen, wenn ihr schöpferisches Bewusstsein einer Energie eine bestimmte Richtung gibt.

Aufbau der Länder und Kontinente

In Mu wurden die Länder und Kontinente wie großartige energetische Kathedralen konstruiert. Auf der Ebene der reinen Planung liegt ihnen ein komplexer energetischer Aufbau zugrunde, der aus verschiedenen Dimensionen und Informationsebenen besteht. Die reine Planungsebene der Landmassen besitzt eine anmutige Schönheit, ähnlich einer riesigen, erhabenen und sehr komplexen Kathedrale.

Jedes Land besitzt einen speziellen Aufbau, der verschiedene Dimensionen und Grundlagen enthält. Als Kern liegen jedem Land und Kontinent bestimmte göttliche Qualitäten zugrunde, die verschiedene Dimensionen entstehen ließen. Jede Dimension enthält und ermöglicht die Erfahrung einer anderen Qualität. In diese Dimensionsebenen wurden später ebenfalls die verschiedenen Lebens-Reiche eingebettet. Es existiert jeweils eine eigene Dimension für die Naturwesen eines Landes, für die Reiche der Pflanzen, der Tiere und für den Menschen. Die Temperaturen belegen eine eigene Dimension, ebenso wie die Farben und Formen. Im Grundprinzip ist die Struktur eines jeden Landes in verschiedenen Schichten oder Dimensionen aufgebaut. Dieser Aufbau ermöglicht die Erfahrung der verschiedenen Qualitäten, Möglichkeiten und Begegnungen der dort lebenden Wesen, eingebettet in Zeit und Raum.

Eine große Gemeinschaft von Seelen wirkte daran mit. Es fand sehr viel kreativer Austausch statt, es wurde vieles ausprobiert und auch wieder verändert.

Im Laufe der Zeit differenzierte sich der Aufbau zusehends, es entstanden immer mehr verschiedene Länder und Möglichkeiten.

Erlaube dir für einen Moment, die wahre schöpferische Schönheit eines Landes mit den göttlichen Sinnen des Engels zu erfassen, der du in Wahrheit bist. Betrachte ein Land mit deinen inneren Augen und erlaube, dass sich seine Dimensionen vor dir entfalten. Spüre es als die erhabene Schönheit eines Gesamtkunstwerks, in dem so viele Ebenen zusammenwirken.

Dadurch, dass jedes Land einen anderen inneren Aufbau erfuhr, konnten dort andere Qualitäten ausgedrückt werden. Manche Länder haben das Potenzial, die schöpferische Kraft zu fördern und erfahrbar zu machen. Andere wiederum tragen eine tiefe Essenz von Liebe, Freiheit, Kraft, Öffnung, Begegnung, Transformation oder Klarheit in sich. Es gibt sehr viele Qualitäten rund über die Erde verteilt, und sie unterstützen die Seelen, die wählen, sich dort für bestimmte Erfahrungen zu inkarnieren.

Lemuria und Atlantis

Die Ur-Kontinente Lemuria und Atlantis waren von unterschiedlichen Grundkräften erfüllt. Lemuria enthielt als Grundlage die göttliche Essenz und dadurch die Verbindung zur göttlichen Quelle. Die Erfahrungen der Seelen in Lemuria waren von vollkommener Schönheit. Alles war angenehm und liebevoll erfüllt. Man wirkte in enger Verbindung mit der göttlichen Quelle. Das Leben war geprägt von einem achtsamen und liebevollen Umgang mit der Natur und anderen Wesen.

Jedoch machte man nach einer Weile die Erfahrung, dass die intensive Verbindung zur Quelle den Seelen die Erfahrung der eigenen Freiheit und Unabhängigkeit auf der Erde erschwerte. Die Seelen fühlten sich so eingebettet in die göttliche Liebe, dass sie kaum einem eigenen Ausdruck nachgingen und Neues verwirklichten. Sie versuchten nicht, ihre eigene innere Quelle in sich selbst zu entfalten.

Bereits vor der Existenz der Erde versuchten einige Seelen auf den Ebenen des reinen Kosmos wieder in den Bewusstseinszustand der innersten Lichtreiche der Quelle zurückzugelangen, aus dem sie hervorgegangen waren. Das brachte viel Verzweiflung, weil es nicht der Pfad der eigenen Entfaltung war. Wie wir bereits sagten, wirst du nicht wieder in dein altes Kinderzimmer einziehen. Die göttliche Quelle hat jeder Seele den freien Willen und damit die Unabhängigkeit und vollkommene Freiheit geschenkt, und genau das ist der Weg der jetzigen Entwicklung der Seelen.

Jede Seele ist auf dem Weg, ihre eigenen inneren Lichtreiche im Einklang mit der ursprünglichen göttlichen Quelle zu verwirklichen und zu lernen, ein eigenständiger Schöpfer zu sein. Das ist am besten mit der Loslösung eines Kindes aus dem Nest der Eltern vergleichbar.

Aus diesem Grund wurde Atlantis erschaffen. In Atlantis sollte die Möglichkeit gegeben werden, die Qualitäten des göttlichen Kerns besser zu verstehen und in eine Unabhängigkeit zu reifen.

Das Bestreben, die Tür auf eine neue Ebene der Schöpfung zu öffnen, wirkte hier mit, denn die bisherige Schöpfung innerhalb des Universums hatte sich tatsächlich an eine Grenze bewegt, weil die Seelen sich immer noch in einer Art Abhängigkeit von der göttlichen Quelle befanden. Es war als nächster Entwicklungsschritt für sie notwendig, sich von der bisherigen Verbindung zur Quelle zu lösen und zu ihrer eigenen Quelle zu werden.

Erstmals wurde der sichere Rahmen Lemurias verlassen, der sich in tiefer Verbindung zu den göttlichen Lichtreichen bewegte. Hier existierte eine intensive göttliche Verbindung, doch sie gab den Seelen nicht genügend Raum zur Entwicklung der Eigenverantwortung und Unabhängigkeit. Die Seelen hatten den Pfad ihrer Selbstverwirklichung noch nicht erkannt.

In Atlantis wurden mehr Dimensionen der Erfahrung als in Lemuria eingebettet, die den Menschen auf der Erde erstmals erlaubten, die Auswirkung von eigenen Entscheidungen und Wegen zu erproben.

Das Leben in Atlantis entwickelte sich nach einiger Zeit jedoch in eine Richtung, in der eine fast völlige Abtrennung vom göttlichen Kern entstand. Es kam zu Manipulationen an der Biologie und am Verstand der Menschen und Lebewesen. Manche Seelen betrachteten sich nicht mehr als ein Teil der göttlichen Quelle, sondern selbst als die eine allumfassende, göttliche Quelle. Doch das ist nicht die Wahrheit. Jede Seele ist und bleibt ein Teil der Quelle. Sie kann nicht größer als die Summe ihrer Teile sein und sich über sie erheben. Aber die Seele kann lernen, ihr eigenes schöpferisches Bewusstsein zu entfalten und die göttliche Quelle in allen Facetten durch sich selbst zu erleben. Auf der Ebene dieser wundervollen Verbindung kann sie die allumfassende Liebe der Quelle erfahren, verkörpern und ist vollkommen frei.

Dieser schwierige Entwicklungsschritt wurde in Atlantis erlebt. Manche Seelen erkannten ihn, andere begannen, ihre Macht zu missbrauchen und weiteren Missbrauch zu erschaffen. Sie stellten sich über andere und hielten sich selbst für Gott. Kreuzungen zwischen menschlicher und tierischer DNA wurden erforscht. Es wurde versucht, die Menschen in ihrer Intelligenz und auch in ihrem Aussehen zu vereinheitlichen. Gerade in dieser Zeit geschahen viele Manipulationen und Experimente an der Biologie und auch am Verstand der Menschen.

Erst in der heutigen Zeit beginnen diese Manipulationen wieder bewusst zu werden und sich zu erlösen. Einige Schichten des alten Traumas von Atlantis sind bereits erkannt und abgelöst.

Der Fokus des Bewusstseins wandte sich von seinem übergeordneten göttlichen Blickwinkel ab und reduzierte sich auf die alleinige Betrachtung des menschlichen Seins. Die Sichtweisen und Erfahrungsebenen der Seelen blieben auf ihre menschliche Erscheinungsform fixiert, Verstand und Herzensgefühle wurden voneinander getrennt, und die Menschen verloren den Zugang zu ihrem erweiterten göttlichen Bewusstsein.

Von einer höheren Warte aus betrachtet, war jedoch gerade diese Zeit von Atlantis mit dem Fall des Bewusstseins auf diese sehr reduzierte Ebene wichtig, um ein ganz neues Verständnis für Freiheit und Loslösung von der göttlichen Quelle zu erlangen.

Es war wichtig, um das ursprüngliche Verhältnis zur göttlichen Quelle in eine selbstbestimmte Existenz der Unabhängigkeit und Freiheit im Einklang mit der göttlichen Quelle wandeln zu können. Dieser Prozess findet als Entwicklung bis heute auf der Erde statt und gipfelt in dem Aufstieg der Menschen.

Auf diesem Pfad wurde erlebt, welche Auswirkungen die eigene Schöpferkraft auf andere Wesen und eine Umgebung hat und wie die Menschen sich selbst als schöpferische Wesen erfahren und begreifen können.

Einige weise Seelen überlebten den Untergang von Atlantis in ihrer menschlichen Form. Sie reisten auf die verschiedenen Kontinente und trugen das hohe Wissen von Atlantis und Lemuria in die Kulturen der Völker.

Die Menschen tragen die Eigenschaften der Vater-/Mutterquelle in sich und lernen nun, zu ihrer eigenen Vater-/Mutterquelle zu werden. Erst dadurch erreichen sie wahrhaftige Freiheit und Unabhängigkeit.

Gleichzeitig bleiben sie stets eingebettet in die allumfassende Liebe der göttlichen Quelle, die unablässig durch die Menschen fließen und wirken möchte.

Trennung von Herz und Verstand

Nach dem Bewusstseinsfall der Menschen in Atlantis auf eine sehr eingeschränkte Ebene konnten nun Verstand und Herzensgefühle nicht mehr für die Lenkung der schöpferischen Kraft zusammenwirken.

Der Fokus der Menschen verengte sich immer weiter auf ihre unmittelbare Umgebung. Während der göttliche Fokus stets weit ist und komplexe Zusammenhänge auf selbstverständliche, multidimensionale Weise erkennen kann, wurde der Mensch nun auf einen sehr kleinen Ausschnitt seiner Realität reduziert.

Durch die Trennung von Gefühlen und Verstand und dem daraus resultierenden begrenzten Bewusstsein erfuhren die Seelen nun die Schattenseiten der göttlichen Kreativität und Schöpferkraft. Innerhalb dieses eingeengten Wahrnehmungskreises nutzten die Menschen nun übermäßig ihren Verstand, um neue Orientierung zu finden.

Dem Verstand wurde nun die Verantwortung für das Leben übergeben, er wurde beansprucht, um Lösungen zu finden. Hierfür ist der reine Verstand jedoch nicht geeignet, denn er ist auf die menschliche Realität als einzigen Bezugspunkt reduziert. Von dieser Ebene aus können keine übergeordneten Zusammenhänge erkannt werden. Die Unsterblichkeit der Seele und die Wunder der Schöpfung können nicht über den reinen Verstand begriffen, sondern nur über ein geöffnetes Herz und Bewusstsein wahrgenommen werden.

Die äußeren Dinge können über den Verstand zwar erfasst und beurteilt werden, wenn jedoch die Verbindung zur Göttlichkeit und den Herzensgefühlen fehlt, ist die Wahrnehmung nicht mehr mit Liebe und Mitgefühl verbunden. Des Weiteren ist sie nicht mehr multidimensional, sondern linear begrenzt.

Da der göttliche Zugang fehlte und die Menschen vergaßen, wie sie ihn wieder öffnen konnten, wurde fortan fast nur noch der

Verstand genutzt. Die Verletzungen und Traumata innerhalb des Menschen brauchen jedoch Zuwendung über die Herzensgefühle und die göttlichen Sinne, um heilen zu können, und nicht über den reduzierten Verstand. Auf der reinen Verstandesebene konnten sich die Menschen gegenseitig sehr hart verletzen, denn Liebe und Mitgefühl blieben nun außerhalb des Tagesbewusstseins.

Bis heute funktionieren sehr viele Menschen über den reinen Verstand und erleben aus diesem Horizont heraus eine lieblose, gefühllose, feindselige und begrenzte Welt. Der Verstand wird benutzt, verurteilt und überlastet. Erlaube, ihn wieder mit deinen Herzensgefühlen zu verbinden, und er wird sich in sein wahres Wesen der unbeschwerten Neugier und Freude auf Erfahrungen zurückverwandeln, denn das ist seine wahre Natur.

Durch die Trennung von Herz und Verstand konnte die bisher größtmögliche Trennung von der wahren göttlichen Natur erfahren und negative Emotionen wie Angst, Wut, Hass und vieles mehr erzeugt und erlebt werden.

Auf der Ebene des göttlichen Bewusstseins existieren sie nicht. Damit wieder verbunden, geschieht jegliches Handeln und Fühlen in Liebe, Mitgefühl und im Einklang mit Allem-was-ist. Es befindet sich stets in Harmonie mit allem, wird niemandem schaden und wahre Freiheit ermöglichen.

Nimm deinen Verstand liebevoll in deine Arme. Er hat so lange als Ersatz für den Zugang zu deiner Göttlichkeit gedient und versucht, die Lücke zu überbrücken. Entlasse ihn aus seiner Überforderung, die Lebensprobleme alleine für dich zu lösen, und verbinde ihn über deine liebevolle Zuwendung wieder mit den Impulsen deines Herzens. So wird er sich wieder in einen wundervollen lebendigen Teil deines Wesens verwandeln können.

Die wirkliche Schönheit und Großartigkeit der Schöpfung ist nur über eine harmonische Verbindung von Herz, Verstand und den göttlichen Sinnen wahrnehmbar. Über den Verstand allein bleiben diese Türen verschlossen.

Die göttlichen Sinne

Die göttlichen Sinne sind erweiterte Perspektiven und Gefühle, eine multidimensionale Wahrnehmung. Sie gehen weit über die menschlichen Sinne hinaus und besitzen eine große Tiefe. Am besten zugänglich sind sie über die Erfahrung. In ihren unterschiedlichen Inkarnationen erfährt die Seele immer weitere Facetten bestimmter Qualitäten. Die Qualität der Liebe zum Beispiel lässt sich auf der Erde in Form einer Eltern-Kind-Beziehung, einer Partnerschaft, einer Freundschaft und vielem mehr erfahren. Auch der Verlust eines geliebten Menschen lässt die Seele eine weitere Bedeutung der Liebe erkennen. Es gibt unzählige weitere Facetten, in denen Liebe erfahren werden kann. Jede einzelne dieser Erfahrungen erweitert die Perspektiven der Seele. Sie kann die Liebe in immer umfassenderer Weise begreifen und erfahren.

Die fünf menschlichen Sinne *Sehen, Hören, Berühren, Riechen* und *Schmecken* sind mit dem Körper verbunden. Der Körper wurde in seinem Ursprung als eine Ergänzung der göttlichen Sinne erschaffen, um eine intensive und direkte sinnlich-körperliche Erfahrung der feststofflichen Umgebung und der Begegnungen auf der Erde zu ermöglichen.

Die Seele sehnt sich danach, die göttlichen Sinne mit den menschlichen Sinnen zu verbinden, denn erst durch ihr gemeinsames Zusammenwirken wird das Erdenleben in einer ungeahnten Schönheit und Tiefe erlebbar. Im Zuge des Aufstiegsprozesses wird diese Verbindung wieder umfassend möglich.

Nach dem Bewusstseinsfall von Atlantis war den Menschen die Wahrnehmung ihrer Umwelt fast nur noch über die rein menschlich-körperlichen Sinne möglich. Dadurch verloren die Wahrnehmung und Erlebensfähigkeit wahrhaftig an Tiefe und Erfüllung, sie wurden sehr begrenzt und unbefriedigend.

Alle Menschen, die sich auf die Sinnsuche des Lebens begeben, suchen in Wahrheit den Zugang zu ihrem wahren göttlichen Wesen und die mit ihm verbundenen göttlichen Sinne, die einzigen, die wirklich befriedigend sind.

Das Risiko des Spiels

In den Energien auf der Erde entsteht eine eigene Dynamik. Jede Entscheidung, die eine Seele hier trifft, alles, was hier gefühlt, gedacht und getan wird, erzeugt eine Eigendynamik und eigene Ergebnisse. Nicht alle Auswirkungen der Entscheidungen einer Seele auf der Erde sind im Vorhinein aus einer begrenzten Perspektive heraus gänzlich überschau- oder kalkulierbar. Das wäre erst möglich, wenn die Seele in einem bereits aufgestiegenen Bewusstseinszustand inkarnieren würde. Es ist das Risiko, das mit der Ebene der Begrenzung verbunden ist, und auf der geistigen Seite wird es das „Risiko des Spiels" genannt.

So ist aus den Begrenzungen heraus eine Dynamik von Karma entstanden, die immer wieder nach einem Ausgleich strebt und die göttliche Ordnung auf Erden gewährleistet. Sie gewährleistet, dass alle Energien und Wirkungen, die in einem Bewusstsein der Trennung erzeugt werden, ihren Ausgleich finden und auf diese Weise wird die göttliche Ordnung erhalten.

Karma bedeutet Ursache und deren Auswirkung. Deine Seele ist ein schöpferisches Bewusstsein, das Energien durch seine Absicht zu bewegen und zu lenken vermag. Jede Handlung sendet Energien in eine bestimmte Richtung und führt zu bestimmten Ergebnissen.

Sind die Handlungen nicht mit dem Herzen verbunden, kreieren sie schädigende Auswirkungen. Anderen Wesen wird Schaden oder ein Nachteil zugefügt, und die auf diese Weise erzeugten Energien kehren früher oder später zu ihrem Erzeuger zurück. Dieses Energiespiel ist das Band, das die Seelen oft für sehr lange Zeit an den karmischen Zyklus der Erde fesselt und sie immer wieder wie ein Magnet in weitere Inkarnationen zurückzieht.

Oft benötigen die freigesetzten Energien mehrere Lebenszeiten, bis sie zu ihrem Erzeuger zurückkehren, und es wird immer schwieriger, die Ursachen zu erkennen. Dennoch hat jeder

Mensch in jedem Moment die Möglichkeit, sein Fühlen und Handeln wieder mit seinem Herzen und seiner Göttlichkeit in Einklang zu bringen und sich aus diesen alten Fesseln zu lösen.

Auch wenn manche Erfahrungen etwas anders verlaufen, als ursprünglich von der Seele vor der Inkarnation geplant, wird dennoch alles von weit höheren Ebenen des Bewusstseins koordiniert, betreut und versorgt und lässt aus dieser erhöhten Perspektive insgesamt eine Schönheit und Harmonie des gesamten Prozesses erkennen. Die Freiheit in der Entwicklung ist für die in einem noch begrenzten Bewusstsein lebenden Seelen nicht exakt vorhersehbar, und dennoch bewegt sie sich innerhalb eines göttlichen, sicheren Rahmens. Sie folgt keinem linearen Plan nach menschlicher Vorstellung. Die wahrhaftige Harmonie kann nur über eine hohe Bewusstseinsebene erkannt werden.

Ganz gleich, welches Leid einem Menschen auf der Erde auch geschieht, sein wahrer göttlicher Kern bleibt davon stets unverletzt. Das unbeschreibliche Leid auf der Erde, das hier erlebt werden kann, hat sich nicht aus einem Wunsch der Seelen ergeben, sondern ist eine Folge der übermäßigen Identifizierung mit dem menschlichen Sein. Es ist das Ergebnis der Reduzierung des Fokus auf die irdische Realität als einziger Bezugspunkt und der Trennung von Herz und Verstand. Auf dieser Ebene bleiben die Menschen in den Verstandesbegrenzungen gefangen und erleben eine Trennung von den positiven Gefühlen ihres göttlichen Wesens.

Das Leid auf der Erde war ursprünglich nicht vorgesehen oder geplant, dennoch hat es sich als eine Folge aus den verschiedenen Dynamiken ergeben. Das ist das „Risiko des Spiels“, das die Seelen bei ihren mutigen Inkarnationen auf der Erde eingehen und über das sie auf der geistigen Seite unterrichtet werden.

Es können sich immer wieder neue Dynamiken entwickeln, das Leben kann einen neuen Weg innerhalb des ursprünglich geplanten Lebenswegs einschlagen und verschiedene Möglichkeiten erfahren. Eine Seele kann sich an einer Stelle ihres menschlichen

Lebens kürzer oder länger aufhalten als ursprünglich angenommen. Es gibt viele Freiheiten und Möglichkeiten für immer neue Entscheidungen und Veränderungen.

Der Lebensplan

Die Seelen, die auf der Erde inkarnieren, befinden sich durch ihre Erderfahrungen bereits in einem begrenzten Fokus. Nach dem Beenden einer irdischen Inkarnation geht die Seele des Verstorbenen zunächst in die Astralwelt der Erde, das sogenannte Jenseits. Dieses Reich dient der Seele als Ort der Rückanpassung des durch die Erderinnerungen begrenzten Bewusstseins zurück in die Bewusstwerdung der eigenen Göttlichkeit. Erkennt die Seele ihre Göttlichkeit und erwacht aus ihren Begrenzungen, ist sie frei, wieder an allen Orten des Kosmos zu inkarnieren oder in ihrem ursprünglichen engelhaften Zustand zu sein.

Die meisten Seelen verlassen die Astralwelt der Erde jedoch nicht, indem sie sich ihrer Göttlichkeit bewusst werden, sondern bleiben karmisch an ihren Lebenszyklus auf der Erde gebunden und planen ihre nächsten Inkarnationen auf der Erde noch aus dem reduzierten Bewusstseinszustand, aus der Astralwelt heraus. Der Sog der karmischen Wirkungen ist so stark, dass sie ihre nächsten Inkarnationen bereits wieder aus einem eingeschränkten Bewusstseinszustand heraus begehen.

Um der Seele dann eine Orientierung in dem neuen Leben zu ermöglichen und das Karma bestmöglich erlösen zu können, ist die Erstellung eines Lebensplans notwendig, denn ihr Bewusstsein ist noch nicht vollständig in ihrer Göttlichkeit erweitert.

Der Lebensplan gilt stets der Orientierung einer Seele, die ihre Göttlichkeit und Schöpferkraft auf der Erde noch nicht wieder erkannt hat, und erleichtert die Auflösung von Karma. In der Astralwelt gibt es zahlreiche geistige Helfer, Engelwesen, die der Seele bei diesem Plan helfen. Einer von ihnen ist der Schutzengel, der den Lebensplan mit der Seele gemeinsam entworfen hat und sie, neben den anderen Helfern, auf der Erde unterstützt und begleitet.

Die Menschen können tatsächlich schreckliches Leid auf der Erde erleben. Gefesselt an karmische Ursachen und erschüttert durch Verletzungen erscheinen ihnen manche ihrer Lebensumstände als unveränderbar. Das ist aber nur der Fall, wenn sich das Bewusstsein zu sehr auf das menschliche Sein fokussiert und dadurch seine wahre Freiheit und Liebe selbst begrenzt. Gefesselt in einem engen Fokus des menschlichen Seins, ist es nur zu oft keine schöne Welt, denn all das Leid der Welt kann dann tatsächlich erlebt werden.

Erst in einem erweiterten Bewusstseinszustand können die Menschen beginnen zu erkennen, wie sie Auswirkungen aus ihren Handlungen über die vielen Leben hinweg als Karma selbst erschaffen haben, und sie können ebenfalls erkennen, wie sie sie wieder verändern können.

Löst man diesen eingeschränkten Fokus und erhebt sich auf eine erhöhte Bewusstseinsebene, wird in all dem scheinbaren Chaos eine übergeordnete Schönheit erkennbar. Sie offenbart, dass sich den Seelen auf der Erde die Möglichkeit bietet, sich selbst zu erkennen, sich aus allen Begrenzungen zu lösen und die Facetten des göttlichen Kerns aus sich selbst heraus zu verwirklichen. Es werden dann keine Ursachen mehr auf der Basis der Trennung erzeugt, die karmische Bindungen zur Folge haben. Dort endet das alte karmische Band.

Verändert sich das Bewusstsein des Menschen, wird auch ein freies und erfülltes menschliches Leben auf der Erde möglich.

Die weitere Entwicklung auf der Erde

Der innerste göttliche Kern bleibt von allen Verletzungen stets unberührt. Je weiter eine Seele reift und je erfahrener sie im Umgang mit den Energien auf der Erde wird, desto mehr Freiheit wird erreicht. Es werden immer weniger Lebensstationen im Voraus entschieden, sondern die Freiheit der Wahl wird erkannt und geschieht von Moment zu Moment. Die gereifte Seele übernimmt zusehends mehr Eigenverantwortung für ihre Kreationen innerhalb ihres Lebens auf der Erde. Sie reift zu einem immer bewusster werdenden Schöpfer.

Der Lebensplan ist der Leitfaden des unbewussten Schöpfers. Je mehr ein Mensch auf Erden erwacht und seine Lebensinhalte eigenverantwortlich zu lenken lernt, desto mehr Loslösung von dem vor der Inkarnation entworfenen Lebensplan geschieht. Es sind immer weniger Vorgaben notwendig, und er lernt, das eigene Leben frei, liebevoll und im Einklang mit Allem-was-ist auf der Erde zu erschaffen.

In dem Schmelztiegel der vielfältigen Begegnungen auf der Erde lassen sich die Auswirkungen der Entscheidungen und die Dynamiken der Energien erkennen und studieren. Alle Entwicklung ist dabei derart intensiv, dass sie die besten Voraussetzungen hat, die Begeisterung einer Seele für Ausdruck und ihre Liebe an den entscheidenden Punkt zu bewegen, sodass sich die Tür zu einer neuen Ebene der bisherigen Schöpfungsmöglichkeiten öffnen kann. Eine Möglichkeit, die innersten Lichtreiche des göttlichen Kerns im Herzen zu öffnen und zu entfalten.

Die Erde und die Begegnungen hier spiegeln die inneren Facetten eines Wesens so intensiv wie nirgendwo anders im Raum. Hier ist die Erfahrung am extremsten, und eine Seele kann hier am ehesten erkennen, ob sie sich im Einklang mit dem innersten göttlichen Herzenskern bewegt oder davon abweicht. Einmal von dieser Übereinstimmung abgekommen, ist es sehr leicht, dass

Verletzungen in den inneren, sensiblen Gefühls- und Gedankenebenen entstehen und den Lebensverlauf immer leidvoller und komplizierter gestalten. Hierin kann man sich eine ganze Weile verlieren und tief in die untersten Schichten von Unbewusstheit, der Abwendung von Gott und Leid eintauchen. Das alles gehört zum Risiko des Spiels.

Hat sich die Seele einmal für ein Leben auf der Erde entschieden, verstrickt sie sich oft in den karmischen Ablauf und wird von den Energien der selbst erschaffenen Dynamiken in einen Kreislauf immer weiterer Leben auf der Erde hineingezogen. Sie identifiziert sich immer mehr mit den Leben auf der Erde und vergisst ihren wahren göttlichen Ursprung. Der Weg zum Erkennen des göttlichen Kerns wird hier meistens über Ab- und Umwege erfahren, selten wird ein direkter Weg beschritten.

Die Seelen der Menschen sinken zunächst in die tiefen und schweren Schichten der Erfahrung, bevor sie sich allmählich durch ihre Reife wieder daraus erlösen und aufsteigen können.

Doch jede Erfahrung ist unendlich wertvoll und dient Allem-was-ist. Sie erschafft neue Weisheit und dient allen Seelen sowie der göttlichen Quelle selbst, um sich in allen unendlichen Facetten des Seins immer wieder neu zu erkennen.

Das neue Bewusstsein

Gerade die Ära der Dunkelheit und Verirrung nach dem Untergang von Atlantis, die die bizarrsten und wohl auch die grausamsten und schmerzhaftesten Erfahrungen auf der Erde hervorbrachte, sollte den Weg in die Richtung ebnen, die von Beginn an gesucht worden war. Hier konnte die Notwendigkeit erkannt werden, die göttlichen Qualitäten des inneren Herzenskerns zu erreichen und zu lernen, mit ihnen umzugehen. Es war ein möglich erscheinender Ausweg aus der Dunkelheit des Bewusstseins.

So, wie unter großem Druck ein Diamant entstehen kann, baute sich unter dem Druck des Leidens eine wirksame Dynamik und Erkenntnis auf, um die tiefe Herzenskammer zu öffnen und die dort eingebetteten Lichtreiche hervorzubringen.

Das war die gesuchte Tür, und einige Seelen haben es geschafft, sie zu öffnen und geben dadurch Impulse an die vielen Seelen auf der Erde ein, dies ebenfalls zu tun. Durch diese Öffnung kommt eine völlig neue Dynamik auf die Erde, die *Neues Bewusstsein* beziehungsweise *Neue Energie* genannt wird.

Etwas Großartiges wurde erschaffen, und alles Leben sowie jegliche Entwicklung in den höheren Ebenen des Bewusstseins profitieren von dieser neuen Dynamik. Die Menschheit ist dem Ziel der Selbstverwirklichung als Schöpfer einen entscheidenden Schritt nähergekommen, und auch für die weitere Entwicklung der Erde hat ein neuer Abschnitt begonnen. Die Erde mit all den inkarnierten Seelen bewegt sich nun in das göttliche, erhöhte Bewusstsein, verbunden mit der Fähigkeit, den Lichtreichen im Innersten des Herzens einen äußeren Ausdruck zu geben und in einem erfüllten Zustand ihrer Glückseligkeit existieren zu können.

Dieser Zustand kann nun von immer mehr Seelen erreicht werden. Es ist der sogenannte Aufstieg des Bewusstseins auf der Erde.

Die Seelen, die das bisher vollbracht haben, sind wahrhaft frei und haben einen neuen Ausdruck ihres Seins erreicht. Viele wollen und werden nun folgen.

Der Weg war für die Pioniere besonders schwierig, hart und herausfordernd, und wir verneigen uns tief vor euch, eurem Mut und eurer unbändigen Hingabe und Leidenschaft. Ihr habt den Weg für viele geöffnet und geebnet.

Es erfolgt nun eine Zeit der Umstellung auf der Erde, und jedes Wesen wird unterschiedlich lange für die Umsetzung benötigen.

Die Erde wird weiterhin dem Übergang des menschlichen Bewusstseins in eine aufgestiegene Ebene dienen. Während der Zeit des Übergangs werden sowohl Menschen mit einem aufgestiegenen Bewusstsein als auch jene mit einer Fokussierung auf das alte Bewusstsein der Trennung weiter gemeinsam existieren können, ohne sich gegenseitig zu stören.

Bitte beginnt zu begreifen, dass ihr die Möglichkeiten der Weiterentwicklung auf der Erde in jedem Moment selbst mitgestaltet. Es gibt keinen unveränderbaren, linearen Plan, sondern die neuen Möglichkeiten ergeben sich aus der Entwicklung eurer Seelen selbst, sie sind flexibel und können immer wieder neu entschieden und aufeinander abgestimmt werden. Es wird keinen Untergang der Erde geben, sondern auf ihr einen weiteren Erfahrungsweg. Sie wird weiterhin als einzigartiger und besonderer Erfahrungsraum zur Verfügung stehen. Die Entwicklung jeder einzelnen Seele zählt, jeder Einzelne ist gefragt und wichtig in dem fortlaufenden Prozess.

Einzelne und auch Gruppen werden ihren Aufstieg verwirklichen können, das Potenzial dafür ist so hoch wie noch nie zuvor. Und die Einzelnen werden immer mehr Menschen inspirieren, damit sich möglichst viele Seelen in die aufgestiegene Ebene und damit in die neue Schöpfungsebene hineinbewegen können.

Soviel Neues und Wundervolles ist auf der Erde aus diesem Schmelztiegel des tiefsten Herzenskerns entstanden.

Heilmeditation: Reise in dein Herz – Heilung von Herz und Verstand

Wir laden dich ein auf eine Reise in dein Herz.

Wir, Lady Nada und Maria Magdalena, sind eins, und wir berühren dein Herz.

Fühle dich unendlich geliebt und sicher gehalten.

Spüre in dein Herz und tauche darin ein wie in einen geöffneten Raum.

Dein Herz öffnet seine Pforten für dich und lädt dich ein, einzutreten. Es ist das Zentrum deines Seins, dein heiligster Ort.

Tritt nun in deinen Herzensraum und nimm wahr, wie er sich dir innerlich zeigt. Alle Wahrnehmungen sind richtig und ein Ausdruck der Energien.

Lass dich in das Zentrum deines Herzens führen. Dort ist ein wundervoller Platz für dich vorbereitet, und du bist eingeladen, diesen einzunehmen. Spüre und fühle den Kontakt zu deinem Herzen.

Pause

Ein sanfter Klang durchschwebt deinen Herzensraum. Es ist der Klang deines Herzens, es erklingt in seiner vollkommenen Melodie.

Lausche der Melodie und nimm ihre Klangfarben in dir wahr.

Zarte, sanfte und erfüllende Klänge durchschweben dein Herz.

Fühle nun den Wunsch, deinen göttlichen Kern im Herzen wahrzunehmen, und lass dich zu ihm führen. Finde und entdecke ihn und nimm wahr, wie er sich dir offenbart.

Vor dir erstrahlt dein wundervoller göttlicher Kern.

Leuchtende Perle deines Herzens.

Nähere dich mit deiner Aufmerksamkeit an und berühre ihn ganz sanft mit deinen inneren Händen. Spüre die Berührung und fühle seine Ausstrahlung.

Lass sein Licht deine Gefühle und deinen Körper durchströmen.

Spüre und empfange sein Licht.

Erlaube, dass die angenehmen Gefühle dein Herz und deinen Körper erfüllen.

Dieses angenehme Gefühl beginnt, deine Herzenswunden zu heilen.

Lass es durch deinen ganzen Körper fließen und in dir wirken.

Spüre und empfange.

Pause

Wende dich wieder deinem Herzensraum zu.

Gibt es dort etwas, was dir auffällt? Wirkt der Raum beengt, gibt es verschlossene Türen oder Fenster?

Vertraue allen inneren Bildern und Gefühlen und gehe frei und kreativ mit ihnen um.

Du kannst Fenster und Türen öffnen und einen engen Raum ausdehnen. Weite deinen Raum aus und öffne die verschlossenen Türen.

Pause

Gibt es Schatten, Mauern oder Gegenstände, die deinen Herzensraum noch verstellen? Nimm wahr, was sich dir zeigt.

Lass ein Gefühl der liebevollen Zuwendung dorthin fließen und beobachte, wie sich die Hindernisse durch deine Zuwendung verändern und auflösen.

Spüre, wie sich dein innerer Herzensraum weitet und heilt.

Spüre, wie dich ein sanftes Gefühl der Liebe und Freude durchfließt.

Das sind die wahren Gefühle deines Herzens.

Spüre sie und lass sie in dir fließen.

Pause

Lade nun deinen Verstand zu dir ein und nimm ihn wahr. Auch er ist ein Teil deines gesamten Seins und dient dir. Er war oft überlastet mit der Lösung von Lebensproblemen, was gar nicht seine

Aufgabe ist. Dein Herz vermag die Lösungen zu erkennen. Die Zeit ist gekommen, deinen Verstand noch intensiver mit deinem Herzen zu verbinden.

Lade den Verstand zu dir ein und nimm wahr, wie er sich dir zeigt. Vielleicht nimmst du ihn als Gefühl wahr, in einer symbolischen oder auch figürlichen Darstellung. Betrachte ihn innerlich und fühle, wie es ihm geht.

Erscheint der Verstand müde, abgekämpft, traurig oder leicht und fröhlich?

Wenn es ihm nicht gut geht, frage ihn innerlich, was er von dir benötigt, damit es ihm bessergeht. Lass die Antwort in dir aufsteigen. Entlasse ihn aus seiner alten Rolle und aus seiner Anstrengung.

Gib ihm das Gefühl, dass du ihm liebevolle Aufmerksamkeit schenkst, und lass das Gefühl von Liebe und Zuwendung zu ihm fließen.

Nimm ihn an die Hand und lade ihn ein, in dein Herz zu sinken.

Er ist in den weichen, heilenden und weiten Welten deines Herzens willkommen. Dort darf er sich entspannen und einfach sein. Er darf in seine wahre Lebendigkeit, Neugier und Freude auf das Leben erwachen.

Pause

In der liebevollen Verbundenheit mit deinem Herzen kannst du wahrnehmen, was dir guttut und was du wirklich brauchst.

Frage dich innerlich, was du für dich tun kannst, damit es dir gut geht. Was würde dein Herz erfreuen? Lass die Antwort in dir aufsteigen. Vielleicht sehnt sich dein Herz nach Erlebnissen, nach Bewegung oder Entspannung.

Wie kann ich meinen Tag heute liebevoll für mich gestalten?

Nimm diese wichtige Frage mit in dein Tagesbewusstsein und lass dich von ihr inspirieren. Du bist der Schöpfer deines Lebens, und dein Herz hilft dir, es liebevoll und erfüllend zu gestalten.

Kapitel IX

Das Potenzial der Neuen Erde

Die Landschaft der Neuen Erde öffnet sich. Gemeinsam blicken wir in den freien, neuen Raum. Hier existieren freie Entscheidungs- und Gestaltungsmöglichkeiten der Seelen im Einklang mit ihren Herzen und ihrem bewussten, göttlichen Sein.

Hier können sich die göttlichen Lichtreiche auf Erden ausdrücken.

Die Alte und die Neue Erde

Die Erde wird bestehen bleiben und ihre Schönheit weiter gefördert. Sie wird weiterhin die einzigartige, leuchtende Perle in der Weite des Universums sein, so, wie deine Seele eine unverwechselbare Perle des göttlichen Ozeans ihrer Entstehung ist. Mutter Erde verdient viel Anerkennung, denn sie hat euch durch wahrlich herausfordernde Zeiten getragen. Dein Herz darf ihr Dank senden, denn sie hat wahrhaftig ihr Bestes gegeben. Ihr liebendes Herz hat die Menschheit unendlich geduldig, sanft und mitfühlend auch durch die dunkelsten Zeiten getragen. Ihr gebührt höchste Achtung, Anerkennung und Ehre.

Die Seele der Erde, Gaia, wird im Laufe der nächsten mehreren hundert Jahre, nach eurer Zeitrechnung, die Verantwortung für die verschiedenen Königreiche der Natur vollständig in die Hände der Menschen legen. Gaia ist bereits dabei, diese alte Verantwortung an euch weiterzugeben, denn sie hat ihre Aufgabe, dem Planeten Leben zu geben und seine Reiche zu versorgen, bestens erfüllt.

Die Menschen sind eingeladen, die bewusste Verantwortung für sich selbst und auch für ihr Zuhause auf dem Planeten Erde anzunehmen. Dieser Prozess ist bereits im Gange und wird den Menschen den Wert der Natur und ihre Beziehung dazu noch mehr verdeutlichen. Die Natur spiegelt die farbige Lebendigkeit deines göttlichen Seins und deiner Schöpferkraft. Der bewusste Umgang der Menschen mit dem Planeten Erde, seinen Tieren und Pflanzen wird sich verändern. Das aufgestiegene Bewusstsein der Menschheit wird sich wieder vollkommen im Einklang mit der Natur befinden.

So wird die materielle Erde bestehen bleiben, und während sich dein Bewusstsein im Aufstiegsprozess erhebt, wirst du sie von ihrer schönsten Seite erfahren können. Endlich wirst du ihre wahre, tiefe Schönheit erleben, fühlen und wahrhaftig erfahren können. Die Schleier der Vernebelung und des Vergessens werden sich wieder von deinem Bewusstsein lösen, und du wirst dich so sicher, geborgen und geliebt auf der Erde fühlen wie in keinem deiner Leben zuvor. Dann gibt es nichts mehr, was du noch fürchten müsstest. Nichts, was dir auf der Erde noch schaden könnte.

In der jetzigen Zeit befindet sich die Menschheit in einem Übergangsprozess, der Ablösung des alten Karmas, der Heilung ihrer Herzen und Wunden, und in einem Aufstieg des Bewusstseins auf eine höhere Ebene der Existenz.

Das alte Bewusstsein der Trennung von der eigenen Göttlichkeit und der Zustand des neuen aufgestiegenen Bewusstseins existieren in diesem Übergang friedlich nebeneinander. So werden sie sich immer mehr annähern können, bis alle Seelen die Ebene des Aufstiegs erreicht haben.

Deine Seele zeigt dir einen Weg im Leben auf, dein Karma und deine alten Wunden zu erlösen, denn du befindest dich auf dem Weg deines Aufstiegs und deiner Erleuchtung. Du wirst frei sein, unabhängig und wahrlich Großes in deiner Entwicklung vollbracht haben. Jedes einzelne deiner Leben auf der Erde hat dazu beigetragen.

Auf deinem Weg des Aufstiegs kannst du immer mehr Facetten der Schöpfung, der Quelle und deiner eigenen Göttlichkeit erleben und blühst darin auf. Die unendliche Liebe der Quelle wird sich durch dein geöffnetes Herz und durch deinen göttlichen Kern immer weiter offenbaren. Du wirst sie leben, fühlen und ganz eins sein mit dir und der Schönheit der wundervollen Erde.

Noch seid ihr von viel Leid auf der Erde umgeben, es tritt mancherorts in großer Ansammlung auf, da sich alle Orte und Seelen auf der Erde auf die nächsthöhere Ebene ihres Seins anheben möchten und dafür das alte Karma freigeben müssen. Es ist Zeit, die letzten Pfade der Dunkelheit des Unbewussten zu verlassen, um sich der Reinheit der eigenen Göttlichkeit wieder bewusst zu werden.

Die Landschaft der Neuen Erde öffnet sich. Gemeinsam blicken wir hinein in den freien, neuen Raum. Hier existieren freie Entscheidungs- und Gestaltungsmöglichkeiten der Seelen im Einklang mit ihrem Herzen und ihrem bewussten göttlichen Sein. Hier können sich die göttlichen Lichtreiche auf Erden ausdrücken.

Der neue Bereich ist wie unberührter Schnee und enthält die gesamte Schönheit der Erde. Seine Realität wird sich im Zuge des Aufstiegs immer mehr in das Bewusstsein der Menschen einbetten und eine neue Realität auf der Erde kreieren, die im Einklang mit der Göttlichkeit ist. Alle bereits entfalteten Potenziale der Schönheit der Natur und der liebevollen Begegnungen auf der Erde sind hier vorhanden und können nun auf einer höheren Ebene des Bewusstseins auf ganz neue Art und Weise erfahren werden.

In dieser Ebene gibt es kein Leid mehr, sondern nur weitere Entfaltung und Ausdehnung in neue Erfahrungen. Vollkommen freie Leben sind hier möglich, verbunden mit erfüllenden Begegnungen.

Während sich im Schmelztiegel des alten Bewusstseins der Trennung viele neue Facetten der Liebe eröffnet haben, können diese nun in Verbundenheit mit Freiheit und Kreativität noch weiter ausgedehnt und verfeinert werden. Dadurch werden völlig neue Erfahrungen möglich.

Die neue Entwicklungsspirale, die die Menschen durch die Erfahrung der Trennung auf der Erde geöffnet haben, ist bereits da. Sie existiert und wird bereits erfahren. Sie steht noch ganz am Anfang ihrer Entwicklung. Es ist eine neue Ebene von Schöpfung, ganz anders als alles, was die Seelen seit ihrer Geburt und der Loslösung von der göttlichen Quelle erfahren haben.

Die Erfahrungen auf dieser neuen Schöpfungsebene werden auf Selbständigkeit und Unabhängigkeit einer Seele beruhen.

Diese Ebene wird weitere Welten nach dem Vorbild der Erde gebären, die den Seelen wundervolle, multidimensionale Ausdrucksmöglichkeiten bieten. Die neue Schöpfung ist bereits in der Verwirklichung.

So leuchtet die Neue Erde in einem ganz besonderen Glanz, sie glänzt wie unberührtes Neuland in den neuen Weiten der Schöpfung. Die Seelen werden alle neue Freiheit und Liebe fortan in sie hineintragen und dort ausleben können. Die Neue Erde befindet sich in einem neuen Erfahrungszyklus, sie ist vollkommen frei von Leid. Die Seelen können sich hier in ihrer Verschmelzung der Göttlichkeit und Menschlichkeit weiter entfalten, so, wie sich wunderschöne leuchtende Blüten in einen neuen Sonnenaufgang hinein öffnen.

Die Neue Erde ist eine reine, unverletzte Welt und vermag Heilung für alle Seelen auszustrahlen, die sich noch in einem Übergangsprozess ihres Bewusstseins befinden. Sie ist ein Bewusstseinszustand, den du auf der Erde leben kannst und der deine erlebte Realität auf der Erde positiv wandeln wird.

In deinem Aufstiegsprozess wirst du das Neue Bewusstsein immer mehr integrieren. Du kannst bereits jetzt beginnen, die Bewusstseinsebene der Neuen Erde zu fühlen und wahrzunehmen, indem du dich mit dem Bewusstsein der neuen Schöpfungsebene verbindest und Heilung in ihrem Licht erfährst. Dadurch ermöglichen sich dir Regeneration und Erholung von den erfahrenen Herausforderungen auf der Erde.

Sie eröffnet ihre zauberhaften reinen Landschaften vor deinem inneren Auge und lädt dich ein, sie zu berühren. Die wahre Schönheit der Erde offenbart sich hier in ihren unvergleichlichen, wundervoll leuchtenden Farben.

Spüre die Freiheit. Hier gibt es keine Last und kein Leid. Auch du hast dazu beigetragen, dass sie entstehen konnte.

Sie ist nicht nur die Zukunft, sondern bereits jetzt präsent. Ihr Potenzial ist geöffnet und wird bereits von einigen aufgestiegenen Menschen auf der Erde bewusst und von Menschen, die sich noch im Aufstiegsprozess befinden, teilweise erlebt.

Die Zeit ist eine Illusion. Auch wenn du deinen Aufstieg noch nicht vollendet hast, kannst du dich bereits jetzt mit der Ebene des neuen Bewusstseins und der Neuen Erde verbinden.

Atme ihre Reinheit ein, sie öffnet ihre Pforten für dich und lädt dich ein, loszulassen. Ihre Reinheit strömt durch dein Gemüt und deinen Zellen. Sie ist auch ein Teil deiner Schöpfung.

Übergang zum Aufstieg

Der Aufstiegsprozess hat seine Pforten etwa seit dem Jahr 2000 für alle Seelen auf der Erde als eine gemeinsame Möglichkeit geöffnet. Die Energie und das Bewusstsein der Menschheit auf der Erde haben sich in eine Richtung bewegt, in der der Aufstieg auch für Menschenmassen zu einer realisierbaren Möglichkeit wird. Viele inkarnierte Seelen auf der Erde haben über viele Jahrhunderte daran mitgewirkt. Die mutigen Pioniere des Bewusstseins und des Herzens wandelten durch alle Zeiten hindurch und inspirierten Veränderung in den Menschen. Der Weg wurde sorgfältig vorbereitet, und der Aufstieg wird nun immer greifbarer.

In den früheren Jahrtausenden war es den Menschen auch möglich, ihren Aufstieg zu erfahren, jedoch war es in der bisherigen Dichte der Energie und des Massenbewusstseins auf der Erde sehr viel schwieriger.

Die Möglichkeit des Aufstiegs ist nun leichter zugänglich, und sehr viele Seelen befinden sich momentan auf diesem Weg.

Momentan sind noch viele Menschen in ihrem alten Karma gebunden, und ihr Bewusstsein ist noch mit dem alten Zustand der Trennung, des Mangels und des Leidens identifiziert. Alles Leid auf der Erde – Verletzungen, Krankheiten und Kriege – beruhen auf dem alten Bewusstseinszustand der Trennung, der in den letzten Jahrtausenden auf der Erde gelebt wurde.

Verwirklicht sich der Mensch und erkennt seine Göttlichkeit, wird sein sich erhebendes Bewusstsein ihn wieder mit Liebe, Fülle, Gesundheit, Erfüllung, Freude und vielen Qualitäten verbinden, die immer schon in ihm waren. Sie enthüllen sich ganz von selbst auf eine wunderbare Weise, wenn der Mensch sich dafür öffnet. Ein aufsteigendes Bewusstsein enthüllt den Blick und erschafft ein erfülltes Leben.

Der Schlüssel für den Aufstieg liegt in der kontinuierlichen Erweiterung des eigenen Bewusstseins. Die alten Wunden dürfen geheilt werden, und der Fokus des Bewusstseins wird sich wieder in die Göttlichkeit ausdehnen.

Das Bewusstsein wird eine zentrale Rolle in der kommenden Entwicklung spielen, denn die Menschen werden sich im Aufstiegsprozess ihrer Göttlichkeit schrittweise wieder bewusst.

Befindet sich der Mensch in einem niedrig schwingenden Bewusstseinszustand der alten Trennung, ist er noch unmittelbar mit dem Leid dieser Ebene verbunden und kann es nach wie vor auf der Erde erleben.

Alle Erfahrungen, die sich dann im Leben ereignen, spiegeln lediglich die innerlich verankerte Trennung und alle damit verbundenen negativen Eigenschaften wie Anstrengung, Kampf, Ausgrenzung, Ablehnung, Wut, Hass, Angst, Einsamkeit, Erschöpfung und vieles mehr wider, die immer wieder neu erzeugt werden.

Die Menschen haben nun die Möglichkeit, sich aus dem Bewusstsein der Trennung zu lösen und sich zu erlauben, ihre Sicht zu erweitern. Im Jahr 1987 hat über die Seelenebene ein übereinstimmender Beschluss über den weiteren Entwicklungsverlauf auf der Erde stattgefunden. Das Ergebnis war, dass sich das Bewusstsein genügend weit geöffnet hatte, damit die Erde nicht untergehen, sondern den Menschen weiterhin die Möglichkeit bieten wird, ihr Bewusstsein zu verändern, ihr Herz zu öffnen und ihre wahre Göttlichkeit anzunehmen.

Jedes Jahr, jeden Monat gelangen neue hohe Frequenzen auf die Erde, die Lichtinformationen eines erhöhten Bewusstseins, der Neuen Energie und der göttlichen Qualitäten in das Energiefeld der Erde einbetten, damit sie für die Menschen zugänglich werden. Sie sorgen dafür, dass die alten Karma-Strukturen immer offensichtlicher an die Oberfläche des Bewusstseins der gesamten Menschheit gelangen.

Jedoch kann noch nicht jeder Mensch auf eine annehmende Weise damit umgehen. Noch viel zu oft entscheidet sich der Mensch, dagegen anzukämpfen und die Welt weiterhin in Feindbilder einzuteilen. Er rüstet sich mit Kampfbereitschaft, Angst, Ablehnung und Ausgrenzung. Auf diese Weise versucht er unbewusst, die eigenen Ängste zu bekämpfen.

Doch die Lösung liegt nicht im Kampf und in der Abwendung, sondern in der liebevollen Annahme und Heilung des Selbst. Rückverbunden mit diesem Grad an Bewusstheit, kann der Mensch erkennen, dass kein Kampf notwendig ist, sondern wahre Fülle, Freude und Glück der natürliche Zustand eines geöffneten Bewusstseins und Herzens sind.

Jeder Mensch kann und darf das in seiner Zeit erkennen. So viele Menschen reiben sich derzeit noch in Widerständen auf und sagen den vermeintlichen Dämonen ihrer unterdrückten, negativen Gefühle den Kampf an. Bekämpfen sie etwas im Außen, so bekämpfen sie in Wahrheit die unerlösten Wunden ihrer abgespaltenen Seelenanteile und verletzen sich damit selbst noch mehr.

Dieser unerlöste Zustand gehört nicht zu eurer Göttlichkeit, sondern ist aus alten Verletzungen, karmischen Bindungen und inneren Konflikten entstanden.

Entscheidet sich der Mensch erneut für ein Verhalten von Kampf, Aggression und Ablehnung im Innen wie im Außen, so bleibt der wahre Zugang zum Herzen und der darin liegenden Göttlichkeit weiterhin verschlossen. Das Bewusstsein bleibt auf den Leidensfokus reduziert und kann sich nicht auf eine erhöhte Ebene bewegen.

Derzeit gibt es eine immer größer werdende Anzahl von Menschen, die sich in einer aktiven Phase des Übergangs in das neue, aufgestiegene Bewusstsein befinden. Ihre Zahl reicht zum jetzigen Zeitpunkt in viele Millionen hinein und wächst weiter an.

Auch hierzu möchten wir gerne etwas sagen.

Diese Menschen befinden sich in einem Übergang vom alten Bewusstsein der Trennung in das neue Bewusstsein des Aufstiegs, und auch du, der/die du diese Zeilen liest, gehörst dazu.

Im Übergangsstadium kannst du die Erfahrungen beider Welten machen. Wahrscheinlich bist du schon durch größere Krisen gegangen, in denen sich dein göttliches Sein durch den Deckmantel der verletzten Schichten seinen Weg an die Oberfläche deines Bewusstseins gesucht hat. Das hat sicherlich zu einigen Schwierigkeiten und Tiefen geführt, denn es ist nicht immer leicht, die alten Identifikationen loszulassen und wirklich Veränderung und Heilung zu erlauben. Doch wahrscheinlich hast du inzwischen bereits viele positive Erfahrungen gemacht.

Je weiter sich dein Herz und Bewusstsein öffnen, desto mehr Teil-Erleuchtungserlebnisse werden dir zuteil. Vielleicht hast du bereits Erkenntnisse erlebt, die du in jeder Zelle deines Körpers deutlich fühlen konntest. In echten Erkenntnissen zieht sich der Schleier vor dem göttlichen Bewusstsein für einen Moment vollständig zurück, und du erkennst die unmittelbare Wahrheit in einem bestimmten Bereich oder einer Situation.

Diese Erkenntnisse sind auf eine positive Weise wahrlich zutiefst durchdringend. Sie durchfluten den Körper und das Bewusstsein wie eine Welle und sind befreiend und lebensverändernd, denn im Rahmen einer echten Erkenntnis geschieht eine dauerhafte Veränderung des Bewusstseins.

Echte Erkenntnisse werden meistens durch ein Begreifen über die Verstandesebenen und durch das Heilen und Loslassen verschiedener Verletzungen oder Glaubenssätze vorbereitet und geschehen in dessen Folge unmittelbar und unerwartet als schlagartige Befreiung. Eine Erkenntnis erzeugt eine dauerhafte positive Veränderung, denn durch sie hast du einen Teil deiner wahren Göttlichkeit integriert. Sie sind ein Geschenk, und sie geschehen, wenn alles in dir bereit ist und du es zulässt. Das ist wie eine erlösende Gnade. Eine wahrhaftige Erkenntnis kann man nicht aktiv veranlassen, sondern sie wird als eine Folge von Entwicklung durch das Zulassen erlebt.

Während des Übergangsprozesses stellt sich auch dein Körper immer mehr auf die erhöhten Energien ein, die jetzt empfangen werden, und sehr oft kann das eine Zeitlang zu Schmerzen oder vermeintlichen Krankheitserscheinungen führen, die kommen und gehen und oft nicht diagnostizierbar sind.

So wirst du dich eine Weile zwischen dem alten und dem neuen Bewusstseinszustand hin- und herbewegen und feststellen, dass du immer mehr das Interesse am Drama des alten Bewusstseins verlierst und positive Gefühle zu einer neuen Lebensbasis für dich werden.

Eines Tages wirst du die Bereiche des wahren Annehmens und Loslassens erreichen, die meistens die letzten Schritte des Aufstiegs kennzeichnen. Dann wirst du auf der neuen, aufgestiegenen Bewusstseinsebene angekommen sein. Das wird in den meisten Fällen sanft und schrittweise erfolgen. Bist du angekommen, dann weißt du es. Du wirst nicht mehr fragen, ob es soweit ist, sondern es sicher wissen. Die alte Frage endet dort.

Die Phase des Übergangs kann unterschiedlich lange dauern. Du kannst sie recht schnell durchlaufen, ebenso kannst du dir Zeit lassen und auch an einem Wegabschnitt verweilen, wenn du dich dort glücklich fühlst und ihn auskosten möchtest.

Wisse, deine Entscheidungen sind frei, und das innere Gefühl deines göttlichen Kerns, die Begeisterung für den Ausdruck und neue Erfahrungen, wird dich sanft und freudig weiter durch den Prozess tragen.

Bereits auf dem Weg des Aufstiegsprozesses wird sich das bisher mit Begrenzungen verbundene Leben viel angenehmer und freier erleben lassen. Durch die stattfindende Transformation wirst du fortan deine Lebensschöpfungen anstatt auf der Grundlage der Trennung auf der Grundlage eines weit expandierenden Bewusstseins kreieren können, das dir neue, ungeahnte und wundervolle Möglichkeiten bietet.

Die Neue Energie

Die Neue Energie ist mit dem neuen Bewusstsein verbunden und bereits seit einigen Jahren auf der Erde verfügbar. Sie ermöglicht wundervolle Manifestationen für Menschen, die dieses bereits erkannt haben. Es ist nicht nötig, den Aufstieg vollkommen zu verwirklichen, um sie zu nutzen, denn sie wird bereits auf dem Weg dorthin verfügbar. Sie folgt dem expandierenden Bewusstsein und dem geöffneten Herzen.

Im Gegensatz zu den linearen trennenden Begrenzungen des alten Bewusstseins, das Schöpfungen nur unter Anstrengung ermöglicht, verhält sie sich nicht linear, ausdehnend und ermöglicht fast unglaublich erscheinende Kreationen. Sie ist multidimensional und reagiert auf ein sich öffnendes Bewusstsein, das sich aus den alten Begrenzungen löst.

Dadurch eröffnen sich ungeahnte Möglichkeiten im bisherigen Leben. Die Neue Energie lässt sich nicht begrenzen. Sie erscheint nicht logisch und folgt keinem festen Plan oder linearen Schritten. Dadurch kann sie chaotisch erscheinen, doch ist sie es nicht. Sie dient dem reinen Bewusstsein und kann Möglichkeiten quantensprungartig manifestieren, denn das Bewusstsein, dem sie folgt, ist frei und multidimensional.

Ins Leben tritt sie an dem Punkt, an dem die linearen Erwartungen des Verstandes und die Ängste losgelassen werden und der Mensch sein Vertrauen wiederfindet. Die Neue Energie dient dem freien Bewusstsein und ist durch das Durchschreiten der Tür auf die neue Schöpfungsebene entstanden. Sie ist eine Schöpfung aller Seelen, die durch die Erfahrungen der Alten Erde gegangen sind und ihren Aufstiegsweg gehen und gehen werden. Sie ist auch deine Schöpfung.

Der Aufstiegsprozess

Der Aufstiegsprozess wird ganz von selbst und auf natürliche Weise eingeleitet, sobald sich der Mensch aus seiner tiefen Wahrheit dafür entscheidet, wirklich etwas verändern und die alte Trennungsebene des Bewusstseins verlassen zu wollen.

Je größer und dichter die alte Deckschicht der Verstrickungen, Verletzungen und negativen Emotionen ist, desto weniger kann der Kontakt zu einem aufgestiegenen Bewusstsein erfolgen. Die Schritte zum Aufstieg sind gekennzeichnet durch das Freigeben des alten Karmas, dem Heilen von Verletzungen und Traumata und von tiefgreifenden Erkenntnissen. Zum Abschluss gehen sie über in einen frei fließenden, offenen Zustand des Loslassens, Zulassens und Annehmens.

Das Urvertrauen des göttlichen Kerns kehrt im Zuge dieses Prozessabschnittes vollständig in das Bewusstsein zurück und erhebt es auf die nächsthöhere Ebene des Seins.

Die letzten Schritte des Aufstiegs sind sanft. Hier ist der innere Kampf bereits beendet, und es tritt eine sanfte Anmut, ein offener Zustand des direkten Annehmens und Loslassens ein. Der Mensch ist nicht länger durch Karma gebunden, es gibt keine Anker des Leidens mehr, die nach ihm greifen und ihn auf der Ebene des Leidens halten könnten. Das Bewusstsein ist frei von Ängsten und Bewertungen, es ist beständig mit der erfüllenden Liebe und der Gesamtheit der Quelle verbunden.

Der Mensch hat seine Verbindung zu seiner Göttlichkeit wieder hergestellt, die ihn selbstverständlich mit allen benötigten geistigen wie materiellen Dingen versorgt.

In diesem erhöhten Bewusstseinszustand ist ein wahrhaftig erfülltes und glückliches Leben in einem biologischen Körper auf der Erde möglich.

Der Körper eines aufgestiegenen Menschen wird sich nach wie vor auf der materiellen Erde bewegen können, direkt unter den Menschen, die sich noch immer mit der Trennungsebene des alten Bewusstseins identifizieren, jedoch ist dieser Mensch dann nicht mehr an die alten karmischen Abläufe gebunden. Er wird von keinerlei Leid beeinflusst oder gar in seiner Entfaltung gestört werden können.

Die Erde wird für den aufgestiegenen Menschen auf eine vollkommen neue Weise erfahrbar, und er wird sich sicher auf ihr bewegen können.

Es wird weiterhin ein Kontakt zwischen den Menschen unterschiedlicher Bewusstseinszustände möglich sein, und der aufgestiegene Mensch wird davon nicht negativ beeinflusst, denn er hat diese Ebene bereits gemeistert und transzendiert.

Das alte und das neue Bewusstsein teilen sich denselben Raum auf dem Planeten Erde und unterscheiden sich dadurch, dass beide jeweils ein völlig anderes Erleben und andere Erfahrungen auf derselben Erde ermöglichen.

Während sich das neue Bewusstsein auf der Basis eines mit der Göttlichkeit verbundenen Bewusstseins erfährt und keinerlei Negativität und Dualität beinhaltet, wird sich auf der Ebene des alten Bewusstseins das alte Spiel des Karmas und der Trennung so lange fortsetzen, wie die Menschen es dort zulassen und erzeugen.

Die Bewusstseinsebene der Neuen Erde hat einen erlösenden Einfluss auf die Menschen, die sich noch in dem alten getrennten Bewusstsein befinden, doch umgekehrt kann das Leid der Alten Erde die Dimension der Neuen Welt nicht mehr berühren oder gar verletzen.

So wird sich die Geschichte dieser beiden Potenziale auf der feststofflichen Erde weiterentwickeln, und in welcher Zeit und in welchen Schritten diese geschieht, ist tatsächlich veränderbar und wird von jedem einzelnen Menschen und seinen Entscheidungen beeinflusst.

Die alten Prophezeiungen

Es gab bereits viele alte Prophezeiungen eines Weltuntergangs, eines Dritten Weltkrieges und vieler schrecklicher Ereignisse, die jedoch nie eingetroffen sind. Viele Seher der Alten Zeiten blickten vom damaligen Entwicklungszustand der Erde aus in die Zukunft und sahen das damals wahrscheinlichste Potenzial. Zudem waren sie selbst meistens nicht vollständig erleuchtet und konnten ebenso Potenziale sehen, die sich auf ihre persönlichen Erwartungen und Ängste bezogen.

Seitdem ist die Entwicklung weit fortgeschritten, und einige Menschen haben andere Entscheidungen getroffen, als es damals wahrscheinlich erschien. Sie sind ihrem Herzen gefolgt, haben Lichtimpulse des Erkennens in das Massenbewusstsein gebracht und zu einer Veränderung beigetragen. Die alten Prophezeiungen wurden verändert, denn es wurden durch die Veränderung des Bewusstseins der Menschheit völlig neue Potenziale eröffnet.

Statt einem Weltuntergang wurde das Potenzial eines Weltenaufstiegs geöffnet, und das ist wahrhaftig ein großer Grund zur Freude. Öffne dein Herz und dein Bewusstsein und sei auf der Ebene der Neuen Erde willkommen.

Multidimensionale Wahrnehmung der Erde

Im Bewusstseinsfeld des Aufstiegs können die Begegnungen und die wundervollen Landschaften der Natur auf der Erde erst ihre wahre Schönheit offenbaren. Die menschlichen und göttlichen Sinne können sich in all ihren Facetten verbinden und erweitern. Das Leben wird nun insgesamt aus einem geöffneten und erfüllten Bewusstsein heraus wahrgenommen und auf multidimensionale Weise in einer so großen Tiefe und Weite gefühlt und erfahren, wie es für dich heute kaum vorstellbar ist.

Wenn ein Mensch eine irdische Landschaft wahrnimmt, dann sieht, hört, schmeckt und riecht er sie, er kann sie berühren, Strukturen, Wärme, Kälte, Nässe und Trockenheit fühlen und sich daran erfreuen. Die meisten Menschen sind noch auf diese Wahrnehmung über die rein menschlichen Sinne fokussiert und auch begrenzt. Öffnet sich das Herz, werden bereits intensivere Zugänge und Gefühle des Wahrnehmens einer Landschaft offenbart.

Einem aufgestiegenen Menschen offenbaren sich noch viele weitere Dimensionen, die in der Landschaft verborgen liegen und nur einem erhöhten Bewusstsein zugänglich sind.

Erblickt ein aufgestiegener Mensch eine Landschaft, kann er die Farben, Klänge und Düfte dort nicht nur sehen, hören und riechen, sondern er wird sie gleichzeitig auch intensiv in sich und in vollkommener Verbundenheit mit sich selbst fühlen und wahrnehmen. Sie erfüllen ihn vollkommen, und er fühlt sich eins mit ihnen.

Die Wahrnehmung einer Landschaft wird zu einer erweiterten Erfahrung in einem völligen Zusammenwirken der menschlichen Sinne mit den göttlichen Sinnen. Gleichzeitig wird er die Dimension der Naturwesen wahrnehmen, die die Landschaften erfüllen und beseelen. Er wird fühlen und wissen, was diese Landschaft bereits erlebt hat, wie sie gewachsen ist und sich im Laufe der Zeit verändert hat. Wenn er möchte, könnte er sogar einen Eindruck davon bekommen, welche Völker hier jemals gelebt und was die

Menschen gefühlt haben, die hier waren. Er könnte wahrnehmen, wie sich die Felsen vielleicht einst unter Wasser befunden und wie sie ihren Weg der Erhebung aus dem Wasser erfahren haben. Des Weiteren könnte er die Inhalte zurück bis zur Entstehung der Landmassen auf der Erde wahrnehmen, und das in einem einzigen Moment. Eine einzigartige und zutiefst erfüllende und beglückende Erfahrung.

Das ist für ein aufgestiegenes Bewusstsein leicht, da die Menge der Informationen nicht mehr über den reinen Verstand bewertet und verarbeitet werden muss. Der aufgestiegene Mensch könnte alles zusammen wahrnehmen und auch wieder voneinander getrennt.

Was für den noch begrenzten Verstand unmöglich und überfordernd erscheint, ist in Wahrheit sehr erfüllend. Die Illusion von Außen und Innen existiert nicht mehr. Der aufgestiegene Mensch befindet sich noch in der Landschaft, sein Körper kann alles berühren, und gleichzeitig ist das Bewusstsein weit geöffnet und wird von den Wahrnehmungen der Landschaft vollkommen erfüllt. Der Mensch nimmt die Landschaft unmittelbar als Teil seiner Selbst wahr und ist auf diese Weise mit ihr auf der Ebene der Einheit verbunden.

In dieser geöffneten Wahrnehmung werden nicht die Jahre gezählt oder die Menschen, die je durch die Landschaft geschritten sind, wie es der Verstand tun würde, sondern es ist ein tiefes Mitgefühl und ein Wissen innerhalb des Bruchteils einer Sekunde vorhanden, was diese Landschaft erlebt hat. Die Herzensliebe von Mutter Erde wird spürbar sowie der gesamte schöpferische, kreative Geist, der die Landschaft mitgeformt hat. Ein aufgestiegener Mensch nimmt seine Umgebung auf eine anmutige und multidimensionale Weise wahr. Alle Wahrnehmungen und Eindrücke erscheinen für ihn nicht mehr einzeln und voneinander getrennt, sondern ergeben alle zusammen ein einzigartiges erhebendes und glückseliges Gefühl. Es ist eine multidimensionale Erfahrung aller menschlichen und göttlichen Sinne gemeinsam.

Er wird selbst kein belastendes Leid empfinden, auch wenn es sich an diesem Ort ereignet hat. Der aufgestiegene Mensch kann das Leid erkennen und spüren, aber es beeinträchtigt ihn nicht, denn er ist im tiefen Mitgefühl damit.

Er bewegt sich in einem Zustand des ständigen Annehmens und Loslassens, alles fließt frei durch ihn hindurch, denn er bietet keinerlei Widerstand mehr.

Das Gefühl dieses Zustands leuchtet durch diese Zeilen hindurch, und du bist eingeladen, es wahrzunehmen.

Die wundervolle Glückseligkeit des aufgestiegenen Zustands kann nur über die eigene Erfahrung wirklich erfasst und erlebt werden.

Bereits auf dem Weg zum Aufstieg werden sich deine Wahrnehmung und dein Empfinden schrittweise verändern. Der Zustand der multidimensionalen Wahrnehmung wird sich bereits auf dem Aufstiegsweg immer intensiver offenbaren und gelebt werden können. Deine Gefühle werden sich, meistens schrittweise, in ihre wahrhaftige göttliche Weite und Tiefe öffnen.

Die Beteiligung des einzelnen Menschen am Aufstiegsprozess

Wie wird sich die bisher bekannte Erde weiterentwickeln? Das ist eine Frage, die wir in der Geistigen Welt sehr oft wahrnehmen.

Die weitere Entwicklung des Bewusstseins der Menschheit liegt an jedem Einzelnen selbst. Je mehr Menschen ihr Herz wieder öffnen und ihre Göttlichkeit annehmen, desto leichter und schneller wird sich die gesamte Menschheit auf eine höhere, aufgestiegene Bewusstseinsebene erheben können.

Es gibt Unterstützung durch Energieanhebungen, die zur Erde gelenkt werden, und oft wird angenommen, dass geistige Helfer das hereinströmende Licht initiieren. Doch in Wahrheit zieht das erwachende Bewusstsein der Menschheit sie selbst herein. Das bereits geöffnete Bewusstsein ist der Auslöser und bringt die Energieanhebungen zur Erde.

Es gibt keine zeitliche Grenze für den Aufstiegsprozess, denn die göttliche Quelle hat allen Seelen den freien Willen geschenkt. Die Weiterentwicklung der Erde hängt von der Entwicklung eines jeden Einzelnen ab. Jeder einzelne Mensch ist in diesem Prozess wichtig.

Vielleicht fragst du dich nun, wie denn ein Einzelner im Kreis von so vielen inkarnierten Seelen auf der Erde etwas bewirken kann. Kann ein einzelnes Bewusstsein etwas verändern?

Ein großes „JA" ist unsere eindeutige Antwort, und wir freuen uns, die Botschaft an dieser Stelle so klar überbringen zu können. Wenn du etwas erkennst, eine Verletzung heilst oder ein Stück deiner wahren Göttlichkeit für einen noch so kleinen Moment spüren kannst, leuchtet ein deutliches Licht innerhalb des Massenbewusstseins der Menschheit auf. Dieses Licht wird immer stärker sein als alle benebelte Dunkelheit im betäubten und schlafenden Bewusstsein der Massen.

Dieses Licht wird dort dauerhaft leuchten, selbst wenn du nach einer kleinen Teilerleuchtung zunächst wieder ein Stück in das alte Bewusstsein der Trennung zurücksinkst. Dieses Licht wird dauerhaft leuchten und das Massenbewusstsein inspirieren. Auch die Impulse der Bewusstheit und der Liebe, die Jeshua und ich einbetteten, sind noch immer vorhanden und haben bereits vielen Menschen gut gedient.

Manchmal dauert es nach irdischer Zeit vielleicht eine Weile, bis ein anderer Mensch den Lichtimpuls der Veränderung annimmt, doch das Licht der Erkenntnis wird beständig in der Weite des Massenbewusstseins leuchten. Es verlischt nicht mehr. Das Licht dieser Erkenntnis kann und wird einen anderen Menschen berühren, sobald dieser ebenfalls für Erkenntnis bereit ist, und es verhilft ihm zu einer leichteren und schnelleren Veränderung. Wir versichern dir, dass bereits ein einzelner Mensch durch sein Erkennen, seine Herzensöffnung und die Veränderung seines Handelns, seiner Sichtweisen und Gefühle ein dauerhaftes Licht hinterlässt.

Die Energie des Massenbewusstseins erscheint oft immer noch grau, weil die meisten Menschen ihre eigene Göttlichkeit noch nicht erkannt und sich in negativen Gefühlen sowie altem Karma verstrickt haben. Die gesamte Leidensebene der Trennung vom göttlichen Bewusstsein erscheint in eher grauen und dunklen Farben. Doch diese dunklen Töne sind stets veränderbar. Mit jeder Erkenntnis und Veränderung lichten sich die dunklen Grautöne. Viele Lichter werden durch die Herzen der erwachenden Menschen entzündet, und das einmal erkannte Licht hat dauerhaften Bestand. Es inspiriert die grauen Felder zur Erlösung, sodass sich auch das Massenbewusstsein allmählich verändern kann. Auf diesem Weg der Veränderung können die Menschen neue Entscheidungen treffen, und auch das beeinflusst das Tempo des Aufstiegsprozesses. Das Potenzial des Aufstiegs besteht für die gesamte Menschheit, und die Geschwindigkeit der Verwirklichung liegt an der Entwicklung eines jeden Einzelnen.

Es gibt bereits einige Menschen, die ihren Aufstieg in der jetzigen Zeit verwirklicht haben, und sie leben weiterhin in ihrem Körper auf der Erde, weil sie es selbst so gewählt haben. Die meisten von ihnen haben sich entschieden, auf der Erde zu bleiben. Ihr Körper bleibt ganz selbstverständlich gesund, weil sie es so wählen, und sie können sich auch verjüngen, wenn sie es wünschen. Sie können an jedem Ort der Erde leben, einer Arbeit nachgehen oder auch nicht. Die Entscheidung steht ihnen frei, denn sie sind aus ihrem Bewusstsein der Fülle vollkommen versorgt. Sie könnten wütend werden und ein Drama spielen, wenn sie es wünschten, doch sie würden zu keiner Zeit darin verhaftet bleiben, denn sie sind frei.

Auf ihrer Ebene des Bewusstseins erleben sie, was sie erfüllt, erfreut und ihrem Herzen entspricht. Sie können eine Arbeit wählen, wenn es sie erfreut, oder eine erfüllte Partnerschaft leben. Durch ihre eigenen freien Entscheidungen bestimmen sie ihr Leben selbst.

Sie sind zu ihrer eigenen Quelle geworden und leben vollkommen frei und unabhängig mitten unter den Menschen auf der Erde. Ihre Göttlichkeit haben sie mit ihrem Mensch-Sein vereint und ihr Bewusstsein auf eine erhöhte Ebene angehoben.

Sie laden dich ein, dein Bewusstsein ebenfalls zu erheben, die Identifikation mit dem alten Leid der Trennung loszulassen und zu erlauben, dass auch deine wahre Göttlichkeit wieder durch dein Herz leuchten kann.

Wenn du dich in diesem Moment fragst, was dein nächster Schritt in diese Richtung sein könnte, empfehlen wir dir, dein Leben mit deinem Herzen zu überprüfen. Alles, was dein Herz mit Freude und Liebe erfüllt, ist im Einklang mit deiner Seele und führt dich zu deinem Aufstieg. Deine Göttlichkeit war schon immer in dir. Sie hat auf dich gewartet im Grunde deines Herzens, eingebettet in deinen göttlichen Kern.

Lass die Fokussierung auf deinen Verstand los, vertraue deinen Herzensimpulsen und deinem Bauchgefühl und lass deinen göttlichen Kern erstrahlen.

Im Tempel deines Seins

Wer bin ich wirklich? Diese Frage beschäftigt die Menschheit bereits so lange und beansprucht ihren Verstand. Tauche nun mit uns ein in den Tempel deines Seins.

Hervorgegangen aus der göttlichen Quelle, erblickte deine Seele das Licht der Schöpfung. Geboren aus mannigfachen, unbeschreiblichen, unendlichen und wundervoll leuchtenden Weiten, bist du ein Teil der göttlichen Ewigkeit und Unendlichkeit. Ohne Anfang, ohne Ende. Schon immer da gewesen und immer da seiend. All die Herrlichkeit der göttlichen Reiche ist tief eingebettet in dein Sein.

Das ist der wahre Kern deines Seins, der sich immer mehr öffnet, weitet und erfährt, wie eine wunderschöne Blüte ihren Kelch zum Licht hin öffnet und dabei ihre Anmut, Schönheit und ihren Duft erfährt. Ebenso wie die Blüte jedes einzelne Blütenblatt entfaltet, entfaltest auch du Ebenen deines Seins, die immer mehr strahlen. Du trägst alle göttlichen Qualitäten in dir und verfeinerst sie mit jeder einzelnen Erfahrung.

Dein Sein ist vollkommen, so, wie die Quelle selbst. Dein Sein beinhaltet unendliche Möglichkeiten, und so ist dein Bewusstsein je nach Art deiner Erfahrung auf verschiedene Ebenen ausgerichtet.

Dadurch kannst du vielfältige Leben erfahren. Menschliche wie nichtmenschliche, engelhafte, galaktische wie kosmische Leben sowie noch unbenannte Ausdrucksformen. All das bist du in der ewigen Schönheit deines Seins.

Jedes Blütenblatt entfaltet sich und findet immer noch feinere Ebenen, die leuchten, Schicht um Schicht. So öffnet sich dein Strahlen immer mehr in die wahre Vollkommenheit hinein. Da du ohne Anfang und Ende bist, ist auch deine Entfaltung bereits vorhanden.

Dein Bewusstsein bereist nun die verschiedenen Ebenen deiner Entfaltung und beginnt, sie wahrzunehmen und zu betrachten. Du erlebst die Reise deiner bewussten Entfaltung und erfährst die immer weiter fortschreitende Offenbarung deiner eigenen Göttlichkeit und der allumfassenden Liebe der göttlichen Quelle. So kannst du alles in und auch außerhalb der Form sein.

Deine Individualität, Liebe und Freiheit sind dein größtes Geschenk und die Basis deiner Entfaltung. So kannst du dich als vereint mit allem erfahren und ebenso getrennt. Du kannst deinen Fokus über Äonen hinweg auf die Erfahrung einer Galaxie richten und ebenso auf das Sein als Mensch oder Tier. Ebenso kannst du kleine wie riesige Formen annehmen und sie wieder auflösen.

Nichts von alledem hat ewigen Bestand, denn du wählst immer wieder neu. Keine dieser Formen ist deine wahre göttliche Heimat, sondern nur dein ewiges strahlendes Sein, das seine Ausdrucksform nach Belieben verändern oder erhalten kann.

Das ist wahre Freiheit.
Du bist vollkommen erfüllt in dir selbst.
Es gibt in Wahrheit keine Abhängigkeit.
Ein jedes Wesen ist in sich unabhängig und frei.
Das ist die Ebene deines strahlenden, göttlichen Seins.

Erlaube sie und öffne deinen vielleicht noch begrenzenden Fokus dort hinein.

Manchmal identifizierst du dich mit einer vorübergehenden Form, die das einzig Existierende zu sein scheint. Doch das ist nicht die Wahrheit.

In deinen Leben als Mensch erlebst du die Herzensverwirklichung und Erlangung der Freiheit, doch auch das menschliche Gewand ist nicht auf ewig dein Zuhause. Alle einmal erlebten Formen werden zum Teil deines gesamten Seins.

Du kannst diese Formen jederzeit mit Leichtigkeit wieder annehmen und auch auflösen. Hast du dich einmal für eine bestimmte Verkörperung entschieden, bist du je nach der Intensität deiner Identifizierung damit unterschiedlich lange an diese Inkarnationen und die in dieser Welt existierenden Regeln gebunden.

Solange dein Fokus dort gebunden bleibt und du dieses Erleben für die einzige Wahrheit hältst, bleibst du dort gehalten und verpflichtet. Doch wisse, egal, welches Karma du auch erzeugt hast, du wirst nicht ewig an die Zyklen der Inkarnationen gebunden sein.

In jeder Inkarnation gibt es unterschiedliche Regeln der Begegnung, die auch auf der Erde wirksam sind. Jeder Planet, jede Galaxie und jeglicher Raum unterliegen verschiedenen göttlichen Gesetzmäßigkeiten, die die Art der Erfahrung dort regeln und unterstützen.

Inkarnierst du auf einem Planeten, auf dem das Wirken der Telepathie erfahren wird, wirst du selbst dort ein telepathisches Wesen sein. In einer anderen Welt, in der die körperliche Stärke erfahren wird, bleibt die Telepathie vielleicht für alle verschlossen.

In jeder Inkarnation hast du die Möglichkeit, deine Grenzen auszuloten und zu erweitern. Jedes Leben, jeglicher Ausdruck unterstützt die weitere Entfaltung der göttlichen Blütenblätter deines gesamten Seins. Sie werden immer feiner und ihr Leuchten immer differenzierter, je mehr Facetten und Möglichkeiten deiner Göttlichkeit du erfährst.

Das bist du.

Du bist alles, alle Formen und alle Nichtformen.

Du bist reines Bewusstsein im Formlosen und fähig, jegliche Form anzunehmen.

Dort wächst du hinein, und wenn auch alle Potenziale bereits existieren, werden sie doch erst zu einer Realität, wenn du dein Bewusstsein dort hineinbewegst und sie erlebst. Bleibst du lediglich in der Kenntnisnahme des ungeöffneten Potenzials, ohne es zu durchleben, wird es kein erfahrener Bestandteil deines Seins und kein entfaltetes Blütenblatt.

Du bist Aktivität und Ruhe.

Du bist größte Kraft und größte Stille.

Du bist alles.

Aus deinem weit geöffneten multidimensionalen Bewusstsein siehst du alle Leben, die du warst, bist und je sein wirst. Sie alle sind bereits Teil deines Seins, und du kannst sie erleben. Und aus ihnen gemeinsam werden wieder neue Möglichkeiten geboren, denn die Entfaltung deines Seins ist ewig.

In jeder weiteren Öffnung siehst du einen weiteren Teil der Gesamtheit der göttlichen Quelle. So erfährst du die Quelle durch dich. Du siehst ihre Potenziale durch deine lebendigen Augen und dein gesamtes Sein. Mit jedem Ausdruck erweiterst du dein Bewusstsein für die allumfassende Liebe der Quelle, deren Teil du bist, und erkennst sie.

Die gesamte Reise deiner Leben ist eine einzigartige Erfahrung der Offenbarung der Liebe der Quelle, die durch alles wirkt.

Du bist im Meer der Vollkommenheit, und du bist die Vollkommenheit selbst.

Die Vollkommenheit beinhaltet alles, auch was du als Mensch für unvollkommen halten würdest.

In der Vollkommenheit gibt es keine Bewertung. Hier existieren unendliche Möglichkeiten, Entfaltung und Ausdrucksformen. Alles befindet sich in unterschiedlichen Zuständen und doch außerhalb jeglicher Wertung.

Alles Sein ist vollkommen und bringt neue Vollkommenheit hervor. Alles vermeintlich Unvollkommene entfaltet einen vollkommenen Kern.

So bist du.
Vollkommen.
Frei.
Unendlich.
Göttlich.
Und so ist es.

In tiefer verbundener Liebe und Einheit,
Lady Nada

Heilmeditation: Reise zur Neuen Erde

Die Neue Erde öffnet ihre Pforten für dich. Geboren aus der goldenen Weisheit der Erfahrung der Erde, erscheint sie wie unberührtes Land auf einer ganz neuen Ebene der Bewusstheit.

Sie ist eine wundervolle leuchtende Perle der Schöpfung und lädt dich ein, sie zu erfahren, zu berühren und Heilung zu erlauben.

Die Ebene der Neuen Erde existiert außerhalb jeglicher Verletzungsebenen und bietet dir die Gelegenheit, das Potenzial einer reinen, unverletzten Erde zu fühlen, um selbst darin zu heilen.

Die verletzenden Erfahrungen auf der Erde haben dich stark beeinflusst und dafür gesorgt, dass du viele Leben lang gebunden warst und oft bis auf den tiefsten Grund der möglichen Erfahrungen auf der Erde eingetaucht bist.

Deine Liebe im Herzen öffnet den Zugang.

In der erlösenden Ausstrahlung der Neuen Erde ist es möglich, die alten anstrengenden Muster leichter loszulassen, die in den Erfahrungen der Trennung, der Anstrengung, des Kampfes und der Ablehnung entstanden sind.

Auf dieser neuen Schöpfungsebene wird vollkommene Freiheit spürbar, und auch die Liebe deines Herzens kann sich hier frei entfalten und gelebt werden. Dein Herz befindet sich hier in der Sicherheit und vermag sich weit zu öffnen.

Fühle dich eingeladen, diese neue Ebene durch dein Gefühl und deine Wahrnehmung zu erkunden. Wir laden dich ein, in ihr heilsames Feld einzutauchen.

Du kannst dich meditativ und bewusst mit der Neuen Erde verbinden, oder nachts in deinen Träumen dorthin reisen.

Stell dir vor, dass du die Neue Erde betrittst.

Spüre in dein Herz, fühle die Liebe und Achtsamkeit und betritt den neuen Boden.

Erlaube inneren Assoziationen und Bildern, aufzutauchen, und spüre die neue Umgebung.

Vor dir öffnet sich eine neue, unberührte Welt. Sie schwingt in reinen, leuchtenden Farben auf einer hohen Ebene des Seins und beinhaltet die wundervollen Landschaften von Mutter Erde, prächtige Farben, Düfte und Klänge, und alles erstrahlt in einem neuen, reinen Glanz.

Tritt ein in die Neue Erde und berühre ihren Boden mit deinen Füßen. Nimm die Landschaft wahr, die sich hier für dich öffnet, und berühre sie mit deinen inneren Händen.

Spüre und lass innere Bilder entstehen.

Pause

Ein zarter Klang schwebt jetzt aus der wunderschönen Landschaft zu dir, der dich harmonisieren und in Einklang mit dieser reinen Ebene bringen wird.

Er lässt dich ankommen auf dieser freien Ebene des Seins, die auch ein Teil von dir ist. Der heilsame Klang schwingt in deinem Körper und in deinem Herzen.

Nimm ihn wahr und lass dich von ihm erfüllen.

Pause

Die Atmosphäre der Neuen Erde ist durchdrungen von freier Lebendigkeit. Hier gibt es keinen Widerstand, keine Hindernisse, keine Gegner und keine Kämpfe. Sie ist jenseits allen Leidens.

Hier spürst du eine weite Ausdehnung in die Freiheit und in eine Ebene deines Bewusstseins, die eins mit sich ist und keinen Mangel kennt.

Hier existieren Fülle und Erfüllung, denn die innersten Lichtreiche deines göttlichen Kerns sind spürbar und spiegeln sich in der neuen Welt wider.

Dein innerster Schatz ist an die Oberfläche gekommen und strahlt aus deinem Herzen. Du bist mit deinem göttlichen Kern verbunden und kannst fühlen, dass von dort alle Gefühle der Erfüllung, des Glücks, der Harmonie, der Liebe, der Freiheit und des Glücks fließen. Es braucht nichts im Außen, um es spüren zu können, denn es strömt aus deinem Inneren und erfüllt deine Gefühle. Nur du allein kannst es zulassen und spüren.

Deine Göttlichkeit war schon immer ein Teil von dir. Dieser Teil war während deiner Leben auf der Alten Erde für eine lange Zeit nicht mehr zugänglich. Er war überdeckt von Verletzungen, Enttäuschungen, Kämpfen, Traumata und vielen anderen negativen Emotionen und Gedanken.

Auf der Ebene der Neuen Erde ist er für dich deutlicher zu spüren. Hier ist es leichter, denn der Einfluss der Dualität, des Gegensatzspiels von Gut und Böse, ist auf dieser Ebene des Bewusstseins nicht mehr vorhanden. Auch wenn du dieses Bewusstsein vielleicht noch nicht vollkommen verwirklicht hast, kannst du es doch bereits fühlen und einen ersten Kontakt herstellen.

Es lädt dich ein, die höhere Bewusstseinsebene zu öffnen und schrittweise zu integrieren.

Lass dich hineingleiten, in die weite, offene Ebene der Neuen Welt. Hier ist alles frei. Es gibt keine Begrenzungen.

Sanft und weich gleitest du dahin. Hier kannst du in allen Formen und Nichtformen sein. Du kannst deine Flügel ausbreiten und schweben.

Du kannst loslassen und einfach sein.

Weit und frei.

Du kannst über die Erde laufen und tanzen.

Du kannst ihre wundervollen Landschaften und Farben genießen und sie in dir fühlen.

Alles fließt leicht und mühelos durch dich hindurch.

Hier gibt es nichts, was du festhalten müsstest, denn alles ist bereits erfüllt.

Alles, was du brauchst, ist da. Du fühlst dich erfüllt und frei.

Atme die wundervollen Gefühle durch dein Sein, die sich hier eröffnen. Es ist eine reine, freie und liebevolle Welt.

Du kannst in ihr tanzen und feiern.

Du darfst sein, wie du bist: weit und frei.

Pause

In deinem Herzen leuchtet die Liebe und verbindet sich mit der Schönheit der Neuen Erde. Du wirst eins mit den Landschaften, während du dich durch sie bewegst. Alte blockierende Muster und negative Emotionen können sich lösen. Lass die alten Überlagerungen los und fühle die Verbundenheit mit deinem wahren Selbst.

Alte Muster und Verletzungen lösen sich wie dunkle Netze aus deinen Energiekörpern und verwandeln sich in prachtvolle Lichter.

Spüre und beobachte, wie sich die alte Schwere von dir löst.

Nimm wahr, ob du alte, dunkle Kleidung von deinem Körper ablegen möchtest.

Vielleicht trägst du noch Gepäck auf deinem Rücken oder den Schultern. Lege alles einfach ab, lass es los.

Ein reines, frisches Gewand erscheint vor dir. Hülle dich in ein neues Kleid aus reinem Licht und prachtvollen Farben.

Pause

Lass die erfüllenden Gefühle dieser Ebene zu dir fließen und fühle sie. Auf diese Weise können sie für dich wirken und dir helfen, Altes und Unterdrücktes an die Oberfläche deines Bewusstseins zu bringen, damit du es erkennen und loslassen kannst.

Du kannst dich hier für den Kontakt zu deinem wahren Selbst entscheiden.

Spüre deinen leuchtenden göttlichen Kern in deinem Herzen und erkenne, dass sich sein wundervolles Licht vollständig in der Umgebung reflektiert.

Du erkennst dich selbst in den wundervollen, farbig leuchtenden Landschaften wieder. Du selbst bist diese Landschaften, und sie sind in dir. Deine eigene leuchtende Farbigkeit spiegelt sich in ihnen.

Wir reichen dir die Hand und laden dich ein, noch etwas weiter in die Neue Welt hineinzugehen.

Vor deinem inneren Auge und Gefühl offenbart sich jetzt ein spezieller Ort für dich, an dem du Heilung für deine Verletzungen erfahren kannst. Nimm diesen Ort wahr, nimm wahr, wie er sich dir zeigt. Es kann ein bestimmter Landschaftsausschnitt oder Ähnliches sein. Nimm an, was sich dir zeigt, und betritt diesen Ort innerlich.

Spüre die Energien, die von hier aus zu dir strömen, und lass dich durchfließen. Beobachte dabei in der Stille, welche Gefühle es in dir auslöst. Vielleicht blitzen Erinnerungen an alte Erlebnisse aus deinem jetzigen oder auch aus vergangenen Leben auf. Alles, was dir innerlich erscheint, ist keine Einbildung. Lass die Bilder zu, segne sie, und dann lass sie weiterziehen. Vielleicht gewähren sie dir Einblicke oder lassen dich etwas erkennen.

Lade dich auf an diesem wundervollen Ort.

Pause

Lass dich von den reichen Düften dieses Ortes durchströmen.

Zu dir strömt jetzt ein Duft, den du gerade jetzt für deine Heilung brauchst. Atme ihn tief in dich ein und erlaube ihm, durch dein Sein zu fließen. Nimm dir einen Moment Zeit und lass ihn für dich wirken.

Pause

Nun bitte innerlich, dass eine Farbe zu dir fließt, die du jetzt gerade benötigst, und empfange sie. Genau die richtige Farbe taucht jetzt in dir auf. Lass sie durch deinen gesamten Körper fließen oder zu der Stelle, die deine Intuition dir zeigt.

Spüre und empfange.

Pause

Erlaube, dass dein Herz und dein Sein von den wundervollen Gefühlen der Neuen Erde durchströmt werden. Die Neue Welt ist eine Verwirklichung der schönsten Essenzen der Erde auf einer erhöhten Ebene des Bewusstseins. Dein geöffnetes Bewusstsein kann sich hier vollkommen ausdehnen und die Freiheit genießen.

Erlaube deinem Bewusstsein, sich weit auszudehnen. Auf dieser Ebene existieren erfüllende, neue Erfahrungen.

Deine Seele kann ihre lebendige Begeisterung wieder fühlen und sich auf neue Erfahrungsmöglichkeiten freuen.

Diese neuen Ströme können alte Verletzungen heilen, die du auf der Erde erfahren hast. Deine Seele wollte so viel Liebe und freudigen Ausdruck auf der Erde leben, doch nicht immer war das so einfach möglich. Durch all die entstandenen Dynamiken und Verwicklungen wurde auch viel Leid erfahren.

Du kannst dich mit der Neuen Erde verbinden und in ihr heilen, wann immer du möchtest. Dieser Zugang hilft dir zu spüren, wie sich die Verbindung mit deinem göttlichen Kern anfühlt und sich in einer freien Welt entfalten kann.

Du kannst die innere Wahl treffen, dieses wundervolle Gefühl in deinem jetzigen Leben auf der Erde zu leben und in die Welt strahlen zu lassen.

Ein erfülltes Leben, in Verbundenheit mit deinem göttlichen Kern, ist bereits jetzt auf der Erde möglich. Du brauchst nicht zu warten, bis alle Menschen bereit sind. Das ist deine eigene Begrenzung. Du kannst als aufgestiegener Mensch mit einem nicht aufgestiegenen Menschen zusammenleben, denn du bist vollkommen frei. Dein eigener Bewusstseinszustand formt deine erlebte Realität.

Die meditative Erfahrung der Neuen Erde gibt dir einen Vorgeschmack auf dein Lebensgefühl, wenn dein Aufstieg verwirklicht ist.

Auch wenn gerade noch viel Unfrieden und Uneinigkeit auf der Alten Erde existieren, wird es doch Einzelnen wie auch Gruppen von Menschen möglich sein, ihre Freiheit und ihren Aufstiegsweg zu leben. Beides kann gleichzeitig existieren.

Alle Konflikte dienen dazu, altes Karma zu erlösen, um den Weg in den Aufstieg zu ermöglichen. Die Verbindung zu deinem göttlichen Kern wird dir den Weg weisen, deine Verletzungen zu heilen und dein Karma zu erlösen. Du wirst bemerken, dass dich die harten Einflüsse aus der Dualität der Alten Erde immer weniger verletzen können. Sie werden dein Leben nicht weiter beeinflussen, denn du löst dich von ihnen und richtest dein Bewusstsein auf eine aufgestiegene Ebene aus.

Der Aufstieg lädt dich in die neue Schöpfungsebene ein.

Eine neue Tür hat sich geöffnet, vor dir liegt neues, unberührtes Land. Freue dich auf ein neues, erleuchtetes Sein auf Erden.

Der Zugang ist bereits geöffnet.
Wir haben es geschafft.

Über die Autorin

Tanja Matthöfer wirkt in eigener Praxis als Channelmedium, Heilerin, spirituelle Lehrerin und Seminarleiterin in Velbert.
Bereits als Kind hellfühlig, fühlte sie sich stets mit großer Liebe der Natur verbunden. In ihrer Jugend entstanden nach einer Nahtoderfahrung Kontakte zu den Seelen Verstorbener, und durch eine lebensverändernde Begegnung mit einem Engel wurden die bewusste Verbindung zu den hohen Bewusstseinsebenen der Quelle und die Fähigkeit des Channelns bei ihr wieder gänzlich geöffnet.

Mit Unterstützung der Geistigen Welt ging sie einen bewussten Weg der Heilung und Selbstbefreiung und lernte dabei, ihr Leben von Grund auf glücklich und liebevoll neu zu gestalten.

Seit 2007 begleitet sie Menschen dabei, erhöhte Bewusstseinszustände zu öffnen, ihre Medialität zu schulen, Lebensblockaden zu erlösen und ein erfülltes, selbstbestimmtes Leben zu erschaffen.

Sie ist eng mit der Essenz der göttlichen Quelle, Engeln und Aufgestiegenen Meistern verbunden und empfängt neues Wissen für die Menschheit in der Zeit des Aufstiegs und der Meisterschaft auf der Erde.

Auf diese Weise unterstützt sie eine wachsende Gruppe von Menschen in ihren Heil- und Aufstiegsprozessen.

Tanja: *„Von Herzen möchte ich Menschen inspirieren und unterstützen, ihr Herz und Bewusstsein in einer Zeit des Wandels zu öffnen und ihre Meisterschaft auf Erden zu leben."*

www.channel-balance.de